CADA DÍA
UN
NUEVO COMIENZO

CADA DÍA
UN
NUEVO COMIENZO

REFLEXIONES PARA MUJERES

PROMEXA

Título original de la obra:
EACH DAY A NEW BEGINNING
Primera edición en inglés: 1982, Hazelden Foundation
ISBN 1-56838-577-3

Traducción:
Teresa Martínez, Enrique Mercado y Gabriela Beltrán

Diseño de portada:
Amy Knapp, con ilustración de Carolyn Vibbert
Tipografía:
Diagrama Casa Editorial, S. C.
Cuidado Editorial:
Angélica Monroy y Eleazar Zavala

Cada día un nuevo comienzo
Derechos reservados para todos los países de América Latina
© 1982, 1991, Hazelden Foundation
© 1992, Editorial Patria, S. A. de C. V.
© 2000, GRUPO PATRIA CULTURAL, S. A. DE C. V.
Renacimiento 180 Colonia San Juan Tlihuaca
Delegación Azcapotzalco, C. P. 02400, México, D. F.

Miembro de la Cámara de la Industria Editorial
Registro núm. 43

ISBN 968-39-0794-6

Impreso en México
Printed in Mexico

Primera edición: 1992
Sexta reimpresión: 1999
Séptima reimpresión: 2001

Presentación

Los materiales educativos Hazelden ofrecen una amplia variedad de información acerca de la farmaco-dependencia y áreas afines. Nuestras publicaciones no necesariamente se apegan al programa Hazelden ni hablan oficialmente en nombre de las organizaciones de los Doce Pasos.

Los Doce Pasos se reproducen con autorización de Alcoholics Anonymous World Services, Inc. Este permiso para reproducir los Doce Pasos no significa que Alcohólicos Anónimos haya revisado o aprobado el contenido de esta publicación ni que AA esté de acuerdo con los puntos de vista expresados en la misma, los cuales corresponden exclusivamente a la autora. AA es un programa de recuperación del alcoholismo; la utilización de los Doce Pasos en relación con programas y actividades creados después de AA, pero dirigidos a la atención de otros problemas, no implican responsabilidad de AA.

Introducción

Durante muchos años traté de encontrarle un sentido a mi vida y de tener fe en mí misma, en mi capacidad y en mi fuerza de voluntad, pero no pude lograr mis propósitos. Como ignoraba cuál era la verdadera fuente del valor y la bondad, me di a la vida fácil, primero con los hombres y después con el alcohol y las drogas. Esperaba así sentirme segura, pero lo único que encontré fue más desesperación. De pronto, hace siete años supe de la existencia de Alcohólicos Anónimos y la esperanza de una nueva vida volvió a brillar para mí. Un año después esa esperanza se había convertido en realidad. El programa de AA me ofreció lo que me hacía falta. Me dio el valor para hacer cosas que hasta entonces no había sido capaz de realizar. Me hizo sentir parte del género humano. Nunca más volví a sentirme como un pez que, fuera del agua, sólo tiene la posibilidad de contemplar su pecera.

Mi participación en el programa me ofreció también un don maravilloso: la posibilidad de hacer amistad con el género femenino. Durante mucho tiempo había desconfiado de las mujeres, pues estaba segura de que lo que les interesaba era quitarme a mis novios, a mi esposo y a mis amantes. Siempre había pensado que no eran dignas de confianza. Pero mis temores desaparecieron en cuanto empecé a participar con ellas en grupos y reuniones, porque al escucharlas me di cuenta de que compartíamos los mismos miedos y las mismas esperanzas. Y lo más importante de todo es que convivir con ellas me dio la oportunidad de quererlas como a hermanas, como compañeras de mi propio camino espiritual, tan parecido al que también ellas recorren.

A lo largo de los últimos años, de todas estas mujeres he recibido "el mensaje que necesitaba y en el momento preciso". Así, mientras más aprendía más crecía mi interés por "escuchar", por conocer lo que las mujeres han dicho en cada sendero de la vida y la enseñanza que han obtenido como experiencia, en todas las épocas de la historia. Este enorme deseo de conocer tenía que reflejarse en algo, y fue entonces cuando decidí escribir un libro en el que pudiera vaciar la sabiduría de tantas mujeres que han sabido salir adelante y que, con sufrimientos o sin ellos, jamás dejaron de luchar; un libro dirigido a todas las mujeres, que pudiera servir para lo inmediato, en nuestra vida cotidiana, y también para la creación de nuestro futuro. Me tomé entonces la libertad de reproducir ideas y pensamientos de mujeres que podrían representarnos a todas en los más diversos aspectos de la vida, segura de que gran parte de lo dicho y pensado a lo largo de la historia podía ser útil, importante y necesario para cuando menos una persona en cualquier momento o lugar.

Junto a las citas que elegí para cada día de un año completo de que consta el libro, escribí una pequeña meditación que complementa la idea correspondiente. Yo misma he necesitado muchas veces oír "el mensaje preciso" que me ayudara a salir adelante en un momento de angustia o indecisión; algo que pudiera estimular mi espíritu para no flaquear y mantener un firme control sobre mi persona. Confío en que estas meditaciones te ayudarán a enfrentar todos los obstáculos que se te puedan presentar en la vida y a tender un puente entre tu espíritu y tú. La intención de todas estas meditaciones no es otra que colaborar contigo para que tu vida sea mejor y para que recuperes la esperanza en esos momentos en que parece que todo se ha perdido. Acepta entonces la meditación de cada día como un regalo de mi parte. En mi vida he aprendido que puesto que todos compartimos la existencia, no hay nada más grande que ofrecerles a los demás lo que poseemos, y que cada día podemos volver a empezar.

Quiero dejar constancia de mi más profunda gratitud a todas las mujeres que hicieron posible la realización de este libro. El apoyo que tantas mujeres me han dado para seguir adelante, para amar la vida y para alcanzar mis propósitos ha sido la fuerza que me ha impulsado a no desfallecer un solo día.

A una amiga en especial, quiero agradecerle el que se haya comportado como la excelente editora que es y me haya ayudado a perfeccionar el contenido de este libro, de manera que pudiera tocar tu vida en forma más adecuada. A mi familia, mis amigos y mi pareja les agradezco la paciencia que tuvieron cuando mi trabajo en la redacción de este libro me obligó a hacer a un lado mis compromisos para con ellos. Sentía una enorme necesidad de escribirlo, porque estaba segura de que les sería muy útil a todas las mujeres con las que comparto el viaje de la vida.

LA AUTORA

ENERO

> No siempre entendemos los caminos de Dios Todopodero-
> so —las cruces enviadas, los sacrificios demandados—, pe-
> ro aceptamos con fe y resignación el deseo divino sin mirar
> atrás, y estamos en paz.
>
> ANÓNIMO

La aceptación de nuestro pasado, de las condiciones de nuestra vida que no podemos cambiar, produce alivio. Produce la paz que tan a menudo, incluso frenéticamente, buscamos.

Podemos dejar atrás nuestro pasado. Cada día es un nuevo comienzo. Y cada día de abstinencia nos brinda la oportunidad de mirar hacia adelante con esperanza. Un poder superior a nosotras mismas nos ayudó a encontrar este programa, y ese poder está siempre con nosotras. Cuando nos atemorice enfrentar situaciones nuevas o cuando las cuestiones familiares se vuelvan agrias, podemos pedir a ese poder que nos ayude a saber qué necesitamos decir o hacer. Nuestro poder superior está tan cerca como nuestra respiración. Un conocimiento consciente de su presencia nos fortalece momento a momento.

El pasado se ha ido. El hoy está lleno de posibilidades. Con cada respiración estaré consciente de que tengo la fuerza a la mano.

> Creo que la verdadera identidad se encuentra en alguna
> actividad creadora que brota desde el interior de cada ser.
> Se encuentra, paradójicamente, cuando uno logra despren-
> derse de sí mismo. La mujer puede rencontrarse al perderse
> en un tipo de actividad creadora.
>
> ANNE MORROW LINDBERGH

Actividad creadora puede significar observar a las aves, jugar tenis, hacer trabajos manuales, cocinar, pintar, escribir. La actividad creadora nos ubica totalmente en el aquí y el ahora, y al mismo tiempo nos libera. Nos centramos en la actividad y nos nutrimos de ella. Crecemos conforme crece la actividad. Aprendemos quiénes somos en el proceso mismo de *no pensar* acerca de ello.

La espiritualidad y la creatividad van de la mano. Hay un profundo regocijo dentro de nosotras que nos enlaza con Dios. La actividad creadora libera ese regocijo, y la energía va hacia nosotras y hacia afuera, hacia otros. Nos encontramos a nosotras mismas y a nuestro poder superior a través de desprendernos de la autoconciencia y desempeñando una tarea creadora (un dibujo, una frase, una comida especial).

La creatividad es un don. Es otra dimensión de la presencia espiritual que nos guía. Hoy no voy a obstaculizar su camino.

> Como un gambusino, debes abrirte paso removiendo mucha arena, de la que algunas veces, si tienes paciencia, podrás entresacar algunas partículas de oro puro.
>
> DOROTHY BRYANT

A veces nos sentimos como enterradas en arena, bloqueadas, obstaculizadas, incapaces de movilizarnos. Entonces debemos recordar que no estamos solas. La ayuda estará al alcance de nuestra mano con sólo pedirla. Si invocamos a nuestra fuente de fortaleza, a nuestro poder superior, éste nos ayudará a sentir que hay oro entre toda esa arena, y que la arena misma es útil.

Nadie ni nada es bueno todo el tiempo. Recordemos que si no esperamos otra cosa más que oro, estaremos torciendo la vida, poniéndonos en medio de nuestro propio camino. No queramos falsear la textura de nuestras vidas; la calidad que tiene lo sencillo nos puede ayudar a apreciar el oro en cuanto éste aparezca.

Hoy voy a encontrar algo de oro entre la arena.

Una vez que supe que quería ser artista, me di a conocer como tal. No entendí que querer no siempre lleva a la acción. Muchas mujeres han sido educadas sin la noción de que pueden moldear y dar forma a sus propias vidas. Entonces, querer ser una artista (pero sin la habilidad para concretizar los deseos) fue, para algunas de ellas, sólo una fantasía ociosa, como querer ir a la Luna.

JUDY CHICAGO

Probablemente no muchas de nosotras hemos luchado a brazo partido de manera tan decidida como lo hizo Judy Chicago. Y es que no estábamos conscientes de que podíamos moldear nuestra vida. Qué afortunadas somos hoy al saber que contamos con la ayuda de los Doce Pasos y con nosotras mismas. Cada día nos enfrentamos a muchas oportunidades para actuar responsablemente, para tomar decisiones razonables. Estas decisiones son los moldes, las formas que estamos adquiriendo. Nuestra identidad como mujeres se fortalece cada vez que actuamos concienzudamente. La acción que emprendemos tras tomar una decisión añade mayor carácter a nuestra identidad. Nuestra integridad como mujeres se garantiza a través de estas acciones.

Hoy surgirán muchas oportunidades para tomar decisiones; estaré atenta y tomaré algunas que me ofrezcan una mayor integridad.

En lugar de estar concentrada en por qué no puedo hacer ciertas cosas, debería ser sensata y cambiar la actitud de "sí, pero..." por una más positiva. Decir "sí" significa que realmente quiero cambiar mi vida y hacerla mejor.

LIANE CORDES

En verdad podemos hacer todo aquello que nuestros corazones desean. Muchas de nosotras vemos la tarea completa y nos abrumamos. Necesitamos, en cambio, ver las múltiples partes de las que se compone. Parte por parte, día a día, podremos alcanzar cualquier meta que nos hayamos trazado. Conozco una mujer en recuperación que escribió un documento de 300 cuartillas: el requisito final para obtener su título de medicina. Cuando le preguntaron en una junta cómo lo logró, su respuesta fue: "palabra por palabra". Este es un consejo maravilloso. No importa cuántas metas se interrumpieron o cuántos planes se frustraron cuando todavía nos drogábamos; ahora que estamos en recuperación, cada una de nosotras puede hacer lo que está en sus corazones, siempre y cuando lo haga poco a poco —no todo a la vez—, a partir de hoy.

Hoy voy a hacer una pequeña tarea que contribuirá a la consecución de una meta en mi vida.

> Hay tantas maneras de vivir y crecer como personas existen. Nuestros propios caminos son los únicos que nos deben importar.
>
> EVELYN MANDEL

Querer controlar a otras personas, hacerlas que vivan como nosotras queremos que lo hagan, provoca que sea imposible conseguir la serenidad. Y ésta es la meta que estamos buscando en este programa de recuperación, en esta vida.

Saber que no tenemos poder sobre los demás nos libera de una gran carga. Controlar nuestro propio comportamiento es un gran trabajo. Aprender a comportarse con responsabilidad requiere de práctica. La mayoría de quienes estamos en este programa de recuperación nos comportamos irresponsablemente respecto de muchos aspectos de nuestra vida. Dejar atrás la inmadurez emocional lleva tiempo, pero cada acto responsable que hagamos nos dará valor para los siguientes. Nuestra propia realización es el resultado de un cúmulo de acciones responsables. Las de los demás no deben importarnos.

Hoy voy a analizar cuidadosamente mi comportamiento. Un comportamiento responsable brinda alegría al corazón.

> El mejor regalo que podemos darnos es poner mucha atención a la existencia de los otros.
>
> SUE ATCHLEY EBAUGH

Siempre queremos que los demás se preocupen por nosotros. En el pasado y muchas veces también en el presente, nuestro comportamiento refleja la atención que estamos buscando de los demás. A lo mejor, en lugar de tratar de llamar la atención debemos darla. El programa nos dice que debemos brindarla para conservarla. La sabiduría de los años también dicta que en la vida no hay nada gratuito. Aquellas personas cercanas a nosotras y las que sólo pasan por nuestra vida tienen por qué estar ahí. Brindar atención al otro es nuestro llamado.

Brindaré completa atención a otra persona con la que esté hoy. Me importará y mi atención le importará a ella.

Cuando la gente hace cambios en cierta área de su vida, debe empezar por cambiar la manera como habla del asunto, cómo se comporta respecto de él, cuál es su actitud y qué decisión de fondo podría tomar.

JANE ILLSLEY CLARK

Actuar "como si" confiere poder; conduce al camino del cambio de actitud, del cambio en el ser. Si somos introvertidas en medio de las multitudes y estamos temerosas de conocer nueva gente, y aun así actuamos con aplomo y extendemos nuestras manos en son de amistad, no sólo nos comportaremos de una mejor manera, sino que nos sentiremos muy bien. Cada acción que emprendamos en este camino nos acerca más a la mujer que queremos ser. Cada cambio positivo que tengamos edifica nuestra autoestima. Al llevar a cabo todo esto a través de nuestras acciones por convertirnos en el tipo de mujeres que admiramos nos da fuerza y, de hecho, fomenta la emoción que se necesita para seguir cambiando. Hacer cambios positivos en nuestra vida es el elemento clave que encierra la autoestima. Cada logro hace que el siguiente sea más fácil de alcanzar.

Aceptaré la oportunidad que se me presente hoy para actuar como si pudiera manejar una situación de la que solía huir.

Los chinos dicen que el agua es el elemento más poderoso porque no ofrece ninguna resistencia a otras fuerzas. Puede corroer una roca y limpiar todo antes de hacerlo.

FLORENCE SCOVEL SHINN

La no resistencia puede ser, irónicamente, una condición con la que peleemos. No oponer resistencia significa vencer completamente al ego. A muchas de nosotras el ego, particularmente cuando se disfrazaba de falso orgullo, nos conducía a una y otra pugna. "¿Qué no pueden ver que estoy en lo correcto?", nos lamentábamos, y nuestra resistencia sólo propiciaba más de lo mismo. Por el contrario, hacer fluir la vida, renunciar a nuestro ego, hace que de nosotras se libere una energía que alivia la situación, que elimina las vibraciones negativas y allana nuestro camino. La paz llega a nosotras. Encontraremos la serenidad cada vez que de buena voluntad seamos humildes.

La resistencia nos es más familiar. La no resistencia significa crecimiento y paz. Hoy trataré de alcanzar la serenidad.

Una revalorización completa tiene lugar en tu cuerpo y mente cuando has reído y te has divertido.

CATHERINE PONDER

En su libro *Anatomía de una enfermedad*, Norman Cousins describe cómo se curó de su fatal enfermedad mediante la risa. La risa alimenta todo nuestro ser; cada célula se activa; nos sentimos vivos, y la completa vitalidad nos renueva física y emocionalmente. Muchas de nosotras necesitamos remedios tanto físicos como emocionales, pero quizás hemos descuidado los momentos para reír porque nos hemos visto atrapadas en una posición negativa.

Desafortunadamente, la negatividad se vuelve habitual en muchas de nosotras. Sin embargo, nunca es demasiado tarde para darle un giro a nuestra vida, para reír en vez de lamentarnos. Al optar por ver el lado luminoso de la vida, por reírnos de nuestros errores, nuestro dolor físico y emocional disminuye. Es un hábito que se va creando y, mejor aún, que se contagia. Hacer reír a otros les alivia también.

Todos queremos salud y felicidad para nosotros mismos y los demás, y las podemos encontrar al crearlas. La mejor receta para todo aquello que nos duele bien puede ser una carcajada.

Hoy buscaré aquellas oportunidades que ofrezcan algún remedio a mis inquietudes.

> El temor es sólo una ilusión. Es la ilusión que crea el senti-
> miento de separación; el falso sentido de soledad que existe
> sólo en tu imaginación.
>
> JERALDINE SAUNDERS

Nosotros somos uno. Somos partes conectadas, interdependientes, de un todo. Sólo estamos separados
en nuestra mente, en nuestra falsa comprensión de la
realidad. Si comprendemos nuestra conexión, el que
somos necesarias unas a otras para completar el total de
la creación, nuestros temores morirán.

A menudo se dice que aprendemos quiénes somos
realmente al observar con detenimiento nuestro comportamiento hacia la gente. Nos encontramos en los
otros. Son nuestro reflejo. Son, tal vez, partes de nosotros que no hemos aprendido aún a querer. El mensaje
del programa es confiar, tener fe; nuestro poder superior tiene el control. Ninguna persona o situación a la
que nos enfrentemos será tan grande si confiamos en el
programa, si recordamos las conexiones entre todas
nosotras.

*Hoy voy a voltear la mirada hacia los demás, con el conoci-
miento de nuestra unidad. En lugar de temer, voy a sonreír
por la totalidad que significa la vida.*

No es conveniente buscar todo a través de los hombres; nunca lo ha sido y nunca lo será para una mujer, casada o soltera.

PATRICIA O'BRIEN

A muchas de nosotras se nos fomentó desde la niñez el "buscar marido". El mensaje, a menudo sutil, estaba ahí. Y muchas de nosotras nos casamos. Sin embargo, ninguna relación está garantizada para toda la vida. Depositar nuestras esperanzas en otra persona nos hace dependientes; nos mantiene en un patrón de pertenecer. Nos aleja de aquellas opciones hechas a la medida de lo que somos y lo que queremos ser.

Nuestra recuperación como mujeres está íntimamente relacionada con nuestro crecimiento respecto de la toma de decisiones, nuestra elección de actividades y conducta responsable, nuestra realización personal. Cada una de nosotras necesita descubrir su propia esencia. Necesitamos exaltar nuestra personalidad; alentarnos unas a otras como mujeres en recuperación de un pasado adictivo y también como mujeres valiosas en gran medida.

Respetaré mi esencia hoy. Ayudaré a otra mujer a alimentar la suya.

> Al comprenderme a mí misma quiero comprender a los demás. Quiero ser todo aquello en lo que soy capaz de convertirme... Todo esto suena difícil y serio, pero ahora que he luchado por ello, me doy cuenta de que no es así. Me siento profundamente feliz. Todo está correcto.
>
> KATHERINE MANSFIELD

Todo está correcto. En medio de la confusión, recordemos que todo está correcto; en medio del dolor del autoconocimiento, todo está correcto. La confusión, el dolor que acompaña a las lecciones que nos deja el autoconocimiento, nos está preparando para convertirnos en todo aquéllo en lo que nos debemos convertir. Cada una de nosotras tiene un regalo especial que ofrecer en esta vida. Llegaremos a entender esos regalos y seremos capaces de darlos en la medida en que crezcamos con el dolor de la autocomprensión. Todo está bien. La felicidad profunda comienza a emerger, está emergiendo a la superficie de nuestra vida.

Mi lección para hoy es entenderme a mí misma y a los demás. La felicidad es el grado que merezco en cada día de mi conversión.

> En una cultura donde la aprobación/desaprobación se ha convertido en el regulador predominante del esfuerzo y la proposición, y a su vez en sustituto del amor, nuestras libertades personales se disipan.
>
> VIOLA SPOLIN

Querer que los demás aprueben nuestros esfuerzos, apariencia, aspiraciones y conducta es perfectamente normal; sin duda no es algo insano. No obstante, sí lo es necesitar su aprobación para proseguir con nuestra vida.

Desde los primeros años de la infancia se nos enseñó a obedecer a los demás y a agradarles. Confundimos el amor con la aprobación, y empezamos a bailar al son que cualquiera tocara. Entonces nos volvimos todavía más complacientes. Pero pronto nos evadimos, desatendimos nuestras necesidades personales y nos volvimos títeres.

Regalar nuestro poder a partir de los caprichos de otros debilita nuestro espíritu. Libertad personal significa elegir nuestra propia conducta; significa actuar más que reaccionar.

También significa permitirnos a nosotras mismas la gran aventura de vivir, de encontrar pleno cada momento, de responder de una manera pura, espontánea, personal, honesta. Sólo entonces podremos corresponder con algo a la vida.

Cada una de nosotras tiene un papel único que desempeñar en el drama de la vida. Y necesitamos depender de nuestro poder superior, y no de aquellos cuya aprobación creemos necesitar, para que él sea el que nos indique nuestros parlamentos. Cuando busquemos la guía, la aprobación que esperamos seguramente será nuestra.

———————————

Hoy seré libre. No permitiré que nadie controle mis actos. Dejaré que Dios me brinde la única aprobación que cuenta. Supeditar mi voluntad a la de Dios garantiza que ello ocurra así.

Todo es tan peligroso que nada es realmente aterrador.
GERTRUDE STEIN

La vida está llena de peligros, riesgos y desafíos. Podemos elegir entre enfrentarlos con temor o con un espíritu de bienvenida. Optar por el miedo, decir "no asumiré el riesgo porque puedo perder", es evadir la posibilidad de ganar alguna vez. Si damos la bienvenida al peligro, al riesgo o al desafío, admitiremos que la vida está hecha de derrotas tanto como de victorias, de satisfacciones tanto como de dolor.

La vida trae consigo lo mismo peligros que recompensas. *Nosotras elegimos cómo actuar.* A veces nos podemos sentir atrapadas en un ciclo de miedo. Si examinamos nuestra parte, ¿descubriremos que estamos rechazando el adquirir una visión balanceada? Quizá por el temor a perder nos estamos privando de muchas oportunidades de sentir satisfacción.

Recordaré que tengo el poder de elegir cuál será mi actitud hacia lo que este día me ofrezca.

> Siento que nos hemos escogido unos a otros de entre la multitud, dado que ninguno de nosotros es la conclusión definitiva y el todo para la personalidad del otro.
>
> JOANNA FIELD

Hoy debemos mirar a las personas a nuestro alrededor y saber que tenemos algo especial que ofrecerle a cada una de ellas, y ellas a nosotras. Viajamos juntos por caminos separados. Necesitamos aprender a ser tolerantes; quizá la conducta de un amigo nos impulse a conseguirlo. La impaciencia puede ser nuestra perdición, pues donde quiera que volteemos habrá filas que hacer, cajas registradoras lentas, tráfico vehicular. Nuestras experiencias con otros no son fortuitas. Los compañeros de viaje son seleccionados cuidadosamente por el yo interior, la guía espiritual que entiende nuestras necesidades en esta vida.

Somos tanto las maestras como las alumnas. Necesitamos tanto de nuestros amigos como de aquellos a quienes ponemos etiquetas de enemigos nuestros, por todo lo que pueden ayudarnos a aprender.

Cuidadosamente y con mucha alegría, hoy miraré alrededor mío a los viajeros que he seleccionado para aprender de ellos.

Ella carece de confianza, ella implora admiración insacia-
blemente. Ella vive de las reflexiones sobre ella misma a los
ojos de los demás. Ella no se atreve a ser ella misma.

ANAïS NIN

Qué atinadamente describen estas palabras al tipo
de mujer que muchas de nosotras somos. Muchas actividades quedaron sin llevarse a cabo; no se tomaron los
rumbos debidos, no se iniciaron ciertas conversaciones
porque carecíamos de confianza. El dolor, la constante
búsqueda de aceptación y amor por parte de los demás
todavía se hacen presentes. Pero aquellos días pertenecen al pasado. Estamos atreviéndonos a ser nosotras
mismas día a día.

La confianza aún es titubeante y necesitamos asegurarnos de que somos queribles. Con gratitud, podemos
ayudarnos unas a otras a darnos ese empujón que necesitamos para enfrentar el día. Estar las unas con las
otras, saber que entendemos los temores de las demás,
nos brinda la fortaleza que puede faltarnos hoy o mañana para seguir adelante.

*Hoy una mujer puede necesitar mi ayuda para atreverse a ser
ella misma. Ahí estaré.*

Nacemos en la inocencia. La corrupción llega después. El primer temor es una especie de corrupción, la primera vez que alcanzamos algo que nos desafía. El primer matiz de diferencia, la primera necesidad de sentirse mejor, más amado, más fuerte, más rico, más dichoso... Estas son corrupciones.

LAURA Z. HOBSON

Estamos corrompidas. Ser humano implica estar corrompido. Nuestras corrupciones interfieren en nuestra felicidad en el momento mismo en que estamos buscándola. Cuando pensamos en que de haber sido más bonitas, más inteligentes, con un mejor empleo, entonces hubiéramos sido felices, estamos cediendo ante las corrupciones. Y éstas reprimen nuestro crecimiento. Somos como necesitamos ser. Desempeñamos un papel secundario en la vida de los demás. Tenemos que aprender unas de las otras.

La recuperación es optar por ayudarnos a nosotras mismas y a las demás a ser como somos; es renunciar a hacer comparaciones; es entender nuestra equidad como mujeres; es celebrar nuestras diferencias en tanto que dan intensidad a los colores de la vida para todas nosotras.

Hoy puedo celebrar nuestros dones especiales y diferentes. Mi corazón se iluminará.

Creo que la genialidad especial de las mujeres es el ser eléctricas en el movimiento, intuitivas en las funciones y espirituales en la tendencia.

MARGARET FULLER

Somos mujeres y estamos en movimiento juntas y por separado. Estamos cambiando hacia la nueva imagen de nosotras mismas. Hay un poder curativo que nace de movernos, de compartir las propias ideas, de cambiar. Y es confiando en nosotras mismas y en los demás como podemos traer armonía, cuidado y valor a todas nuestras acciones.

La vida presenta muchas posibilidades, y somos capaces de llevarlas a cabo cuando nos atrevemos a cambiar y actuamos para ello. Aquellas de nosotras que luchamos por recuperarnos estamos actuando; estamos cambiando. Y en tanto escuchamos y nos apoyamos unas a otras, alentamos los cambios necesarios en nuestras hermanas. En la medida en que una sana, todas sanamos.

El día de hoy presenta una promesa especial para mí. Puedo estar en armonía. Puedo compartir con las demás. Mi valor fortalecerá a las demás, y las demás me fortalecerán a mí.

> El dolor de dejar a aquellos que criaste y amaste es sólo el preludio para conocerte a ti misma y a los demás.
>
> SHIRLEY MACLAINE

La vida es un proceso de dejar ir: dejar ir las situaciones que no podemos controlar, dejar ir a la gente —verla irse de nuestra vida—, dejar ir los momentos, las experiencias, los lugares. Dejar atrás a alguien o algún lugar que amamos puede entristecernos, pero también nos proporciona oportunidades de crecimiento que no habíamos imaginado. Estas experiencias nos impulsan a conocernos y conocer a otros más profundamente.

Muy a menudo aquellas experiencias que nos entristecen, que provocan dolor, son las mejores lecciones que la vida es capaz de ofrecernos. Experimentar el dolor, sobrevivir al dolor que nos altera emocionalmente, nos lleva a alturas nuevas. La vida se enriquece con el dolor. Nuestras experiencias con los demás son más profundas. En lugar de temer el final de un momento, la partida de un ser querido, debemos tratar de apreciar lo que ya hemos ganado y entender que la vida es más plena por ello.

El día de hoy traerá tanto "holas" como "adioses". Puedo recibir ambos con alegría.

Demasiadas actividades y personas y cosas. Demasiadas actividades que valen la pena, cosas valiosas y personas interesantes. No solamente lo trivial pasa por nuestra vida, sino también lo importante.

ANNE MORROW LINDBERGH

Necesitamos interactuar con otros y necesitamos actividades. Tenemos muchos dones que ofrecer a todos aquellos que se cruzan por nuestro camino, y necesitamos los muchos dones que ellos tienen que ofrecernos. Pero de pronto tenemos poco que compartir, que dar a otros, si descuidamos los momentos especiales, los espacios vacíos que se necesitan para nutrir el alma.

Un tiempo alejadas de las personas, las actividades y las cosas; un tiempo alejadas para comulgar con Dios, buscar la guía, buscar la seguridad en el más pleno sentido de la palabra, nos prepara para dar mejor nuestros dones a otros. Ese tiempo a solas también nos prepara para aceptar los dones de los otros.

Es cierto que el mensaje de Dios también lo podemos encontrar en otros. El tiempo a solas con Dios reduce las barreras que a menudo nos impiden escuchar otros de sus mensajes que expresa a través de nuestros amigos, e incluso, de nuestros enemigos.

El don que me daré a mí misma es tiempo a solas. Merezco ese don hoy y cada día.

No podemos adquirir sabiduría sin vivir la vida.

DOROTHY McCALL

Vivir la vida significa responder completamente a nuestras alegrías y fracasos. Significa no evitar las experiencias y actividades que tememos no poder manejar. Sólo a través de sobrevivir a ellas es como sabremos quiénes somos realmente; entenderemos la fuerza de que disponemos para cada momento. Y eso es, precisamente, sabiduría.

Cuando nos enfrentamos inseguras a la vida, cosechamos sólo una parte de sus dones. Es como ver una película en blanco y negro cuando supuestamente es a todo color. Nuestra vida es a color, pero debemos tener valor para permitir que éste emerja, sentirlo, absorberlo, dejarnos cambiar por él. Dentro de nosotras mismas se encuentra nuestra verdadera identidad. Las complejidades de la vida nos enseñan la sabiduría, y al adquirir sabiduría disminuyen los obstáculos en nuestro camino.

Vivir la vida es mucho más que sólo estar viva. Puedo optar por brincar con uno o con los dos pies. La sabiduría aguarda en lo más profundo de mí.

> Ella tuvo dificultades al tratar de definirse a sí misma al margen de su marido; trató de hablar con él acerca de ello, pero él dijo sólo disparates: que no tenía dificultad alguna para definirla.
>
> CYNTHIA PROPPER SETON

Recuperarse significa aprender a conocernos, independientemente de nuestros amigos, hijos, padres o pareja. Significa saber cómo queremos gastar nuestro tiempo, qué libros queremos leer, qué pasatiempos nos interesan, cuáles son nuestros platillos favoritos. Significa entender la autodirección. Significa planear diariamente el rumbo personal y permanecer fiel a él. Significa definir nuestras responsabilidades y llevarlas a la práctica.

Tener una identidad propia no excluye el que dependamos de otros para ciertas necesidades. Quizás nos deleitemos tanto al dar como al recibir caricias. Tal vez compartamos los gastos para el mantenimiento de la casa o la responsabilidad de educar a los hijos. Depender de otros para hacer frente a las responsabilidades no nulifica nuestra propia identidad; por el contrario, la fortalece. Elegimos dónde y cuándo ser dependientes. La dependencia sana es complemento de la independencia sana.

La recuperación me está dando opciones. Cada día me da nuevas oportunidades.

Me miro al espejo a través de los ojos de la niña que fui.
JUDY COLLINS

La niña que hay en cada una de nosotras es frágil, pero mucho muy vital e interpreta nuestras experiencias incluso antes de que estemos conscientes de ellas. Es esa niña la que tiene miedo a los lugares nuevos, a la gente extraña, a las situaciones desconocidas. Esa niña necesita el tipo de alimento que no tuvo en el pasado. Podemos tomar su mano, tratarla con cariño y paciencia, hacerle saber que no será abandonada. Ningún lugar nuevo, persona extraña o situación desconocida debe abrumarla.

Es en verdad sorprendente la fortaleza que adquirimos cuando nos nutrimos, cuando reconocemos a la niña asustada que traemos dentro y la contenemos y la hacemos sentirse segura, a salvo. No enfrentamos nada a solas. Juntas podemos enfrentar cualquier cosa.

Hoy me encargaré de la niña que hay en mí y no dejaré que enfrente sola ninguna de las experiencias que el día traiga consigo.

La hora de la disciplina ha comenzado. Cada una de nosotras es alumna de cualesquiera de nosotras que mejor pueda enseñarnos lo que necesitamos aprender.

MARÍA ISABEL BARRENO

"Cuando el alumno está listo, el maestro aparece." A menudo las lecciones de la vida llegan sin que se esperen. Llegan, sin embargo, y conforme a un marco de tiempo que es divino. A medida que crecemos emocional y espiritualmente, nos preparamos para otras lecciones para las cuales aparecerán los maestros. Quizás el maestro sea una relación amorosa, una pérdida difícil o un hijo haragán. El momento para aprender está rara vez exento de dolor y cuestionamientos. Pero estamos listas para aprender lo que estas experiencias nos puedan enseñar. Llegan cuando estamos listas.

Todas disfrutamos los tiempos fáciles, cuando la navegación es suave, cuando todo está bien, cuando no sentimos ningún dolor. Y estos periodos tienen un propósito: nos preparan para las lecciones que conducirán a una recuperación más fuerte, a un sentido más fuerte de nosotras mismas. Entender que todo está bien a través del proceso de aprendizaje es la lección básica que necesitamos aprender. Todo está bien. El maestro es el guía para el siguiente peldaño de la escalera.

Agradezco las lecciones de hoy y el saber que todo está bien.

> Has conseguido despertar cada mañana con una sonrisa en tu cara, y mostrarle al mundo todo el amor que hay en tu corazón. Entonces la gente te tratará mejor. Descubrirá; sí, lo hará, que eres tan hermosa como te sientes.
>
> CAROLE KING

"Actuar como si." Hay algo mágico en comportarse de la manera como queremos ser, aun cuando todavía no lo sentimos. El comportamiento parece conducir al camino. La actitud, el estado mental, sigue.

Muchos días podemos no despertar sintiendo amor en nuestros corazones por nuestra familia, nuestros amigos, nuestros compañeros de trabajo. De hecho, podemos desear que ellos muestren su amor por nosotras. Pero si nos entregamos, damos amor incondicionalmente, nos centramos en las necesidades de los demás, el amor regresará multiplicado diez veces. Y el acto de amar a los demás elevará nuestro propio espíritu. Conoceremos el amor; sentiremos amor por nosotras mismas y por muchas otras personas cercanas a nosotras.

La actitud que cultivemos, sea de amor o egoísmo, inferioridad o superioridad, determinará cómo nos afecten los eventos de nuestra vida. El principio es tan simple: si hacemos que la vida se encuentre con el amor, con una sonrisa, encontraremos el amor y algo por qué sonreír.

Mi actitud determinará este día. Recibirlo de frente, con amor, me garantizará que sea adorable.

Sobrevivir significa nacer una y otra vez.

ERICA JONG

Hemos decidido vivir, y cada día reforzamos la decisión. Cada día que llamamos a un amigo, trabajamos uno de los Doce Pasos o vamos a una junta, estamos renovando nuestro contrato con la vida. Estamos renaciendo. Antes de llegar a este programa nos morimos, emocional y espiritualmente, muchas veces. Varias de nosotras casi morimos físicamente. Pero aquí estamos, comenzando un nuevo día, buscando la guía unas a otras. Somos las sobrevivientes, y la supervivencia está ahí para quien la quiera tomar.

Tendremos días en los que lucharemos con nuestra decisión de vivir. Querremos tirar la toalla. Querremos rendirnos. Pero hemos aprendido entre nosotras acerca de las opciones. Y la opción de sobrevivir, a sabiendas de que nunca tendremos que hacerlo solas, se hace más fácil con el tiempo.

Soy una de las sobrevivientes. Hoy es mi día para celebrar.

Creo que el autoconocimiento es probablemente el elemento más importante para ser un campeón.

BILLIE JEAN KING

Los campeones se hacen. Qué afortunadas somos al contar con los Pasos que nos guían para convertirnos en campeonas. El programa nos promete autoconocimiento, pero debemos esforzarnos. Y el proceso no siempre es fácil. Todas nosotras tenemos desventajas, y generalmente es más fácil ver éstas que nuestras ventajas. El autoconocimiento significa reconocer ambas. Volverse una campeona —como atleta, ama de casa, maestra, secretaria o abogada— no es maximizar las ventajas y minimizar las desventajas, sino aceptar la existencia de ambas. El programa que compartimos nos ofrece diariamente la oportunidad de conocernos, ayudar a otras mujeres a conocerse y fortalecer nuestras ventajas a lo largo del camino. Podemos sentir que crecen nuestras ventajas, y eso nos hace sentir bien; podemos ver disminuir nuestras desventajas, y eso nos hace sentir bien. El programa nos ofrece la posibilidad de ser campeonas.

Puedo fortalecer mis ventajas primero conociéndolas y después enfatizándolas repetidamente. Me centraré en una de ellas hoy.

> "¡No puedo!"... eso es lo que todas decimos cuando no queremos esforzarnos.
>
> Eva Lathbury

La conducta irresponsable nos resulta familiar. La pasividad es igualmente familiar. En el pasado, el hecho de evadir toda responsabilidad nos evitaba ser culpables. Hemos aprendido que también nos evita sentirnos valiosas, capaces de responder a nuestro potencial, de sentir la emoción que acompaña a los logros.

Nuestro temor al fracaso nos ayudó a ser irresponsables. Todavía podemos temer al fracaso, pero el programa nos ofrece un antídoto. No podemos fracasar si hemos puesto nuestra vida en manos de un poder superior. Se nos mostrará la forma de proceder. Nuestras compañeras de viaje tienen para nosotras mensajes que allanarán el camino.

He elegido la recuperación; he dicho: "sí puedo". Celebraré que hoy soy responsable de mi vida.

Afortunadamente el psicoanálisis no es la única vía para resolver conflictos internos. La vida sigue siendo una terapeuta muy efectiva.

KAREN HORNEY

El paso del tiempo, aunado a la mente abierta hacia los mensajes que recogemos de las conversaciones con otras, puede proporcionarnos las respuestas que necesitamos para darles salida a las situaciones dolorosas. La vida es decadencia y auge, cumbres y valles, luchas y momentos dulces. Muy a menudo no nos damos cuenta de que las luchas hacen posibles los momentos dulces.

Nuestros conflictos son nuestras lecciones especiales en la vida. Podemos aprender a vivir con ellos, trascenderlos, confiar en su valor para nosotras, mujeres que estamos creciendo y cambiando. Qué bien se siente encontrar seguridad entre nosotras y en ese poder superior a nosotras mismas que puede, si lo deseamos, enseñarnos el camino hacia la resolución.

La vida nunca estará exenta de conflictos —y no tiene por qué estarlo—; nuestras lecciones nos impulsan hacia planos de conciencia más elevados. Podemos ayudarnos unas a otras a recordar que la dulzura de un momento está ligada al dolor del momento anterior, ya olvidado.

Todos los eventos, todas las experiencias, están interconectadas. El camino que recorra, sola y con otros, me está brindando días más brillantes. Confiaré en mi camino. Es el correcto para mí.

La mujer no debe aceptar; debe desafiar. No debe sentirse temerosa por aquello que se ha construido a su alrededor; debe respetar a la mujer que lleva dentro de sí y que está luchando por expresarse.

MARGARET SANGER

Nuestro deseo de crecer, de hacernos de un lugar en el mundo de nuestros amigos, de saber que hemos contado en las vidas de otros, es saludable y necesario en nuestra existencia como mujeres integrales.

La urgencia interior de seguir adelante, de intentar un nuevo acercamiento a un viejo problema, de ir tras un nuevo empleo, de desarrollar una nueva habilidad, es evidencia de que el espíritu eterno de Dios está dentro de nosotras.

Nuestra razón de ser en esta vida se encuentra a través de seguir la guía que nos atrae hacia nuevos horizontes, quizá nuevos amigos, incluso nuevos lugares donde vivir. Podemos confiar en ese llamado; podemos acatar ese llamado. No nos llevará por mal camino, siempre y cuando no lo llevemos a él.

Cada una de nosotras tiene un don especial para expresarse en esta vida entre aquellos hacia quienes se nos ha conducido.

Durante años, muchas de nosotras reprimimos por temor el llamado interior; pero, afortunadamente, no nos abandonó.

Como humanas tenemos el constante deseo de ser más de lo que somos.

Los temores todavía llegan, pero a medida que los trascendemos, con la ayuda de otras mujeres, otras amigas, el programa nos brinda la emoción de obtener logros. Sabemos que hay una razón de ser para nuestra existencia.

_____

La necesidad de crecer, de cambiar, de influir en el mundo que nos rodea, forma parte del plan de Dios para cada una de nosotras. Confiaré en el llamado; dejaré que guíe mis pasos.

FEBRERO

Estuviste a mi lado cuando te necesité. Justo en el momento en que los demás se habían alejado de mí, tu fuerza me acompañó y me abrió el camino. A personas como tú no puedo menos que ofrecerles mi vida, mi amor y todo lo que soy.

DEIDRA SARAULT

Cuando a alguien le ofrecemos nuestro apoyo —a lo largo del día, pero también a lo largo de la vida—, al mismo tiempo nos estamos apoyando a nosotras mismas, porque todos dependemos de todos: somos interdependientes. En cualquier momento o lugar, alguien está aprendiendo algo de nosotras y nosotras de esa persona. Cuando damos algo, muchas veces ni nos damos cuenta de que lo estamos haciendo, y lo mismo sucede cuando recibimos algo de los demás: casi nunca nos percatamos del valor que tiene lo que se nos está entregando.

Es natural que reaccionemos con cierta resistencia a admitir el valor de lo que la otra persona nos ofrece. Sin embargo, conforme pasa el tiempo lo más común debería ser que pudiéramos darnos cuenta de la importancia de esa experiencia que vivimos. Siempre es posible que reconozcamos a quienes nos ayudan a vivir, a todas aquellas personas cuya fuerza y esperanza nos permiten vencer las dificultades.

Todas pasamos por momentos angustiosos en los que necesitamos una mano amiga, alguien que nos ayude a alcanzar nuestros propósitos. Asimismo, los momentos difíciles nos incitan a solicitar el auxilio de los demás, a quienes de esta manera les estamos dando la oportunidad de que colaboren con nosotras en la curación de nuestras heridas. Todas nosotras poseemos algo que puede ayudarle a otra persona a sentirse mejor, del mismo modo que todas necesitamos que los demás nos ayuden.

———————————

Uno de los aspectos más importantes de mi proceso de recuperación es saber ofrecer y recibir ayuda.

Todo lo que queremos es ser escuchadas, poder comunicarnos.

DORY PREVIN

Cada vez que hablamos y no somos escuchadas sentimos que los demás están negando nuestra personalidad, la esencia nuestra que presentamos al mundo. "El mayor bien que podemos hacernos unas a otras es ponernos suma atención." Si queremos que se nos conceda atención, lo primero que debemos hacer es concederla nosotras mismas, lo cual quiere decir que cuando conversamos con los demás tenemos que evitar distraernos con cualquier cosa, sobre todo con las ideas que en ese momento rondan nuestra mente y que no tienen nada que ver con lo que se nos está diciendo. Es imposible que esperemos de las otras personas lo que nosotras mismas no podemos o no queremos dar.

Ser escuchada y escuchar a los demás supone algo más que el solo acto de oír. De lo que se trata es de poner toda nuestra atención en lo que la otra persona nos está diciendo y de permitir que sus palabras se introduzcan no sólo en nuestros oídos, sino también en nuestra mente. Cuando compartimos con los demás lo que somos, no nos gusta que se nos juzgue, ni que se nos haga sentir culpables de algo, ni tampoco que no se nos tome en cuenta; lo que deseamos es tener la certeza de que estamos siendo escuchadas con toda atención. Así, cuando tengamos la oportunidad de escuchar a otra persona, debemos esforzarnos por entender lo que sus palabras significan para nosotras, pues son palabras que seguramente nos harán mejorar como mujeres y nos permitirán conocernos mejor a nosotras mismas.

Lo hermoso de saber escuchar a los demás es que nos ayuda a escucharnos a nosotras mismas. Cuando escuchamos y somos escuchadas, aprendemos a conocer mejor quiénes somos. Toda conversación nos ofrece la oportunidad de ser personas más auténticas y de ayudar a los demás a serlo también.

––––––––––––––––––

Poner suma atención a los demás es el mejor don que puedo hacerles. Si quiero recibirla, también debo concederla.

Si no tomamos tan en serio nuestros fracasos, dejaremos de temerles. Es muy importante que aprendamos a reírnos de nosotras mismas.

KATHERINE MANSFIELD

El perfeccionismo es algo que puede afectar gravemente nuestro desarrollo y bienestar, tanto emocional y espiritual como físico. En la vida es más lo que aprendemos de nuestros fracasos que de nuestros éxitos. Nuestros fracasos nos enseñan a ser humildes, así como a recurrir a los demás en busca de apoyo y orientación. Gracias a ellos aprendemos también que no debemos desesperarnos por los fracasos de los demás. Los errores se cometen porque somos seres humanos.

Si somos capaces de dejar de tenerle miedo al fracaso, nos sentiremos más libres para alcanzar metas más altas. Nos atreveremos a aprender más cosas, y la vida —no sólo la nuestra, sino también la de quienes nos rodean— está llena de ellas.

Reírnos de nuestros propios errores nos permite volver a correr el riesgo de intentar algo. La risa nos mantiene jóvenes y nos ayuda a descubrir la felicidad de cada día.

Seguramente el día de hoy fracasaré en alguna de las cosas que me propongo hacer, pero trataré de sonreír. Mi risa me abrirá el camino para volver a intentarlo.

> El genio consiste en tener el talento de ver las cosas tal como son, sin torceduras, sin fricciones y sin aberraciones. Es entender las cosas en su justa dimensión.
>
> MAUDE ADAMS

Cada día de abstinencia nos permite aprender a ver con mayor claridad las cosas que están frente a nosotras. Como poco a poco nos vamos despojando de necesidades egoístas, cada vez distorsionamos menos la realidad. Todas poseemos un talento natural para ver las cosas como realmente son; pero se trata de un proceso que implica práctica para desarrollar una capacidad que no hemos explotado y que es uno de los dones más importantes en una auténtica vida espiritual.

Todas y cada una de nosotras somos seres espirituales cuyo reto consiste en ver como Dios ve. El programa nos ayuda a ello. Cada día nos resultará más fácil vivir honestamente, creer en la gente que nos rodea y esforzarnos por ser personas auténticas.

La manía de distorsionar lo que vemos empieza a disminuir en cuanto comenzamos a cosechar los beneficios de una vida honesta, responsable y rebosante de sentido espiritual. En el pasado nuestro ego enfermo era el que nos impedía entender, y podría hacerlo ahora si nos olvidamos de ver con los ojos de nuestro genio interior.

Si me decido a seguir las indicaciones de mi genio, el día de hoy será adecuado y limpio y estará lleno de amor.

No te dejes gobernar por nadie. Lo que importa es tu propio criterio.

JANIS JOPLIN

Cuando no nos conocemos bien, es fácil permitir que alguien nos diga lo que debemos hacer. Si ni siquiera sabemos dónde estamos paradas, una personalidad más poderosa que la nuestra puede pretender someternos; nos olvidamos así de nuestros propios valores, o quizá lo que sucede es que no los conocemos bien. En esos momentos, otras personas pueden persuadirnos de que nos comportemos de tal o cual manera. Este programa de Doce Pasos nos ofrece la oportunidad de conocernos a nosotras mismas, pues apoya nuestros esfuerzos y nos permite darnos cuenta de que tenemos amigas que no buscan gobernarnos sino que valoran nuestros empeños por conocernos y por ser nosotras mismas.

Una de las mayores satisfacciones de nuestro proceso de recuperación es que nos hace descubrir que somos capaces de tomar decisiones por nosotras mismas, y que hacerlo nos resulta agradable. Todas hemos padecido esa especie de vacío que se siente en el estómago cuando "accedemos" a algo, cuando "concedemos" algo que es importante para nosotras, y luego tenemos que pagar las consecuencias. Actuando así perdemos algo de nosotras mismas, y a la vuelta de los años resulta que hemos perdido mucho. Sin embargo, podemos evitar que eso siga ocurriendo.

Voy a darme la oportunidad de comportarme de acuerdo con mi criterio.

> Considero que es un signo de madurez aceptar que las
> satisfacciones son posteriores a nuestros actos.
>
> PEGGY CAHN

Es correcto que deseemos sentirnos siempre bien, pues todas merecemos ser felices. Sin embargo, antes de conquistar un estado de felicidad más o menos permanente, es preciso dar una serie de pasos que no necesariamente nos harán sentirnos dichosas en determinado momento.

Cuando nos sentimos mal, tratamos de hallar una satisfacción inmediata que nos permita recuperar el aliento. Sin embargo, muy pronto nos damos cuenta de que, como suele suceder en estos casos, esa satisfacción es efímera.

La felicidad duradera no es resultado de la suma de pequeñas satisfacciones inmediatas. De lo que se trata entonces no es de *ganar* felicidad, sino de descubrir dónde se encuentra. Es aquí donde, para nuestra fortuna, interviene el programa: hallaremos la felicidad cuando aprendamos a mantenernos serenas y a escucharnos desde el interior de nosotras mismas, así como a hacer a un lado nuestros problemas personales para interesarnos en las necesidades de los demás.

Para muchas de nosotras será indispensable volver a definir en qué consiste la felicidad. Reconocer nuestros propios valores y la necesidad que tenemos de la gente nos comunicará alegría, una felicidad que nos sostendrá de la misma manera en que lo hacen la gratitud hacia nuestras amigas, nuestra buena salud y nuestra abstinencia. Descubriremos entonces que la fuente de nuestra felicidad interior está en nuestra buena disposición para con los demás.

Sé que el día de hoy encontraré felicidad, y que si la busco bien en mi interior, podré compartirla paciente y confiadamente con los demás.

El escenario de nuestra vida es complicado, pero aun así podemos hacerle frente y salir avantes.

MURIEL RUKEYSER

Es probable que en algún momento de nuestra vida lleguemos a sentir miedo, y hasta verdadero pavor; siempre habrá situaciones que, cuando menos por un tiempo, nos parezcan superiores a nuestras fuerzas. Sin embargo, también llega un momento en que las nubes se disipan, pues lo cierto es que la vida nunca nos presenta más cosas que las que podemos manejar, de manera que con cada día que pasa nos sentimos más dueñas de nosotras mismas y en mayor armonía con lo que nos rodea. Terminamos por aprender que "todo pasa". Conforme vamos avanzando en nuestro programa espiritual, nuestra confianza en nosotras mismas se incrementa.

Nuestros lazos con las demás personas y con el programa multiplica nuestra fuerza. Cuando reflexionamos sobre cómo éramos en el pasado y hasta dónde hemos sido capaces de avanzar, nos damos cuenta de que en la actualidad podemos resolver adecuadamente problemas que antes nos abrumaban. Nos da gusto comprobar que no hay dificultad que no pueda vencerse, y que además en ello no estamos solas, pues contamos con la ayuda de Dios.

Sabré aprovechar del día de hoy, todas las oportunidades que se me presenten para desarrollar mi nueva entereza, pues me pondrán en armonía con el plan divino para mi vida.

La reacción no es acción, lo que quiere decir que no es verdaderamente creativa.

ELIZABETH JANEWAY

Más que a reaccionar, tenemos que aprender a actuar. Por desgracia, hemos perdido ya mucho tiempo en reaccionar, y lo más probable es que lo hagamos muy bien. Vivimos en una sociedad acostumbrada a reaccionar. Permitimos que la buena o mala conducta de otra persona determine la nuestra. Sin embargo, son incontables las oportunidades que tenemos de elegir nuestro comportamiento de manera responsable, independientemente del de los demás.

Si realmente así lo deseamos, el cambio está en nuestras manos. No tenemos por qué sentirnos rechazadas por el hecho de que nuestra pareja esté de mal humor. Recibir una crítica en el trabajo no tiene por qué arruinarnos el día. Aun ante un chofer desconsiderado podemos actuar con cortesía.

Nuestra autoestima se incrementa cuando decidimos por nosotras mismas cómo actuar y cómo seguir nuestro propio curso.

Si estamos deprimidas, nos sentiremos indecisas; pero si tratamos de convencernos de que todo marcha bien y respondemos a ese juicio, nos sentiremos fuertes y una sensación de bienestar se apoderará de nuestro cuerpo.

Estar al mando de nuestros sentimientos y acciones impedirá que la angustia nos sobrecoja. A nosotras, y sólo a nosotras, nos corresponde elegir nuestro camino; en él nos aguardan nuevas aventuras.

El día de hoy se me presentarán muchas oportunidades para reaccionar, pero antes de hacerlo me detendré a pensar cómo debo actuar, y procederé en consecuencia. Mi salud emocional se reforzará cada vez que tome una decisión responsable.

> Hemos padecido mucho derrotismo, mucho pesimismo, muchas actitudes negativas. La razón es simple: si nos empeñamos en que algo salga mal, saldrá mal. Hacer bien las cosas implica paciencia, esfuerzo, dedicación y tiempo, pero puede lograrse… El requisito previo de todo propósito es la fe…
>
> MARGO JONES

¿Cuántos sueños hemos dejado escapar? ¿Cuántos proyectos hemos iniciado sin haberlos llevado a su término? ¿Cuántas veces nos hemos prometido que en "esta ocasión sí será diferente", pero hemos sido incapaces de conseguirlo? El desastre atrae más desastre, pero por fortuna también lo contrario es cierto. Nuestro futuro depende de la actitud que adoptemos ante él; una actitud positiva nos permitirá llevar a cabo todo lo que nos propongamos.

Lo que perseguimos es una vida mejor. Alcanzarla nos exige buscarla, mantenernos alertas y estar en la disposición de esforzarnos al máximo. Lo que soñamos lograr es nuestro mejor estímulo para seguir adelante, para luchar por metas más altas. Si tenemos fe en nuestra capacidad para hacer realidad nuestros sueños, podremos dar todos los pasos que sean necesarios para alcanzar nuestro objetivo.

Todas contamos ya con la bendición de soñar, don que debe ayudarnos a ampliar nuestras capacidades.

Puedo confiar en mis sueños y aspiraciones. Son míos, sólo míos, y han sido especialmente hechos para mí. Es posible hacerlos realidad; mis esfuerzos se verán beneficiados por la fe y por una actitud positiva.

Dios no conoce distancias.

CHARLESZETTA WADDLES

La fuerza que necesitamos para pasar por encima de cualquier dificultad está tan cerca de nosotras como nuestro cuerpo mismo. El problema es que solemos olvidarlo muy fácilmente.

Intentamos resolver solas nuestros conflictos y determinar el adecuado curso de acción, y de esta manera no conseguimos otra cosa que tropezarnos. Es momento de que volvamos la vista al poder del que disponemos, pues con su intervención podremos satisfacer todas nuestras necesidades.

Aunque estamos conscientes de la presencia de Dios, no sabemos en qué consiste depender de él. Desde la más tierna infancia se nos induce a ser autosuficientes, de manera que aun cuando necesitamos desesperadamente la ayuda de los demás, tememos solicitarla. Cuando vacila la confianza en nosotras mismas, como ocurre a menudo, recurrimos al ocultamiento de nuestros temores, generalmente mediante el alcohol o las pastillas, o simplemente recluyéndonos en casa. Sin embargo, así no resolvemos nada; nuestros temores siguen persiguiéndonos.

Lleva tiempo descubrir, como ya lo hemos hecho, que no tenemos por qué sentir miedo, ya que Dios está a nuestro lado. La práctica constante nos permite abandonarnos a Dios y dejar de confiar exclusivamente en nuestra supuesta autosuficiencia.

Sean cuales fueren nuestras necesidades para el día de hoy, la respuesta está en Dios.

No hay nada que temer; por fin he logrado conocer a Dios. En adelante, todo será más fácil.

No permitas que tus penas y sufrimientos te paralicen al grado de impedirte aceptar que la gente que te rodea también tiene problemas.

LADY BIRD JOHNSON

La exclusiva preocupación por nosotras mismas puede dar al traste con nuestra vida, pues nos impide percatarnos de la verdadera dimensión de nuestros problemas. Asimismo, nos incapacita para recibir de los demás la orientación que el poder supremo desea otorgarnos, y obstaculiza el dominio de la verdad. Paradójicamente, basta con que pongamos un poco de atención en los demás, en sus penas o sus alegrías, para que nuestras aflicciones, por más grandes que sean, se atenúen.

Cuando nos mostramos dispuestas a entrar en contacto con los demás, adquirimos de inmediato una visión más clara.

Los mensajes que los demás desean transmitirnos son muy importantes para nosotras. Nada de lo que sea dicho con un espíritu amoroso carece de significado para nuestra vida.

Pensemos que todas nuestras conversaciones nos ponen en relación con el Creador. Cada vez que escuchamos a alguien, se nos está revelando parte de lo que necesitamos para desarrollarnos. Sin embargo, escuchar a los otros nos exige salir de nuestro interior.

Pondré especial atención a las personas que se me acerquen el día de hoy, y pensaré que es mi guía interior la que las ha atraído. Estaré alerta, esperaré soluciones y celebraré la maravilla de todo este proceso.

No hay verdades nuevas, sino verdades que no han sido advertidas como tales por quienes las han percibido sin darse cuenta.

MARY McCARTHY

Ahora somos capaces de comprender ideas que antes no entendíamos. Este año hemos cobrado conciencia de detalles de nuestro pasado que se nos habían escapado. Cada vez somos menos ciegas y estamos mejor preparadas para reconocer verdades que antes no advertíamos.

"El maestro aparece en cuanto el alumno está dispuesto a aceptarlo", y llega cargado de verdades que necesitamos integrar a nuestro creciente banco de conocimientos. Quizá las verdades que hoy o cualquier otro día nos sean descubiertas no nos harán del todo felices; tal vez nos enteremos de que hemos de abandonar algo que veníamos haciendo hasta ahora o de que una relación ha llegado a su fin, y los cambios inesperados generan inquietud. Sin embargo, en el panorama general de nuestra vida los cambios producidos por esas verdades serán positivos y contribuirán a nuestra felicidad.

Aceptemos las verdades tal como vienen y confiémosle a Dios las consecuencias. El camino que estamos recorriendo es muy especial y no está exento de dificultades; los tambaleos limitan nuestra visión, pero conservemos la seguridad de que recibiremos todas las indicaciones que nos hagan falta.

Las verdades que conozca el día de hoy guiarán mis pasos. Sabré seguir adelante con serenidad.

En mi vida me he visto obligada a sacrificar muchas cosas
importantes en beneficio de la carrera política de mi esposo.
PAT NIXON

La mayoría de nosotras fuimos enseñadas a poner las necesidades de los demás por encima de las nuestras. En raras ocasiones se nos estimuló a embarcarnos en una ruta personal, y luego de años de ocupar el último sitio hemos aprendido que nuestras esperanzas no importan.

El futuro se nos presenta ahora como una hoja en blanco. Ha llegado el momento de que elaboremos nuestro propio plan de vida, pero ¿cómo decidiremos a dónde queremos ir? ¿Cómo llegaremos allá? El programa nos dicta: "Vive el momento"; nuestras amigas nos recomiendan: "concéntrate en el paso que vas a dar; los demás vendrán después".

Si estamos leyendo este libro es porque hemos decidido hacer algo con nuestras circunstancias. Conviene que nos detengamos a pensar un momento en los cambios que hemos venido experimentando. Ya estamos en camino. Hasta ahora hemos dado un buen número de pasos.

¡Qué extraordinaria aventura la que estamos viviendo! No tenemos miedo, porque sabemos que siempre contaremos con la ayuda de muchas personas para recorrer el tramo que nos falta.

Confiemos en nuestros anhelos, aquellos que en el pasado preferimos abandonar. Ahora podemos cumplir nuestros más caros deseos, siempre y cuando busquemos la guía necesaria.

———————————

Ha llegado el momento en que puedo decidir mi futuro. Haré que cada día y cada experiencia me conduzcan al siguiente paso.

> Una amistad sólida debe fundarse en intereses comunes y en convicciones compartidas.
>
> BARBARA W. TUCHMAN

Todas las que compartimos este programa hemos merecido ya el don de la amistad. Nuestro interés es común: deseamos abstenernos de beber. Compartimos también una misma convicción: la de que un poder más fuerte que nosotras puede devolvernos la salud. Sabemos que estamos comprometidas unas con otras. Estamos aprendiendo a aplicar los principios del programa a todos los aspectos de nuestra vida.

Anteriormente la amistad no nos importaba gran cosa. Teníamos una amiga por aquí, otra por allá…; pero ¿realmente confiábamos en ellas? ¿Podíamos hacerlas partícipes de nuestros secretos, de nuestra vida en pareja? Temíamos hacerlo, y no sin razón. Lo más probable es que también nosotras mismas hayamos fallado como amigas. La amistad siempre implica un riesgo, y la decisión consciente de ser una persona confiable. Significa, además, que nunca nos alejaremos de aquella persona. Una amistad así enriquece nuestra vida, porque nos complementa. No es casual que hayamos coincidido; la riqueza de cada una de nosotras contribuirá al desarrollo de las demás.

Debo estar dispuesta a compartir mi intimidad con mis hermanas de fe. Mi fuerza para recuperarme será mayor si establezco sinceros lazos de amistad.

La mayoría de las personas determinan su vida por circunstancias casuales.

AUGUSTA EVANS

Generalmente nos explicamos nuestra buena fortuna o la de una amiga por el hecho de que nos encontramos en el lugar indicado en el momento preciso. Sin
embargo, sabemos que eso no es obra de la casualidad;
es una ventaja que estemos conscientes de que para
estar en el lugar indicado en el momento preciso tuvimos que realizar muchos esfuerzos.

Seguramente hemos oído muchas veces que el tiempo de Dios no es necesariamente igual al nuestro; que
los acontecimientos se sucederán con una lógica que no
siempre es la que nuestro ego quiere imponer. Así, a
menudo nos desespera ignorar los designios de Dios.
Sin embargo, hoy y todos los días de nuestra vida
debemos confiar en que las puertas se nos abrirán a
tiempo. Las oportunidades surgen únicamente cuando
estamos preparadas para advertirlas. Todo momento
nos invita tanto a dar como a recibir un mensaje especial, una lección particular. Dios nunca se olvida de
nosotras, de manera que todas las circunstancias de
nuestra vida nos ayudarán a ser las mujeres que queremos ser.

*El día de hoy me esforzaré por identificar el lugar en el que
me encuentro y por sentirme a gusto en el sitio que ocupo. Por
el momento es el lugar que me corresponde, mismo que me
está preparando para lo que está por venir.*

Nuestras oportunidades están en el interior mismo de nuestros sueños y aspiraciones.

SUE ATCHLEY EBAUGH

Nuestros sueños nos impulsan a conquistar cimas más altas. Todo lo que necesitamos es tener el suficiente valor para dirigirnos hacia ellas, dando los pasos indispensables para hacer realidad nuestras ilusiones. Para conseguirlo, debemos confiar en que se nos mostrarán los pasos que hemos de seguir, uno por uno; de nosotras depende que tengamos la paciencia debida para dar el paso correcto en el momento indicado.

Cuando son en bien nuestro y de los demás, nuestros sueños representan invitaciones que Dios nos hace para alzar el vuelo y arribar a nuevas alturas; son, en consecuencia, parte del destino que ha sido diseñado para nosotras. Nada es casual; las facultades que poseemos son únicas. Lo que podamos hacer en nuestro beneficio nos corresponde exclusivamente a nosotras. Nuestros sueños son el reflejo de las contribuciones que estamos llamadas a hacer en esta vida.

Son muchas las oportunidades de que disponemos para realizarnos, aunque no todas nos transmitirán felicidad. Debemos volvernos hacia Dios una y otra vez, ser pacientes y creer que hemos sido llamadas a ofrecerles algo muy especial a las personas que nos rodean. Todas y cada una de nosotras hemos sido elegidas para un plan específico, en función del cual se nos han inspirado facultades particulares. Por medio de nuestra recuperación estamos abriendo el camino para explotar nuestros dones.

Agradeceré lo que soy y lo que tengo. No olvidaré que sólo yo puedo compartir mis bienes con las amigas que me rodean.

> Lo que los demás hacen por nosotros no se retribuye con la sola gratitud; es preciso que paguemos con la misma moneda que se nos ha otorgado.
>
> ANNE MORROW LINDBERGH

La vida no consiste en otra cosa que en una serie de retribuciones. El dicho que reza: "Trata como quieras que te traten" es a todas luces una verdad irrefutable. Como mujeres y como integrantes de la familia humana, de los demás hemos recibido beneficios incalculables, aun si en ocasiones no han ido de acuerdo con lo que esperábamos para nosotras; sin embargo, el tiempo nos hace percatarnos de que lo que recibimos fue para nuestro bien. Lo que ahora nos corresponde hacer —al grado de constituir una obligación— es compartir con los demás los beneficios de que fuimos objeto. Recibiremos más si somos capaces de dar a los otros la alegría que se nos ha dado, de comprenderlos como hemos sido comprendidas, de ser sus amigas como otras personas lo han sido nuestras.

Tú y yo nos encontraremos hoy para ofrecernos mutuamente lo que tenemos. Recibiré agradecida todo lo que quieras compartir conmigo.

No cometas bajezas con el pretexto de que tu carácter es así. Si lo haces una vez, lo repetirás cuanto quieras.

KATHERINE HEPBURN

Decir que nos comportamos del modo en que creemos que a Dios le gustaría que lo hiciéramos es muy fácil. Pero ¿acaso alguna vez no hemos herido a alguien deliberadamente? ¿Cuándo fue la última ocasión en que nos dio envidia la buena fortuna de otra persona? ¿Todavía hace poco nos molestamos de que no se nos pusiera atención e incluso provocamos un conflicto por ello?

A partir de este momento nuestra vida puede ser más sencilla. Para aligerar nuestra carga y liberarnos de nuestras angustias no tenemos más que un camino a seguir, una decisión por tomar. Estamos en posibilidad de actuar siempre de buena fe. Guardemos silencio un momento y permitamos que nuestra guía interior dirija nuestra conducta, nuestras ideas y nuestras palabras.

Siempre que permitimos que sea nuestra espiritualidad la que se imponga, sabemos cómo actuar en un caso determinado. Dejar que Dios decida nuestras acciones mejorará nuestra vida. Basta de confusiones, de lamentos y de una inacción debida al temor de cometer errores.

Si permito que Dios dirija mi conducta, mi libertad está garantizada, mi carga será más ligera. El día de hoy me esforzaré por cumplir la voluntad de Dios; sólo así mi espíritu se mantendrá en paz.

> Cuando en la vida tomamos decisiones importantes, no suele escucharse un sonido de trompetas. El conocimiento de nuestro destino es siempre un acto silencioso.
>
> AGNES DeMILLE

En el día que estamos por comenzar tendremos que tomar decisiones de todo tipo: algunas serán importantes, otras afectarán a las personas que nos rodean y otras más tendrán repercusiones duraderas en nuestro futuro. Lo que importa es que no nos equivoquemos en ninguna de ellas. Por más pequeña que sea, una decisión errada puede desviarnos de nuestro camino y llevarnos, por ejemplo, a un callejón sin salida; sin embargo, siempre es posible dar marcha atrás y volver a decidir.

En el momento de hacer una elección no solemos percatarnos de su importancia, de la que venimos a darnos cuenta una vez transcurrido el tiempo. No obstante, no hay que perder de vista que en nuestra vida todas las decisiones son importantes, lo que no quiere decir que alguna de ellas vaya a dominar por completo nuestro futuro.

Aun así, sepamos aprovechar todas las oportunidades que se nos ofrecen para tomar decisiones correctas, aquellas que mejor contribuyan al desenvolvimiento del plan general de nuestra vida.

No tengo por qué inquietarme ante las oportunidades que se me presenten el día de hoy para tomar decisiones. Escucharé con atención a quienes me rodean; buscaré orientación en los mensajes que se me transmitan. Tomaré así todas las decisiones que sean necesarias.

Aquello que crees que no puedes realizar, eso es lo que debes hacer.

ELEANOR ROOSEVELT

¿Cómo podemos hacer lo que parece imposible? Tomar un curso, dejar un trabajo, romper una relación destructiva, pedir ayuda; nada de esto podemos hacerlo solas o con facilidad. Lo lograremos si confiamos en el auxilio que el programa nos ofrece, en la ayuda de los demás y en la solicitud prometida por nuestro poder superior.

Acometer con la ayuda de Dios lo que nos parece imposible nos permite ver estas cosas en una dimensión más accesible, y despojarlas de la fuerza que sólo nuestros temores les concedieron.

Aquello que tememos crece en la misma proporción en que nos sintamos obsesionadas por ello. Mientras mayor sea el miedo que sentimos por algo, más grande se hará dicho miedo, lo que a su vez aumentará nuestros temores.

¡Cuál no será nuestra fortuna, pues Dios sólo está esperando que le pidamos fuerzas y que nos acompañe! Nos basta solamente con reconocerlo para sentirnos acompañadas siempre. Ello nos impulsa a seguir adelante y a vencerlo todo.

En consecuencia, terminamos por depositar nuestra fe en esa compañía.

Pronto aprendemos que todas las situaciones pueden ser resueltas de una u otra manera, que podemos sobrevivir a todas las experiencias y que nuestra técnica

para conservar el aliento ya no tiene por qué seguir
siendo la de apartarnos.

Si respiro profundamente, invito a mi fuerza interna a apode-
rarse de mí. Sentiré así la exhalación del poder de Dios, y
conoceré cuán maravilloso es crecer y tener paz.

Es completamente cierto que nunca podremos volver atrás.
DAPHNE DUMAURIER

El ayer ya se ha ido, pero lo que vivimos entonces se refleja en lo que estamos viviendo hoy. En el pasado experimentamos situaciones buenas y malas, de todas las cuales aprendimos cosas valiosas. De igual modo, nuestro viaje de este momento influirá en la dirección que adoptemos el día de mañana. Ya no podemos remediar el pasado, pero en cambio sí podemos incorporar a este momento y para el futuro todo lo que de positivo dejó en nosotras.

Cada experiencia nos conduce hacia una mayor comprensión de los misterios de la vida. Conforme transcurre el presente, los diversos acontecimientos nos empujan hacia adelante. Nuestra vida nos pertenece exclusivamente a nosotras y va revelándonos un destino particular. Nuestros pasos nos dirigen hacia el frente, siempre hacia el frente. Las puertas que han quedado detrás de nosotras no se volverán a abrir jamás.

El programa que compartimos nos ofrece el don de enfrentar con absoluta entereza lo que nos ocurre, así como de desligarnos del pasado. Lo que vivimos ahora y lo que dejamos atrás son los dos hilos que van tejiendo la imagen de nuestro pleno desarrollo, el mayor regalo que este programa podría darnos.

Ya no tengo motivos para mirar atrás; el pasado ha dejado de preocuparme. Mi destino me conduce hacia el futuro, en el que, estoy segura, obtendré todo lo que desee, y mucho más.

La tolerancia es la mayor de las aptitudes de nuestra mente.

HELEN KELLER

Enfrentar condiciones que nos gustaría modificar y aceptar a personas que quisiéramos que fueran diferentes nos hace crecer y nos permite desarrollar nuestra paciencia y tolerancia. Nos vemos muy fácilmente tentadas a pensar que seríamos felices "si él cambiara", "si yo tuviera un mejor trabajo"... Así, no nos percatamos de que en todo momento la semilla de la felicidad está en nuestro interior, semilla que podrá dar fruto si aprendemos a tolerar nuestras circunstancias.

La intolerancia, la impaciencia, la depresión; en fin, todas las actitudes negativas, terminan por volverse costumbre. A lo largo de este programa de recuperación, muchas de nosotras seguimos luchando por deshacernos de los hábitos que adoptamos y por colocar en su lugar nuevos hábitos verdaderamente positivos. Podemos asumir una nueva conducta que nos complazca, como la de sonreírles a todas las personas, práctica que, si repetimos, se convertirá en una magnífica costumbre.

La tolerancia para con los demás abre muchas puertas, tanto a ellos como a nosotras; reconforta nuestro espíritu, y también el de ellos; le abre paso a la felicidad. Quienes estamos compartiendo estos Pasos debemos sentirnos honradas: vamos aprendiendo cómo dar y cómo recibir amor.

Muchos de los ojos con los que me cruzaré hoy no conocen el amor; voy a dárselos incondicionalmente. Es un don.

> Quiero pasarme la vida bailando y siendo una buena perso-
> na, para que cuando todo acabe no me quede la sensación
> de que pude haber hecho mejor las cosas.
>
> RUTH ST. DENIS

Nuestras aspiraciones en la vida bien pueden ser simples o complicadas, pero lo más probable es que en nuestra mente no las tengamos del todo claras; las conseguiremos si somos pacientes. Dios nos ha otorgado una "señal de alerta interna" que entra en funcionamiento cuando elegimos la dirección correcta. Es nuestra responsabilidad seguir esa señal y creer absolutamente en ella.

Con demasiada frecuencia volvemos la vista atrás y lo único que sentimos es arrepentimiento. Pero no debemos olvidar que lo hecho, hecho está, y que de nuestros errores podemos aprender muchas cosas. Cada día es un nuevo comienzo. Tenemos que llegar a su fin sin lamentarnos de nada, lo cual lograremos si seguimos el llamado de nuestra conciencia, esa "señal de alerta" que nos indica el camino.

El día de hoy se nos presentarán infinitas oportunidades de ser buenas o malas personas, de tomar decisiones que nos hagan sentir bien o sumamente arrepentidas al final de la jornada. Muchas de nuestras decisiones nos darán satisfacción y alegría por la vida, que es lo que como mujeres y seres humanos buscamos. Siendo así, no llegaremos a nuestros últimos días con el resquemor de haber podido hacer más o mejores cosas. Aseguraremos una vida plena si vivimos cada día de acuerdo con nuestra conciencia y si seguimos nuestro llamado interior.

Si se lo permito, mi ego puede bloquearme. Confiaré en mi conciencia.

Las bellezas del mundo son de doble filo: uno nos hace reír,
el otro llorar, y ambos nos parten el corazón.

VIRGINIA WOOLF

Sabemos más de llantos que de risas. Nuestros fracasos, nuestros errores, nuestras ansias de salir adelante nos inquietan y angustian. La angustia atrae al temor, que nos gustaría evitar. Sin embargo, como mujeres tenemos que reconocer que esto nos ocurre a menudo, y que si sabemos manejarlo puede enriquecernos, a pesar de que por lo pronto nos lastime. La angustia contribuye, en última instancia, a nuestro crecimiento y consolidación, nos prepara a ayudar a los demás para que también sean capaces de manejar sus inquietudes.

Sin embargo, hemos de disfrutar asimismo nuestras alegrías, y compartirlas. El gozo genera más felicidad y nos permite entender nuestras angustias en su verdadera dimensión. La vida es mas plena e intensa con el ir y venir de la risa y el llanto, siempre y cuando sepamos manejarlos y armonizarlos.

Cuando nos sintamos angustiadas, pensemos en que ello está fortaleciendo nuestro espíritu, y que, junto con la risa, el llanto también sana las heridas de nuestra alma; pensemos que si la angustia nos abruma, al mismo tiempo aligera nuestra carga, y nos dispone a recibir más sensiblemente los dones de la vida.

Ayudaré a los demás a enfrentar sus angustias. Eso nos unirá, me liberará y abrirá el camino de la felicidad.

Lo que te ocurra en la vida forma parte de tu destino. Basta
con que así lo reconozcas para que hagas tuyo todo lo que
te sucede.

FLORIDA SCOTT-MAXWELL

La búsqueda está en marcha. En determinado momento todas nos hemos preguntado "¿quién soy?"
Aparte de nosotras, muchas otras mujeres han aprove-
chado este programa, que nos muestra el camino del
autodescubrimiento. El programa dirige nuestros pasos hacia el encuentro con nuestro yo, uno de los más
extraordinarios dones de nuestra recuperación. Quizá
nos sigue doliendo lo que nos ocurrió en el pasado, pero
tenemos que admitir que eso también ha contribuido a
nuestra plenitud actual. Agradezcamos lo sucedido, y
celebremos su intervención en nuestro cambio.

Aceptarnos como somos, es muy reconfortante, y
supone al mismo tiempo asumir nuestra responsabilidad por lo que fuimos y por lo que somos ahora. Las
opciones que se nos ofrecen son muchas, y entre ellas
también está la de no participar activamente en la vida.
Tal vez en el pasado optamos por la pasividad, pero
ahora que hemos decidido recuperarnos estamos op-
tando por la acción; ella nos sanará y nos conducirá
hacia la plenitud.

---

*Tomar posesión de mí misma me llenará de alegría, me dará
esperanza, me preparará para el futuro y me hará gozar de un
nuevo triunfo.*

La felicidad es resultado de nuestros esfuerzos por hacer felices a los demás.

GRETTA BROOKER PALMER

Hemos luchado por ser felices, pero hasta ahora sólo hemos pensado en nosotras mismas. Esperábamos, por ejemplo, que los demás se ocuparan de nosotras, o que se nos hicieran regalos o invitaciones. Quizá cuando comprábamos un vestido o unos zapatos nuevos, lo que queríamos era comprar un poco de felicidad, pero lo único que conseguimos fueron fugaces momentos de bienestar. Muy pronto nos sentíamos tristes de nuevo, y volvíamos a iniciar nuestras pesquisas.

Sin embargo, las cosas han cambiado para nosotras. Quizá lentamente, pero estamos aprendiendo a hallar una felicidad más duradera. Ahora sabemos que la felicidad que se obtiene de poseer algo es pasajera, y que la clave para encontrar la felicidad que hemos estado buscando desde hace tanto tiempo está en *dar*: concederles atención a los demás, compartir con ellos nuestras esperanzas y nuestras experiencias, escucharlos y estar a su lado. Debemos salir de nosotras mismas y preocuparnos por las penas y alegrías de los otros. Sólo de esta manera lograremos conocer nuestro interior y el papel que hemos de desempeñar en la vida de las demás personas, que al mismo tiempo que necesitan de nuestra atención son dueñas de un mensaje que está específicamente dirigido a nosotras.

Tengo que ser capaz de reconocer mi capacidad creadora. Si me intereso verdaderamente por los demás me sentiré dichosa y estaré creando ya no un momento efímero de gozo, sino una felicidad permanente.

Estar sola y sentirme vulnerable. Estas dos partes de mi vida están presentes en mi ser y siembran la semilla de un amor prolongado e incondicional.

MARY CASEY

Con cuánta facilidad dudamos de nosotras mismas y llegamos a pensar que somos incapaces o que no somos dignas de ser amadas. Con cuánta frecuencia buscamos en los ojos de nuestras amigas o de nuestra pareja una señal de amor y afirmación.

Nuestra inquietud es resultado de que nos hayamos alejado de nosotras mismas, de los demás y del espíritu de Dios. El amor por una misma y por los otros nace del contacto entre las almas. Si nos sentimos solas es porque hemos creado barreras que nos separan de nuestros amigos y de nuestra familia. Para dar y recibir amor tenemos que destruir esas murallas.

El proceso de recuperación pone en nuestras manos los instrumentos del amor, pero eso no basta: debemos tener la osadía de manejarlos. El camino del amor se inicia con nuestra disposición a escuchar a los demás y a compartir con ellos lo que somos. Si corremos el riesgo de dar amor antes de que lo recibamos, dejaremos de estarlo buscando incesantemente en las demás personas.

El día de hoy no voy a esperar a que se me den muestras de amor, sino que entregaré generosamente el mío. Estoy segura de que de este modo yo también recibiré amor, un amor incondicional.

> Todo llega a su fin. También las noches tormentosas y los días angustiantes acaban en algún momento.
>
> BARONESA ORCZY

Las dificultades que padecemos en la vida no son eternas. A pesar de que estemos atravesando una etapa abrumadora, terminaremos por salir adelante. Además, solemos olvidar que los abismos nos enseñan a apreciar las alturas. Las penas mejoran nuestros gozos; la depresión nos hace amar la alegría. Si no fuera por nuestros sufrimientos, ignoraríamos el significado del gusto y la risa. Gracias a ellos aprendemos a ser pacientes, a esperar con serenidad la luz que alumbrará nuestro camino. Aprendemos también que debemos estar atentas a la señal que nos impulsará hacia adelante.

Debemos reflexionar en las experiencias desagradables por las que hemos pasado, pues ellas nos harán más sabias y nos permitirán sentirnos más fuertes. Los malos momentos nos cambiaron, pues nos empujaron a estar más cerca de la mujer íntegra y dichosa que queremos ser. Las dificultades suelen anunciarnos momentos de felicidad. Nos obligan a entrar en nosotras mismas y a buscar en nuestro corazón la compañía de Dios. Por más extraño que parezca, los periodos de dolor acrecientan nuestra unidad con el espíritu.

Si el día de hoy se me muestra sombrío, lo aceptaré como una mano tendida hacia mí para impulsarme, para garantizar mi sitio en la familia espiritual.

Tuve que aprender que el camino del progreso no es ni fácil ni terso.

MARIE CURIE

Lo que perseguimos es progresar, no ser perfectas; sin embargo, a veces confundimos ambas cosas. Apenas ahora hemos venido a saber que pretender la perfección no es sino una fuente de frustraciones. Puesto que nos aceptamos como seres humanos, hemos comprendido que los errores forman parte del proceso de vivir y aprender, camino al que llamamos progreso.

Nuestra ansiedad por ser perfectas tiende a atenuarse con el paso del tiempo. Lo que importa es ayudarnos a nosotras mismas a abandonar nuestros antiguos hábitos. La perfección y el valor como personas no son lo mismo, aunque a menudo así nos lo parezca; esta idea no sólo es falsa, sino también injusta. Aun así, dejar atrás nuestros viejos modos de pensar implica un compromiso de nuestra parte. En primer lugar tenemos que estar convencidas de que valemos por el simple hecho de ser personas. Somos personas únicas y el mundo espera de nosotras que le hagamos entrega de nuestro muy particular don. Tal como es, nuestro ser es perfecto; he aquí nuestro punto de partida, que debemos repetirnos una y otra vez. Sobre esta base hemos iniciado un progreso lento pero firme; sabemos que no alcanzaremos la perfección, pero aun así nos empeñamos en acercarnos a ella.

El tejido de mi vida que estoy dedicada a realizar es sumamen-

te complicado, pues me exige destrabar muchos nudos y precisar numerosos detalles. Debo avanzar con cautela, punto por punto. Sólo así progresaré sobre seguro y tejeré una pieza perfecta, acorde con el modelo.

MARZO

El telar de la vida suele producir diseños muy extraños.
FRANCES MARION

Cada una de nuestras experiencias forma parte del panorama general de nuestra vida. No son casuales los pasos que hemos dado hasta ahora, el camino que estamos recorriendo ni el punto hacia el que nos dirigimos; todos ellos están integrados en un solo diseño. Cada una de nosotras posee un destino. Tal vez en el pasado nos desviamos de nuestra senda, algo que nos puede volver a ocurrir; pero hemos recuperado nuestro camino y nos hemos enterado que coincide con el de muchas otras personas. No viajamos solas; nos tenemos las unas a las otras y hemos colocado en el timón a nuestra fuerza creadora.

Cuando miramos en torno nuestro y reflexionamos que las personas que nos rodean han influido en nuestra vida, tomamos conciencia de que también nosotras intervenimos en su vida. Nunca nos habríamos imaginado qué clase de acontecimientos influirían en nuestra existencia, así como tampoco podríamos prever el futuro que nos aguarda. Lo que sí sabemos es, en cambio, que estamos a salvo, que un poder superior a nuestras fuerzas está organizando nuestro destino.

Alguna vez temimos que no podríamos soportar cierta experiencia; puede ser que aún ahora estemos luchando por combatir el miedo que nos produce enfrentar nuevas vivencias. Sin embargo, no debemos olvidar que todas nuestras experiencias representan un hilo necesario para el tejido de nuestra vida. Poseemos la facultad de reflexionar. Ahora comprendemos la importancia de lo que nos ocurrió en el pasado. El mes próximo, el año próximo, entenderemos perfectamente nuestro momento actual.

Gozaré de la riqueza que el día de hoy me ofrezca. Mi vida está tejiendo una pieza que, aunque difícil, es necesaria, porque me pertenece exclusivamente a mí.

Todos poseemos talento. Lo que no es tan común es tener el valor de dejarnos conducir por él hasta los lugares más inhóspitos.

ERICA JONG

En alguna ocasión llegamos a pensar que carecíamos de talento. Nos resultaba imposible creer que nuestra vida tenía un propósito y que éramos dueñas de un don que el mundo estaba esperando surgiera de nosotras. Sin embargo, es cierto: todas tenemos talento, y no sólo uno: muchos. Si aún no los hemos descubierto ello ocurrirá muy pronto. El tiempo, los pasos que vamos dando y nuestras amigas nos darán ánimo para reconocerlos, glorificarnos de ellos, cultivarlos y atrevernos a regalárselos a los demás.

Si, en bien del plan general de nuestra vida, nos servimos de nuestros talentos a toda su capacidad, lo más probable es que consigamos nuevos trabajos y nuevas amigas, y que vayamos a dar a sitios que hasta ahora nos son desconocidos. Con toda razón nos emociona la idea de que veremos un nuevo horizonte, aunque quizá también sintamos miedo. Pero no hay nada que temer: de la misma manera en que no se nos han dado problemas que no seamos capaces de resolver, tampoco se nos han otorgado talentos que no podamos desarrollar. Si tenemos fe, dispondremos siempre de la fuerza que necesitemos para seguir adelante. Eso es justamente lo que el programa nos ofrece: fe.

Me esforzaré el día de hoy por identificar mis talentos, así

como los de la gente que me rodea. Agradeceré haberlos
encontrado, y confiaré en que muy pronto conoceré la manera
de utilizarlos.

Casi todos los niños escuchan lo que les dices, sólo algunos se comportan como se los pides, pero todos, sin excepción, hacen lo que tú haces.

KATHLEEN CASEY THEISEN

Nuestra vida sirve de ejemplo para muchas personas: nuestros hijos, nuestros compañeros y compañeras de trabajo, las mujeres con las que compartimos el programa. Los Doce Pasos nos inducen a ponerles buen ejemplo a todas las personas que nos rodean. Llevar una vida honesta requiere de mucha práctica, pero sólo así es posible alcanzar nuestro objetivo: el progreso, no la perfección.

La abstinencia nos ha entregado nuevas herramientas para la determinación de nuestra conducta. Ya no tendremos que lamentar lo que hicimos ayer o la semana pasada. Estamos aprendiendo no sólo a dirigir nuestras acciones, sino también, y lo que es más importante, a definir nuestros valores, los cuales a su vez influyen en lo que hacemos y decimos.

A fin de responder adecuadamente a las situaciones que se nos presenten, debemos mantenernos alertas. Quizá nos sirva recordarnos una y otra vez que nuestra conducta no cesa de decirles a los demás quiénes somos, cuánto valemos y en qué consideración tenemos a la gente que se halla a nuestro alrededor. Aunque ni siquiera nos percatemos de ello, todos los seres humanos tendemos a imitar los patrones de conducta de las personas a las que admiramos, lo que por desgracia nos conduce en ocasiones a reproducir comportamientos inaceptables.

Siempre habrá quien esté atento a nuestra manera de proceder. No perdamos la oportunidad de servir de modelos de excelente comportamiento.

Son muchas las personas que desearán seguir mis huellas. Caminaré entonces con cautela, sencillez y amor.

Conviene que dirijamos nuestros pasos hacia un objetivo,
aunque finalmente lo que importa son los pasos mismos.

URSULA K. LEGUIN

Las metas que nos proponemos alcanzar le dan un sentido a nuestra vida, pero para ello tenemos que saber quiénes somos y a dónde queremos llegar. Además, el viaje mismo y los pasos que damos nos ofrecen satisfacciones todos los días, momento a momento, pues nos otorgan la sensación de estarnos realizando. Sin perder de vista nuestro objetivo, no debemos descuidar un solo instante el proceso en el que estamos involucradas; la vida de todos los días que hará posible que cumplamos nuestros deseos.

Con frecuencia pensamos: "cuando acabe la universidad me sentiré más capaz"; "cuando el divorcio sea un hecho podré volver a trabajar"; "cuando me asciendan de puesto desaparecerán mis problemas"… Parecería que aplazáramos la vida a un "cuando" que todavía no está a nuestro alcance, de manera que dejamos pasar la oportunidad de vivir desde ahora.

Pero basta con que analicemos las metas que hemos alcanzado para percatarnos de que, por ejemplo, luego de haber cumplido excelentemente un encargo laboral nos sentimos desilusionadas. Por habernos empeñado en lograr un objetivo, perdimos el sentido y el significado de muchas horas, días, semanas y hasta meses que ya se han ido.

No voy a olvidarme de que cada momento de cada día puedo

dedicarlo alegremente a Dios. La meta a la que me dirijo me dará un don especial, pero si la persigo sin despreocuparme del camino, mi felicidad será mayor.

> El amor, como la oración, es un poder, pero también es un proceso. Es curativo. Es creativo.
>
> ZONA GALE

La manifestación del amor nos reconforta tanto a nosotras mismas como a quienes amamos; abre un canal entre ellos y nosotras; invita a una respuesta íntima que acorte las distancias que suelen separarnos de los demás.

Es muy gratificante expresar amor, ya sea a través de una sonrisa, una caricia o una palabra, pues de este modo se acrecienta nuestra sensación de estar vivas. Reconocer la presencia de los otros significa que la nuestra también es reconocida. Todas nosotras hemos padecido la sensación de ser olvidadas, descartadas o hechas a un lado; el reconocimiento de los demás nos permite saber que no hemos sido ignoradas.

El hecho de sentirnos amadas puede ser la clave para que realicemos aquellas cosas que hasta ahora hemos temido hacer.

El amor nos impulsa a dar la batalla, y gracias a él podemos ayudar a los demás a enfrentar sus problemas. Sabemos que si algo falla, contamos con alguien en quien apoyarnos.

El amor cura nuestras heridas, y ya sea que lo recibamos o que lo demos, nos infunde valor. Sabernos amadas convierte nuestra existencia en algo especial, pues nos hace ver que tenemos un lugar en la vida de otras personas. En correspondencia, debemos hacerles saber a nuestros amigos y amigas que ellos también son especiales.

Necesito de los demás, y al mismo tiempo debo reforzar mi apoyo y mi contacto con ellos en beneficio de la seguridad e incluso del éxito de todos nosotros. El día de hoy me esforzaré por dar muestras de mi amor, sobre todo a aquellos que lo necesitan. Gracias a este amor, tanto ellos como yo misma nos sentiremos elevados a una nueva vida.

> La vida está hecha de deseos que en un momento dado nos parecen grandiosos e importantes pero a los que un minuto después consideramos más bien limitados y absurdos. Sin embargo, siempre terminamos por descubrir lo que es verdaderamente valioso para nosotros.
>
> ALICE CALDWELL RICE

A menudo se dice que la gente siempre cumple sus "más caros deseos", aunque deberíamos agradecer que muchos de los nuestros no se hayan realizado, porque en ocasiones dan pie, para zozobra nuestra, a penosas e inútiles experiencias.

Cuántas veces no hemos deseado un mejor trabajo, una relación amorosa más profunda o hasta un día más soleado. Sin embargo, pocas veces aprovechamos las ventajas de lo que está a nuestro alcance y menos aún nos percatamos de que, tal cual es, la realidad de un momento específico constituye la vía de acceso al siguiente acto del drama de nuestra vida.

El panorama que se presenta a nuestros ojos es entonces muy limitado; somos incapaces de advertir qué es lo que necesitamos para recorrer el camino que se nos ha destinado. No obstante, si nuestros deseos son sinceros, nos conducirán hasta el objetivo correcto, porque los anhelos puros son producto de una inspiración superior; en cambio, los deseos motivados por nuestro egoísmo nos apartan de la senda debida. En el pasado fue común que no renunciáramos a esa clase de deseos, y aún padecemos por ello.

Mi mejor deseo es anhelar la voluntad de Dios. Eso es lo mejor para mí, lo que necesito. Si permito que mi poder superior determine mis deseos, todo se transformará en algo positivo para mí.

> Lo único que nuestros padres pueden hacer por nosotros es
> aconsejarnos y darnos ejemplo; el carácter de una persona
> es responsabilidad que sólo a ella le compete.
>
> ANA FRANK

Debemos asumir la responsabilidad sobre nosotras mismas, sobre nuestros actos de cada día y sobre nuestro proceso de transformación. Siempre nos veremos tentadas a culpar a los demás de lo que nos ocurra, tal como en el pasado tendíamos a hacerlo para justificar nuestra desdicha.

Puede ser que hayamos acusado a nuestros padres de no habernos amado lo suficiente. Tal vez hayamos pensado alguna vez que nuestro esposo es una mala persona.

Es cierto que las demás personas influyen en nuestra vida, pero en definitiva somos nosotras las que en todo caso hemos permitido que nos controlen, nos abrumen y nos humillen. El hecho de que no hayamos sabido elegir no quiere decir que no hayamos dispuesto de múltiples opciones.

Hoy se inicia para nosotras un nuevo día. Nuestro proceso de recuperación nos ofrece magníficas opciones. Estamos conociéndonos a nosotras mismas y definiendo la manera en que queremos vivir. Qué estimulante resulta saber que con el día que se inicia podemos hacer cosas muy especiales, pues estamos en condiciones de satisfacer nuestras necesidades personales y de programar nuestros pasos. Los días de nuestra pasividad han quedado atrás; dispongámonos a vivir plenamente el día de hoy.

Me enfrentaré con entereza al nuevo día, pues cada día es un nuevo comienzo.

> Para crear es preciso sacudir la mente y modificar nuestro estado de ánimo. Una vez surgido el impulso, basta con dejarlo hacer; lo aniquilaremos si pretendemos alterar su curso.
>
> SUE ATCHLEY EBAUGH

Cuando hacemos a un lado nuestro egoísmo y dejamos que sean nuestros deseos más puros y libres los que dirijan nuestros pensamientos y nuestros pasos, se apodera de nosotras una sensación de bienestar espiritual. A menudo nuestro egoísmo nos mantiene atadas a viejos temores y conductas; nuestro ego pugna por conservarse vivo, y con él subsiste nuestro antiguo y maleado ser. Los pasos que estamos dando nos permiten deshacernos de ese lastre que el pasado dejó en nosotras, y que pretende estorbar nuestra correcta percepción de los acontecimientos actuales. Estos pasos aclaran nuestro camino, de manera que podamos emprender la marcha con toda conciencia y responsabilidad.

Vivir creativamente es lanzarse a la corriente de la vida, creer en ella, moverse intensamente en su seno, no intentar controlarla. Cuando permitimos que esta fuerza nos impulse, sin dudas ni resistencia de nuestra parte, inundamos de felicidad nuestro ser. Si dejamos en reposo nuestro ego, descubriremos que somos capaces de hacerle al mundo grandes contribuciones.

Mi creatividad está en espera de que la descubra. Voy a arrancársela a mi ego, que pretende someterla.

Quisiera que te entusiasmara lo que eres, lo que tienes y lo que te espera. Quisiera empujarte a descubrir que puedes ir mucho más lejos del lugar en el que te encuentras ahora.

VIRGINIA SATIR

Nuestro primer paso adelante fue haber decidido nuestra recuperación, decisión que significó que queríamos ir más allá de donde estábamos. Deseábamos algo mejor para nosotras mismas. De esta forma, en ciertos momentos llegó a emocionarnos saber realmente quiénes somos y qué perspectivas tenemos para una vida mejor.

El entusiasmo y la inspiración se van como llegaron; no es común que permanezcan indefinidamente en nosotras. Sin embargo, si adoptamos un modo de ser activo, podemos generar por nosotras mismas nuevas inspiraciones y nuevos entusiasmos. No tenemos por qué atenernos a su regreso; crearlas es una de las opciones de que disponemos como seres humanos y como mujeres.

En el pasado tendíamos a aguardar pasivamente el arribo de "una vida mejor". Ahora sabemos que cada día, que *este* día, podemos dirigir nuestros pasos hacia el cumplimiento de nuestras metas; que por poco que avancemos, nos estamos abriendo camino en su dirección. Para progresar, basta con que nos decidamos a dar los pasos necesarios.

Cualesquiera que sean los deseos que albergamos, podemos marchar hacia el alcance de nuestros objetivos. Contamos para ello con nosotras mismas, con nuestra capacidad y con nuestro talento.

Permitiré que el día de hoy se apodere de mí el entusiasmo que me causan las posibilidades de la vida.

> Es más razonable aceptar las cualidades de los demás que
> analizar nuestros propios defectos.
>
> FRANÇOISE SAGAN

Nuestro espíritu se beneficia de nuestra disposición para advertir lo que hay de positivo en los demás. Cada vez que reconocemos las admirables cualidades de otros, el respeto y el amor por nosotras mismas se incrementa. Todas hemos vivido la experiencia de querer compararnos con los demás, sobre todo para detectar nuestras supuestas desventajas (las otras mujeres son más bellas, más delgadas, más inteligentes, tienen un mejor sentido del humor, atraen a los hombres, etcétera), luego de lo cual no nos queda más que sentirnos menos aptas y menos amadas en relación con otras personas.

Lo cierto es que, espiritualmente, nuestra identidad se refuerza si apreciamos y elogiamos a los demás. Es como si, por así decirlo, le diéramos un masaje a nuestra alma. Además, una identidad reforzada atenúa nuestros defectos, tanto los reales como los ficticios.

El elogio libera; la crítica esclaviza. Podemos convertirnos en lo que deseamos. Si ofrecemos amor y estímulo, obtendremos amor. No perdamos la oportunidad de ayudarnos unas a otras de igual forma que nos ayudamos a nosotras mismas a que el amor que sentimos por nuestra individualidad, tan necesario para vivir plenamente cada día, sea cada vez mayor.

El día de hoy me mostraré especialmente dispuesta a advertir y elogiar las cualidades de los demás.

> La influencia de un carácter hermoso, esperanzado y presto
> a ayudar es sumamente benéfica y se contagia a tal grado
> que bien puede transformar a una comunidad entera.
>
> ELEANOR H. PORTER

Seguramente hemos conocido personas que inspiran alegría y esperanza, y que hacen que algo cambie en nosotras o en las personas con las que conviven. El sólo verlas nos alienta, pues su presencia acrecienta la confianza en nosotras mismas y nos hace saber que somos capaces de resolver aquellos problemas que nos habían paralizado. Ese don tan especial de inspirar a los otros está a nuestro alcance, pues toda inspiración proviene de Dios.

Volvamos nuestra mirada a Dios para que nos comunique la fuerza que necesitamos; ese vigor llegará a nosotras sin falta alguna. Pidámosle que nos indique el camino, los pasos que hemos de dar el día de hoy, y aguardemos su respuesta. Quienes nos dan aliento para vivir han establecido con Dios un contacto permanente, del cual se deriva la inspiración que nos transmiten.

Antes de que seamos abrumadas por innumerables ocupaciones, démonos unos minutos para entrar en contacto con nuestro poder superior. Una vez establecida esa comunicación, ya no tendremos que esperar a que alguien venga a inspirarnos para llevar a cabo nuestros planes, pues la inspiración habitará en nosotras y nos impulsará a seguir adelante. Habremos, así, iluminado el camino que hoy hemos de recorrer.

Meditaré unos minutos en el contacto consciente que debo

establecer con Dios, lo cual no implica otra cosa que disponer-
me a orar. Mi vida se iluminará y mi carga será más ligera.
Le pediré a Dios que me otorgue el don de su inspiración, y
con él en mi espíritu mis esperanzas se harán realidad.

El amor no consiste en recibir, sino en dar. Implica un sacrificio; pero los sacrificios son excelsos.

JOANNA FIELD

Cuán fácilmente solemos equivocarnos respecto al amor, y más aún engañarnos a nosotras mismas con la creencia de que podemos controlar a quienes nos aman. Sin embargo, el amor no tiene nada que ver ni con nuestras ideas comunes acerca de él ni con el control; absolutamente nada que ver.

El amor libera a los demás de nuestro dominio y les permite adueñarse del suyo propio. El amor consiste en poner las necesidades de los demás antes de las nuestras, sin resentimiento alguno. En el amor el Yo no existe, aunque al mismo tiempo su acción conforta a nuestra propia identidad. Dar amor lima nuestras asperezas, nos hace más íntegras y nos enlaza con aquellas personas con las que estamos compartiendo la realización de nuestro destino.

Ansiar amor es un deseo humano totalmente natural, del que no tenemos por qué privarnos. Estemos ciertas de que recibiremos amor, pero más que por obtenerlo, preocupémonos por darlo. Cuando lo damos libre y sinceramente, no estamos haciendo otra cosa que convocarlo en favor nuestro, lo que también ocurre si nos amamos a nosotras mismas. El odio que en el pasado, tal vez durante años enteros, nos suscitaba nuestro propio ser, ya no nos hará daño nunca más.

El amor nos da nuevo aliento, tanto a nosotras como

a las personas a quienes se lo damos. Ilumina nuestro camino, mitiga nuestra carga y nos hace posible desarrollarnos en plenitud.

El día de hoy no buscaré amor; me ocuparé de darlo, con la seguridad de que se me retribuirá en demasía.

Todas las personas necesitan alegría, casi tanto como, por ejemplo, vestimenta. Hay quienes incluso la necesitan más aún.

MARGARET COLLIER GRAHAM

La vida está llena de afanes y sufrimientos que sin embargo son indispensables para que adquiramos conciencia, la que a su vez nos permite desarrollarnos. Nuestra facultad de crecer es una de nuestras mayores fuentes de alegría. En consecuencia, la pena y el gozo están entrelazados, aunque suele ocurrir que sólo sintamos el peso del dolor y no la maravilla del gozo.

La mayoría de nosotras estábamos tan fatigadas por el peso de nuestros sufrimientos que nos decidimos a buscar ayuda para cambiar de vida. Sin embargo, hemos de reconocer que fuimos incapaces de darnos cuenta de que nuestro dolor llevaba en sí mismo nuevos conocimientos. Estábamos atrapadas en un círculo vicioso, acumulando pena tras pena sin advertir que la alegría también estaba al alcance de nuestra mano.

Ahora abrigamos nuevas esperanzas. Sabemos que el día de hoy nos dará muchos motivos de gozo. Abramos nuestros ojos para percibirlos, tanto como debemos abrir también nuestros corazones la una a la otra. Mostrémonos dispuestas a arrancar una por una las capas de nuestro dolor hasta llegar a la esencia, a la semilla de la alegría, pues precisamos de ella de la misma manera que del descanso y la buena alimentación. Hoy y todos los días necesitamos del corazón cálido que la alegría genera para entender cabalmente nuestras experiencias cotidianas.

La recuperación me ha ofrecido nuevas opciones. Me hace saber que podré vencer todas las dificultades. Ahora poseo, y para siempre, el conocimiento que la alegría es capaz de extraer de todas las experiencias.

> Los niños son un símbolo universal de la transformación del espíritu, pues mantienen la unidad de su ser; aún no se han fragmentado. Observémoslos detenidamente; su espiritualidad sanará nuestra alma.
>
> SUSAN GRIFFIN

¿Acaso hay momentos en que no nos sintamos divididas, separadas de nosotras mismas? En ocasiones avizoramos la unidad espiritual que desearíamos, pero las más de las veces estamos sumidas en sensaciones contrapuestas, desequilibradas, que nos hacen sentir que nuestro corazón está partido por la mitad. Entendamos a "los niños" como una metáfora de la guía espiritual que necesitamos, como una imagen de nuestro poder superior, el cual puede auxiliarnos en nuestro camino hacia la aceptación de nosotras mismas.

"Quizá yo no sea perfecta, pero algunas de las cosas que mi ser posee son excelentes." Si somos capaces de reconocer esto, y de sentirnos felices y orgullosas por ello, nuestras imperfecciones dejarán de molestarnos. Si nos estancamos en cambio en nuestros impulsos contradictorios, les estaremos dando más importancia de la que merecen y por tanto un desmesurado poder sobre nosotras.

Confiaré en mis fugaces percepciones de la armonía y la entereza y me mostraré agradecida por la riqueza de mi espíritu.

Los halagos nos resultan tan necesarios que muchas veces
elogiamos a los demás con la intención de que se nos retri-
buya en igual forma.

MARJORIE BOWEN

Todas nosotras merecemos amor y aceptación in-
condicionales, tanto como lo merecen también todas las
personas que han intervenido en nuestra vida, ya sea en
el pasado o en el presente. Sin embargo, no es común
que deseemos o demos amor permanentemente.

Es natural que de pronto nos sintamos frustradas,
que, por ejemplo, tengamos aspiraciones demasiado
ambiciosas, a cambio de lo cual pagamos habitualmente un alto precio. En lugar de vivir nuestra existencia
serena y tranquilamente, siguiendo nuestro curso tal
como es posible en la realidad, tendemos a criticar y
juzgar, de modo que a lo largo del día nos sentimos casi
siempre a disgusto. ¡Qué tontería! No obstante, para
nuestra fortuna contamos con una opción diferente: la
de seguir adelante y abandonarnos a Dios; la de vivir y
dejar que los demás vivan también. No olvidemos nunca que somos personas especiales y que nuestro Creador nos ama profundamente.

La mayor contribución que podemos hacerles a los
demás es mantener siempre una actitud positiva. Hagá-
mosles saber a nuestra pareja, a nuestros hijos y a nuestros amigos y amigas que nos interesan, que los amamos y que los aceptamos tal como son. Recibiremos
tanto amor como el que estemos dispuestas a dar. Nos

sentiremos fuertes con el apoyo de los demás, y los haremos fuertes con el nuestro.

———————————

Es maravilloso hacerles sentir a los demás que son apreciados. El amor y la aceptación son mi línea de conducta; con ella, todos sentiremos la presencia de Dios.

Únicamente cuando has encontrado dentro de ti una paz verdadera puedes establecer con otro ser humano una intimidad profunda.

ANGELA L. WOZNIAK

Intimidad significa revelación: la entrega total de nuestro interior a otra persona. Por supuesto que hacerlo implica el riesgo de sentirnos rechazadas, criticadas y hasta ridiculizadas. Sin embargo, el bienestar que nos produce es directamente proporcional a la paz que un acto así nos lleva a conocer.

Cada día que pasa volvemos a comprometernos en nuestra recuperación y encontramos un poco más de paz. Con cada contacto que entablamos con nuestro poder superior nos sentimos un poco más seguras. Cada vez que ponemos toda nuestra atención en las necesidades de otra persona sentimos que nuestra carga disminuye.

La paz es una conquista paulatina. Mientras más nos convencemos de nuestra debilidad, más paz alcanzamos, porque permitimos que un poder superior a nuestras fuerzas modere nuestras resistencias y que la realidad se imponga. Perdonar a los demás y perdonarnos a nosotras mismas día con día favorece tanto a nuestra humildad como a nuestra capacidad de percibir el panorama completo de la vida. La paz reside precisamente ahí.

Cada una de nosotras constituye una parte indispensable del espíritu creativo del mundo. Todos los aspectos de nuestra vida están en nuestras manos. Podemos estar en paz. Somos quienes debemos ser.

La intimidad con alguien me permite ayudarlo a tener una vida plena y llena de paz. El día de hoy me acercaré a alguien en especial.

Una mujer amada siempre triunfa.

VICKI BAUM

Ser amadas y sabernos amadas consolida nuestras relaciones con el mundo, pues nos confirma que somos partícipes de un horizonte enorme que rebasa nuestra sola persona. Todas necesitamos saber que valemos la pena, que lo que decimos y hacemos les importa a los demás, que estamos contribuyendo al bienestar de todos de manera importante.

Sin embargo, muy a menudo no nos sentimos apreciadas, y es por eso que salimos en busca de un poco de amor. Tal vez hasta hemos implorado que se nos ame y no hemos hallado respuesta. La razón puede ser que quizá en nuestra búsqueda no hemos pensado más que en nosotras. Afortunadamente, el programa nos invita a dar amor; si lo hacemos, nos veremos recompensadas más allá de aquello que hubiéramos imaginado.

Son infinitas las propiedades del amor. Es un bálsamo que cura nuestras heridas, una sustancia que alimenta tanto a quien ama como a quien es amado. El amor es energía; nos motiva a triunfar en todo aquello que emprendemos. Además, el amor se multiplica en forma interminable. Si no nos sentimos amadas, amemos a los demás; el amor no tardará en tocar a nuestra puerta.

En nuestra vida podemos ayudar a muchas mujeres a que alcancen las satisfacciones que se merecen. La seguridad que podemos darles para que se enfrenten a situaciones nuevas puede ser uno más de los contenidos del amor que les demos. Debemos ayudar a los demás a saber que son importantes.

El amor que pueda darle a los demás es un factor que contribuirá a que tengan éxito. Su gratitud favorecerá mis propios esfuerzos. El día de hoy dedicaré cuando menos un momento a darle amor a una amiga que lo necesite.

> Además de los baños calientes, las acciones nobles son el
> mejor remedio para la depresión.
>
> DODIE SMITH

La depresión se nutre a sí misma; si le concedemos demasiada atención, se agudiza. Sin embargo, hay muchas otras cosas hacia las cuales podemos dirigir nuestra atención. Podemos acercarnos a una mujer que se halle a nuestro lado, o a otra que esté tratando de decidir su camino en la vida. Lo menos que podemos hacer es ofrecerles nuestra atención. El día de hoy observemos cuidadosamente a todas las mujeres, niños y hombres que se crucen a nuestro paso por la calle. En su expresión notaremos que lo más probable es que también todas estas personas estén sufriendo.

Hacer algo por otra persona reduce nuestros problemas, débanse a la causa que se deban. De hecho, sólo si actuamos hacemos honor a nuestro espíritu. La depresión suele convertirse en una costumbre, y los hábitos —por más dañinos que sean— pueden abandonarse. Actuemos y de inmediato advertiremos el cambio: una acción en beneficio de otra persona también nos beneficia a nosotras.

La depresión empeora si nos condolemos de ella, pero no si mantenemos una atención positiva hacia nosotras mismas. Consintámonos, pero no nos compadezcamos de nuestra suerte. El consentimiento transmite aprobación, cariño y respeto, tres actitudes que no armonizan con la depresión.

El aprecio por una misma y la depresión son en realidad polos opuestos.

La depresión se prolonga si se le cultiva. He decidido no hacerlo nunca. Voy a hacer a un lado mis problemas y a ocuparme en otra cosa; los resultados me harán muy feliz.

Hace ya mucho tiempo me di cuenta de que un parecer que no está fundado en una convicción profunda no puede ser una opinión valiosa.

EVELYN SCOTT

Antes de habernos involucrado en este programa, la mayoría de nosotras vagábamos de un lugar a otro sin saber en realidad lo que pensábamos de lo que estaba ocurriendo ante nuestros ojos. Quizá creíamos que tal cosa era lo conveniente porque así lo pensaba la gente con la que convivíamos, de manera que cuando nos enfrentábamos a una situación nueva no sabíamos cómo reaccionar, y huíamos. En nuestro medio se hablaba de valores, pero nunca se les definía ni mucho menos se les practicaba.

En ausencia de un sistema de valores es muy difícil consolidar y desarrollar la propia identidad. Nuestros valores nos definen como personas, pues nos sirven de orientación cuando tenemos que decidir algo. Nos exigen sencillamente que procedamos en forma responsable. Vivir de acuerdo con ellos nos comunica paz.

Vivir sin sentido y sin determinar una posición ante la existencia es algo que para nosotras ha quedado en el pasado. El programa nos ha ofrecido un plan de vida, el cual borra de tajo muchas de las incertidumbres que en otro tiempo nos turbaron.

Apreciaré la claridad del día de hoy. Sé quién soy. Sé en qué creo. Sólo me resta actuar en concordancia con ello.

Hay un periodo en la vida en que damos por bueno el conocimiento que tenemos de nosotros mismos, de manera que no volvemos a cuestionarnos al respecto. Las consecuencias pueden ser positivas, pero también fatídicas.

PEARL BAILEY

En muchas de nosotras siguen prevaleciendo sentimientos de vergüenza, y aun de odio por nosotras mismas. Nos olvidamos de que el pasado de toda la gente es siempre imperfecto. Todos los hombres, todas la mujeres e incluso todos los niños lamentan en algún momento haberse comportado de tal o cual manera. Nadie es perfecto. En el plan que Dios ha trazado para nosotras no se incluye la perfección. Lo que se espera de nosotras es que sepamos vivir cada experiencia y extraer lo positivo de ella, de modo que no hay motivo para avergonzarnos, sino, por el contrario, para felicitarnos de que pese a los conflictos hemos aprendido cosas valiosas.

Puesto que somos capaces de asimilar todo aquello que hemos vivido, cada día nos ofrece la oportunidad de volver a empezar. El pasado ha contribuido a hacer de nosotras quienes somos, y gracias a las experiencias que hemos vivido estamos mejor preparadas para ayudar a los demás; para, por ejemplo, mostrarle el camino a una mujer que se halla en busca de una nueva dirección en su existencia.

Liberémonos de vergüenzas y admitamos más bien que lo que las produjo nos aportó algo de la sabiduría que podemos ofrecerles a otras personas. Todas somos semejantes. No hay quien no haya cometido una falta. Nuestras experiencias ayudarán a otra persona a navegar más tranquilamente.

Gozaré las alegrías que se me presenten hoy. Compartiré mis experiencias y conocimientos con los demás. Cuando se comparten sinceramente, las penosas experiencias propias pueden iluminar el camino de alguien.

Los niños son indudablemente uno de los mayores dones de Dios y uno de nuestros más exigentes desafíos. Compartir la vida con un niño impone humildad para poder aprender de él y descubrir en su compañía los hermosos secretos de la vida, que sólo se nos revelan si los buscamos con ahínco.

KATHLEEN TIERNEY CRILLY

Toda experiencia que supone escuchar a los demás, aprender de ellos y dejarse transformar por sus palabras y su presencia, pide de nosotras una actitud de humildad.

Toda oportunidad de acompañar en cuerpo y alma a una persona es una bendición, tanto para nosotras como para ella misma. Dar y recibir verdadera atención es un elemento básico en el desarrollo emocional de todo ser humano.

Antes de iniciar nuestra recuperación, muchas de nosotras fuimos víctimas de una autocompasión obsesiva que nos impedía darnos cuenta de las necesidades y sufrimientos de la gente que nos rodeaba. Vivíamos encerradas en nuestro interior, no nos importaba otra cosa que no fueran nuestros propios padecimientos, y en consecuencia nuestro crecimiento se interrumpió.

Todavía ahora nos deprimimos de vez en cuando, pero ha amanecido un nuevo día para nosotros. Los pasos que estamos siguiendo nos han permitido comprender mejor nuestra realidad, pues nos están ayudando a ver más allá de nosotras y a percibir en nuestra vida diaria la presencia de los "hijos de Dios", de cada uno de los cuales tenemos muchos secretos que conocer.

————————————

Viviré con alegría el día de hoy. Si me acerco a toda la gente que se cruce en mi camino, aprenderé muchos de los secretos de la vida. Cobraré conciencia de que todas las personas tienen algo que ofrecerme; estaré preparada para recibir sus ofrecimientos.

Educadas como hemos sido en una sociedad que exalta la belleza y la juventud, tendemos a estimarnos a nosotras mismas de acuerdo con valores puramente decorativos.

JANET HARRIS

Rara es la mujer que no anhela un cuerpo esbelto, pechos firmes, reluciente dentadura y una complexión delicada. Son muy pocas las mujeres que se sienten realmente satisfechas con la totalidad de su ser. Nos pasamos la vida desgarrándonos entre el deseo de llamar la atención y pasar completamente inadvertidas.

Somos como debemos ser en la actualidad, en este mismo instante. Cada una de nosotras es dueña de una extraordinaria belleza interior, que es lo mejor que podemos darles a los demás. Esa hermosura interna resplandecerá aún más si así lo pedimos. Nuestra apariencia externa puede ser esplendorosa, pero no es ella la que consuela a quienes sufren sino las palabras que salen del corazón, fuente de la belleza interior que poseemos.

El espejo que refleja nuestra auténtica hermosura es la presencia o ausencia, en nuestra vida, de gente a la que podamos llamar amiga. Seguramente hemos conocido mujeres bellísimas que sin embargo nos miran con frialdad, u hombres muy guapos que menosprecian a quienes se les acercan. Lo que los demás valoran es nuestra belleza interior. Lo asombroso es descubrir que el aura de nuestra hermosura interna es capaz de transformar también nuestra apariencia exterior.

Mi belleza se verá incrementada el día de hoy si pongo mi atención en las personas con las que comparto mi vida.

> En ocasiones me doy cuenta de que es mejor hacer un alto, rezar la oración de la serenidad y reafirmar mi fe, que seguir realizando una actividad tras otra.
>
> S. H.

Cambiar es difícil, pero no cambiar lo es más, sobre todo cuando el cambio es una exigencia. A pesar de que lo deseemos, cambiar a los demás resulta imposible, pero no así cuando se trata de nosotras mismas: basta con que lo decidamos, cosa que podemos hacer en cualquier momento.

Analicemos la situación. ¿Qué de lo que hacemos nos produce pesar, molestia o temor? Abandonemos esa conducta y elijamos responsablemente un nuevo rumbo. Si para ello nos hace falta fuerza o confianza en nosotras mismas, no tenemos que hacer más que pedirlas para obtenerlas.

El tercer paso nos indica que nuestra vida está en manos de Dios y que nuestras necesidades siempre serán atendidas; no nuestros caprichos, sino nuestras necesidades reales.

Tanto en el pasado como en el presente, buena parte de nuestros conflictos son resultado de nuestro deseo de controlar a como dé lugar personas y situaciones. Por lo general nuestras actitudes son rectas, pero igual debe serlo siempre nuestra conducta, a pesar de nuestras resistencias.

"Aceptemos como son las cosas que no podamos cambiar, y cambiemos diligentemente las que sí podamos"; nuestros conflictos terminarán cuando comprendamos totalmente el sentido de ésta que es la oración de la serenidad.

Este día me esforzaré por "advertir la diferencia".

Los propósitos del amor, que se cuentan por miles, son siempre benévolos.

LEONORA SPEYER

Liberarse es un proceso complicado. Mucha gente ni siquiera comprende su sentido. ¿Qué significa "liberarse"? Significa trasladar nuestra atención de una persona o experiencia en particular al aquí y al ahora. Solemos instalarnos en el pasado, lo mismo en sus penas que en sus alegrías. Es hora de dejar atrás lo que ya sucedió; seguirlo arrastrando oscurece nuestro presente. Te será imposible darte cuenta de las posibilidades que el presente día te ofrece si tu mente sigue fija en lo que fue.

Sin embargo, liberarse es asimismo un proceso hermoso que nos resultará menos difícil si confiamos en nuestro poder superior y tenemos fe en que, en contra de lo que las apariencias nos indican, el bien se impondrá. Aceptemos que todo pasa: el bien y el mal, el amor y el dolor. Comprendamos que todas las experiencias contribuyen a nuestro desarrollo y realización. Nuestro yo interior, que siempre está al tanto de lo que hacemos, no nos permitirá ignorar ninguna experiencia. Todo lo que nos ocurre forma parte de nuestro camino, y de nosotras depende que termine bien. Todo pasa, sí; pero permanece en nuestra memoria.

Mi camino de hoy tiene que ver con el de ayer y con el de mañana. Viviré intensamente cada momento y me prepararé para el siguiente.

Cuando me reclino para oler las rosas, descubro que es enorme la belleza que podemos compartir.

MORGAN JENNINGS

Cuando nos apresuramos a pasar de un lugar, persona o experiencia, a otro, sin poner verdadera atención en lo que los rodea, solemos perder la oportunidad de percatarnos de muchas alegrías, de incontables tesoros ocultos. Lo que en este momento ocurre frente a nuestros ojos es de suma importancia, y no volveremos a vivirlo jamás.

Hemos dicho que el mayor favor que podemos hacerles a los demás es concederles toda nuestra atención; de igual forma, el modo más piadoso en que podemos reaccionar ante la vida consiste en estar alerta para percibir el sentido del viento, los colores, las penas y las alegrías. De nosotras no se pide nada más, pero tampoco nada menos.

Sólo tenemos esta vida, y cada día es una nueva gracia. También lo son nuestras tribulaciones, que dentro de varios meses o años entenderemos como una bendición, del mismo modo que ahora comprendemos que nuestras tristezas del pasado desempeñaron una parte relevante en el mismo. En buena medida, nuestro desarrollo depende de la actitud que asumamos frente a todas aquellas lecciones que la vida ha destinado para nosotras.

El día de hoy estaré atenta de todo lo que ocurra a mi paso: las

*mujeres y los niños, los árboles y las ardillas, el silencio y el
ruido. Nunca más volveré a ver lo que sea capaz de ver hoy.
Me mantendré alerta.*

> Creer en algo que no está comprobado pero que afirmamos
> con nuestra vida: he aquí la única manera de dejar abiertas
> las puertas del futuro.
>
> LILLIAN SMITH

El día de hoy se levanta frente a nosotras en espera de nuestra participación. Nos ofrecerá innumerables oportunidades de desarrollo personal y cientos de ocasiones en que podamos ayudar a los demás a progresar en su marcha hacia el futuro. Nos la veremos con muchos desafíos que nos permitirán avanzar hacia nuestro objetivo y estimularán nuestra maduración.

¡Qué diferencia en comparación con otros días! Ahora podemos mirar adelante con toda previsión y tener confianza en el futuro. Aún recordamos, tal vez muy agudamente, los periodos oscuros de nuestra vida, en los que no había para nosotras ninguna luz; teníamos miedo del futuro porque pensábamos que no haría sino agravar nuestra espantosa situación.

El temor no nos ha abandonado por completo; en ocasiones nos acecha todavía, pero ya no puede invadirnos, pues ahora sabemos que es uno más de los elementos de nuestra vida, pero no el único. ¡Qué libres somos ya! Ante nuestros ojos se despliegan opciones infinitas.

Seguiré adelante con firmeza, acogeré a las personas que se acerquen a mi camino y confiaré en que cada nuevo paso me da estabilidad y me conduce al futuro.

Es difícil, pero no imposible, hallar paz en medio de la intranquilidad; se requiere de tiempo, apoyo y amor.

DEIDRA SARAULT

La intranquilidad nace de la frustración, la que a su vez suele derivarse de nuestro deseo por avanzar más rápido en la vida.

¿Nos sentimos atrapadas en nuestro trabajo? ¿Los problemas del pasado rondan todavía nuestra mente? Tal vez es nuestro perfeccionismo el que hace fracasar todos nuestros intentos de realización. Saquémosle provecho a nuestro desasosiego: permitamos que nos conduzca a nuestro depósito interno de paz y refuerzo espiritual.

Si buscamos con empeño la serenidad, la obtendremos no sólo a ella, sino muchas cosas más.

Solemos pensar de manera equivocada que un nuevo trabajo, una nueva casa o una nueva relación seguramente satisfarán nuestras necesidades, sin embargo, una vez que los obtenemos resulta que seguimos sintiéndonos intranquilas. La paz reside en nuestro interior, y es la oración la que nos da acceso a ella; su gracia nos invade si, mediante nuestra paciencia, alcanzamos un estado de quietud.

El desasosiego indica que nos hemos alejado de nuestro poder superior.

Quizás haya llegado el momento de un cambio en nuestra vida. Y los cambios son buenos, pero es nuestra relación con Dios la que nos concederá todos los que precisemos.

La intranquilidad se fija sólo en sí misma y entorpece nuestro camino.

La intranquilidad es una especie de termómetro que revela mi salud espiritual. Tal vez será necesario que el día de hoy recurra a la oración.

> ¿Acaso existe un punto específico que podamos señalar y del que podamos decir: "Todo empezó ese día, en ese momento, en ese lugar y con ese incidente"?
>
> AGATHA CHRISTIE

Ninguna de las experiencias de nuestra vida es pura, natural, independiente de todas las demás, pues nuestra existencia está sumergida en una corriente eterna que nos conduce de un instante a otro, de una vivencia a otra. El lugar en el que ahora nos encontramos, el desarrollo que hemos alcanzado como mujeres en proceso de recuperación y los planes que tenemos para el futuro son resultado del mismo impulso generador que provocó muchas de las acciones que realizamos en el pasado.

Quizá creamos que una experiencia en particular fue para nosotras un momento decisivo. Sin embargo, no fueron la receta de algún guiso, o un martini, los que nos abrieron la puerta por la que pasamos cuando decidimos recuperarnos, aunque sin duda tuvieron su parte en ello. Son todas las pequeñas partes, pasadas y presentes, de nuestra vida, las que intervienen en los momentos decisivos y nos impulsan a seguir ascendiendo la montaña. Cuando lleguemos a la cima entenderemos que en todo tropiezo obtuvimos nueva fuerza.

Cada día se aprenden cosas nuevas, y cada experiencia me enseña a reconocer el valor de las vivencias afortunadas. Mi desarrollo va realizándose en circunstancias maravillosas y con paso lento pero firme.

El amor es una expresión y una afirmación de la autoestima,
una respuesta a los propios valores en la persona de otro ser.

AYN RAND

Tal vez el esfuerzo por amarnos las unas a las otras
es una lucha cotidiana que se complica aún más debido
a que buena parte de nuestros empeños todavía están
dirigidos a intentar amarnos a nosotras mismas. Muchas de nosotras hemos vivido nuestra vida adulta con
una sensación permanente de inadaptación, torpeza y
carencia de atractivo, temiendo siempre lo peor en
nuestras relaciones con los demás.

Sin embargo, poco a poco esta fase conflictiva va
quedando atrás. Cada mañana nos encontramos en el
espejo con una mujer que nos agrada. Es quizá que el
día de ayer realizamos algo que nos hizo sentirnos a
gusto. Cuando lo que hacemos nos hace felices, vemos a quienes nos rodean con una mirada amorosa. El
amor por nosotras mismas hace surgir el amor por los
demás.

Amarse a una misma requiere de práctica, pues implica una nueva conducta.

Empecemos por evaluar lo que realmente hacemos
y no lo que todavía somos incapaces de llevar a cabo, y
elogiemos nuestros logros.

Si alimentamos nuestro ser interior, expresaremos
más plenamente los valores que están desarrollándose
en nosotras, los cuales habrán de conducirnos a nuevas
situaciones y a nuevas oportunidades de realización, y

finalmente a amar a esas personas a las que vemos cada mañana.

_____

El amor por mí misma me hace sensible ante los demás. Es el bálsamo que cura todas las heridas y se multiplica cuanto más se le utiliza. Para hacerlo, el día de hoy mi primer paso será sonreír.

> ¡Qué hermoso es el amor limpio y puro! Sin embargo, se le daña o sobrecarga fácilmente por minucias, y a veces ni siquiera por ellas, sino por la vida misma, por la sola acumulación de tiempo y vida.
>
> ANNE MORROW LINDBERGH

En el momento actual, muchas de nosotras estamos reconstruyendo viejas relaciones y buscando nuevas, a las cuales podamos proteger. Nos resulta imposible vivir sin relacionarnos con los demás, a veces en forma íntima, otras con cierta cercanía y otras más de modo casual. En nuestras relaciones con las otras personas terminamos por descubrirnos a nosotras mismas.

La pureza de una relación es directamente proporcional a la atención que ambas partes pongan al hecho de estar *juntas*, de compartir momentos, horas y experiencias. Esta comunión con otra persona no es otra cosa que la celebración de Dios y de la vida, gozo que aviva los corazones y anuncia oleadas de serenidad.

Perseguiré cada día las oportunidades de ofrecerme completamente a los demás. Así, entregaré abundantes dones a otras personas.

El enojo reprimido puede envenenar una relación tanto
como las más crueles palabras.

JOYCE BROTHERS

Todos los seres humanos nos enojamos, independientemente de que la fuente de nuestra molestia esté en nuestro interior o en aquellos con quienes convivimos. Lo que nos falla es expresar y aceptar ese enojo. Cuando éramos niñas se nos dijo que no debíamos enojarnos, pero lo cierto es que nos ocurre a menudo. De esta manera, cuando en nosotras surgen sentimientos de ira tendemos a reaccionar como si siguiéramos siendo niñas.

Es preciso que aprendamos a aceptar nuestro enojo, y también a expresarlo de una manera más honesta, abierta y positiva, no agresiva. No podemos permitirnos que la furia nos domine, porque por sí sola crece tanto que termina por estallar. Si accedemos a ello, ese sentimiento se inmiscuirá en todas nuestras relaciones, y hasta nos servirá de excusa para persistir en un antiguo y autodestructivo patrón de conducta: justamente el mismo al que ya no quisiéramos someternos un momento más.

No resultará nada de lo que nos propongamos hacer el día de hoy si en nuestro interior damos cabida al enojo. Nuestra actitud emocional determina nuestra interpretación de la vida, el modo en que tratamos a nuestros amigos y amigas, nuestra forma de reaccionar ante las oportunidades y los desafíos que nos salen al paso. La ira reprimida bloquea siempre nuestro camino hacia una actitud positiva.

_____

Todas las experiencias que viva me elevarán espiritualmente si no permito que el enojo me ofusque.

ABRIL

Tanto el entusiasmo desbordado como la seriedad fúnebre son actitudes erróneas, porque son efímeras. Lo que importa es que conservemos siempre un conveniente estado de ánimo y nuestro buen humor.

KATHERINE MANSFIELD

Sí que conocemos el entusiasmo desbordado y la seriedad fúnebre. Tendemos a vivir en los extremos. El entusiasmo desmedido es una emoción que nos hace sentir sumamente alegres y que por reacción natural siempre intentamos controlar un poco; en cambio, cuando se impone en nosotras nuestro lado serio, es él el que nos controla, pues viene a cubrir con un velo todas nuestras actividades. Lo cierto es que ambas manifestaciones emocionales nos paralizan; ninguna de ellas nos comunica realmente la libertad y espontaneidad que necesitamos para mantener una vida plena y saludable. En el pasado buscábamos llenar nuestro vacío por medio de nuestras adicciones —el alcohol, los estimulantes, la compañía, la comida—; queríamos conseguir un estado artificial de felicidad, y aun de entusiasmo desbordado, porque carecíamos de todo interés por la vida. No obstante, nuestros intentos fracasaron; cada vez que creíamos que por fin "lo teníamos", veíamos cómo la felicidad se nos escapaba de las manos.

Quizá no hemos renunciado a la búsqueda, pero terminaremos por aceptar que esos dos estados de ánimo son pasajeros y que en lugar de perseguirlos debemos alcanzar el punto medio. El buen humor nos ayu-

dará a soportar las cargas de la vida, pues nos ofrece el
equilibrio que tanto tiempo nos hizo falta.

Seguramente hoy sucederán cosas que me harán sentir muy
entusiasmada o mortalmente seria. Me esforzaré por mante-
nerme en un punto intermedio y por cultivar mi buen humor.

La vida cobra un precio por la paz que nos otorga: el valor.
AMELIA EARHART

De nuestras experiencias hemos aprendido que después de haber realizado exitosamente una labor difícil nos embarga una profunda sensación de paz, y que en compensación nos sentimos más valerosas. Sin embargo, cada vez que acometemos algo debemos recordar que la tranquilidad llegará al final, en cuanto seamos capaces de anudar todos los cabos sueltos.

Anteriormente nuestra búsqueda de paz era desesperada e interminable; nuestros temores nos sobrecogían y casi nunca nos armábamos de valor; lo que iniciábamos se quedaba a medias o lo abandonábamos a las primeras de cambio. No lográbamos nuestros propósitos y la paz nos rehuía.

¡Qué fortuna la de habernos encontrado con el programa! Ahora miramos hacia el futuro con el valor que nos ha concedido el hecho de creer en un poder supremo. La paz ya es nuestra, ahora y para siempre, gracias a que contamos con el apoyo de la fuerza que el programa nos transmite. Los nuevos trabajos, amigos y momentos nos permitirán desechar nuestros antiguos temores. Hemos aprendido que no estamos solas: qué extraordinario consuelo puede provenir de una verdad tan simple.

El valor es uno de los dones que el programa me concede. Tendré valor para seguir adelante, para enfrentarme al nuevo día, para manejar con destreza todo aquello que se me presente. Ahora y siempre mi paz se encontrará acompañada por el valor.

Quienes no saben llorar de corazón, tampoco saben reír.
GOLDA MEIR

Todas conocemos a personas que viven al margen de la vida, como si no quisieran involucrarse en las actividades que se desarrollan a su alrededor; parecería que entre ellas y nosotras existiera una muralla de cristal. No obstante, a veces nosotras mismas somos una de esas personas que se apartan del hervor de la vida. Lo que separa a la gente del mundo son sus temores, sobre todo el de liberarse de su vulnerable ser y unirse a las corrientes del momento.

Tenemos que arriesgarnos a mostrarnos tal como somos y a pasar por todas las experiencias si queremos cosechar realmente los beneficios de la vida. Nuestra total participación en el flujo y reflujo de la vida traerá consigo las lágrimas propias de las penas pero, también, de los gozos de la existencia, así como los frutos que otorga la risa.

Tanto la risa como el llanto nos purifican. Suelen ser el punto final de una experiencia, de modo que suscitan en nosotras una sensación de libertad. Debemos exponernos al sufrimiento y a la alegría con el propósito de prepararnos a recibir las gracias que la vida ha reservado para nosotras.

Si nos quedamos aparte, si eludimos las lágrimas o la risa, nos engañaremos respecto de las verdaderas riquezas de la vida. Tenemos que hacerles frente a todas las experiencias para aprender todo lo que puedan enseñarnos; sólo cuando lo hayamos hecho podremos prescindir de ellas.

El pasado no me abandonará nunca si no soy capaz de lamentar aquello que haya que lamentar de él, o de celebrar sus aciertos. Mi presente será confuso si permito que el pasado lo ensombrezca.

No se nos pide que soportemos más allá de nuestras fuerzas; esta es una ley de la vida espiritual. Como en el caso de todas las leyes justas, su aplicación sólo puede ser impedida por el temor.

ELIZABETH GOUDGE

Con toda la ayuda de que disponemos, no hay problema que sea tan grande como para que no podamos resolverlo. No tenemos por qué amilanarnos. Para enfrentar cualquier dificultad, el programa nos dice: "Sigue adelante y abandónate a Dios." Esa es la solución.

Nuestras dificultades, los obstáculos que se hallan en nuestro camino, en realidad deben impulsarnos a la resolución espiritual de nuestros problemas, gracias a ellos cada vez estaremos más cerca de ser las mujeres que deseamos ser. Nuestro temor es resultado de nuestra falta de fe en un poder que, por ser más fuerte que nosotras, es capaz de ofrecernos la orientación que necesitamos y revelarnos la solución.

Todos los días enfrentamos nuevos desafíos. Siempre hay nuevas lecciones por aprender, lo cual no será posible sin aflicciones. No olvidemos nunca que las dificultades que se nos presentan a diario no son otra cosa que oportunidades de desarrollarnos, y que la solución de todo problema está oculta en él mismo.

El día de hoy, como todos los días por venir, no recibiré menos de lo que mi poder superior y yo necesitamos para resolver los problemas del momento.

Llegué entonces a la conclusión de que la "atención permanente"... no consiste en una rigidez casi militar, sino en una disposición incesante a mantener los ojos bien abiertos y a aceptar todo lo que suceda.

JOANNA FIELD

La resistencia a los acontecimientos, las situaciones y las personas que intervienen en nuestra vida nos impiden aprovechar las oportunidades de desarrollo que cada día se nos ofrecen. A cada minuto se nos está haciendo entrega de un don: el de tomar conciencia de los demás, de nuestro entorno, de nuestra participación individual en la creación. La clara conciencia de todo lo que nos rodea es el punto de partida de nuestro desarrollo como mujeres.

Si vivimos en el ahora y si estamos racionalmente presentes en el momento que nos toca vivir, gozaremos siempre de la protección de Dios. Si, en cambio, ansiosamente pretendemos anticiparnos a lo que ocurrirá en el futuro, perderemos de vista la seguridad que Dios nos está ofreciendo en este momento.

Debemos estar siempre atentas al aquí y al ahora. Ocuparnos exclusivamente de lo que está ocurriendo en este instante nos liberará de toda clase de angustias y temores. Nuestros conflictos empiezan en cuanto pretendemos dirigir nuestros pasos más allá del momento presente. En el ahora está nuestra paz.

La lección más importante entre las que tengo que aprender, aquella que eliminará todos mis sufrimientos y conflictos, es la de recibir en la mejor disposición todo lo que se me ofrece en cada momento de mi vida.

Trata a tus amigas como a tus cuadros: colócalas donde les dé más luz.

JENNIE JEROME CHURCHILL

Dar por seguras a nuestras amigas y a nuestros seres queridos, y esperar que siempre sean perfectos, nos impide advertir su verdadero valor. Tal vez el rigor con que tratamos a nuestros seres más allegados alivie realmente la tensión que nos producen nuestros propios defectos, pero a cambio nos crea una nueva tensión, la cual puede resultar en que nuestras amigas se alejen de nosotras.

Recordemos que nuestras amigas son muy importantes para nuestro desarrollo. No es casual que nuestros senderos hayan coincidido. Cada una de ustedes forma parte del plan de vida del resto de nosotras. Debemos sentirnos agradecidas por ese privilegio.

Todas contamos con innumerables cualidades, algunas de las cuales son ciertamente más pronunciadas que otras, aunque siempre tenemos la esperanza de que nuestras cualidades menores y nuestros defectos pasen inadvertidos. Apliquemos este mismo criterio al caso de nuestras amigas. Si destacamos lo mejor de ellas, sus buenos dotes florecerán, tanto en ellas como en nosotras mismas y en todas las situaciones. Todas salimos beneficiadas de una actitud positiva. Busquemos siempre lo bueno y pongamos en ello toda nuestra atención.

Haré todo lo posible para que este día me deje hermosos

recuerdos. Apreciaré especialmente a una de mis amigas; le haré saber que es importante en mi vida, con lo que al mismo tiempo haré feliz la suya.

> La claridad de nuestra visión sólo puede surgir de nuestro
> empeño por abandonar las ideas preconcebidas que nos
> han dominado por tanto tiempo.
>
> BARBARA WARD

La facultad de la visión —saber con certeza cómo podemos ser mejores y qué cosas somos capaces de realizar— será posible de alcanzar si nos concentramos con todas nuestras fuerzas en el presente y nada más que en el presente. Somos en este momento quienes debemos ser; creamos firmemente en ello. Sólo de esta manera se nos mostrará el camino para convertirnos en lo que es preciso que nos convirtamos; se nos revelarán, uno a uno, los pasos que tenemos que dar para pasar de este momento al siguiente. Creamos en esto también.

El pasado estorba nuestro camino. Muchas de nosotras ya hemos perdido inútilmente buena parte de nuestra vida en pugna con nuestra identidad. Basta ya de batallas innecesarias. Ahora contamos con la opción de confiar en nuestra capacidad. Ya somos libres, y nuestra visión de todo lo ocurrido nos ofrece la posibilidad de cambiar, de entusiasmarnos, de procurar cada vez una mayor confianza en nosotras mismas.

Respondámosle a la vida con plenitud. Confiemos en nuestros impulsos. Muy pronto seremos las personas que nos atrevamos a ser.

Cada día todo comienza de nuevo. Cada momento es una nueva oportunidad de dejar atrás todo lo que en el pasado me limitó. Soy libre; en este momento soy libre.

La vida es resultado de muchos elementos: el aquí y el allá, el gozo y la desesperación. Todo confluye, al azar, en un mismo punto.

ANNE BRONAUGH

El día de hoy habrá de colocarte en situaciones inesperadas. Te encontrarás con motivos de alegría, pero también de temor. La vida no suele ser como la imaginamos, lo cual no quiere decir que no seamos capaces de vencer todas las dificultades que se nos presenten y que en última instancia nos son muy útiles. La alegría y el dolor están presentes por partes iguales en el transcurso de nuestra vida.

Tendemos a olvidar muy fácilmente que aquello a lo que llamamos "problemas" no son otra cosa que el resultado de los desafíos que nos permiten desarrollarnos. Contamos ya con los instrumentos necesarios para cosechar los beneficios que todo problema trae consigo. Marchemos confiadamente y apoyémonos en el programa; comprobaremos entonces que los obstáculos desaparecen.

No existe situación en la que los Pasos del programa no pueda servirnos de ayuda. Tal vez el día de hoy debamos "resolver" un dilema. Quizá si aceptamos nuestras limitaciones respecto de nuestros hijos, o de nuestra pareja, o de nuestros compañeros y compañeras de trabajo, podamos liberarnos hoy de una pesada carga. Puede ser también que, si rectificamos nuestra conducta, abramos las puertas de nuestra comunicación con los demás. El programa nos ayudará a unir todos los hilos de este día, y los dotará de sentido.

———————————

Si vivo correctamente el día de hoy, me prepararé a recibir las penas y las alegrías de mañana.

> ¿No es cierto, acaso, que el progreso humano no es otra cosa que un tejido que va conformándose tenazmente mediante el entrelazamiento en un esfuerzo común de abundantes y delicados hilos?
>
> SOONG MEI-LING
> (MADAME CHIANG KAI-SHEK)

Cada una de nosotras está destinada a llevar a cabo con sus propios hilos un "tejido enorme" que le sea útil, con sus muy particulares texturas, colores y diseños. Nuestras acciones, nuestros pensamientos y nuestros valores complementan los de nuestras hermanas, los de toda la raza humana. Todas vamos hacia un mismo punto; a veces nuestros senderos corren en forma paralela; otras, se cruzan, y terminan por definirse en dirección a un propósito en cuanto la inspiración nos toca.

Saber que nuestra vida tiene un sentido resulta sumamente reconfortante. Lo que hacemos ahora, nuestra interacción con las demás personas, nuestras metas; todo tiene efectos en la gente que nos rodea. Somos interdependientes. Sistemáticamente, nuestra conducta hace surgir importantes reacciones e ideas en alguien más. Todas tenemos una valiosa contribución que hacer al mundo. Si mantenemos una buena relación con Dios, el gran artista en el tipo de tejido que estamos elaborando, daremos lo que estamos llamadas a dar.

La oración y la meditación dirigirán mis esfuerzos el día de hoy. Gracias a ellas cumpliré mis propósitos.

Aunque no pueda resolver tus problemas, estaré a tu lado
para servirte de caja de resonancia cuando lo necesites.

SANDRA K. LAMBERSON

A todas se nos ha concedido la capacidad de ofrecerles atención plena y desinteresada a las personas que
buscan nuestros consejos. Casi no hay día en que no
tengamos la oportunidad de escuchar y animar a los
demás, así como de darles esperanza cuando la han
perdido.

No vivimos separados los unos de los otros; la interdependencia es una gracia que sin embargo tendemos
a ignorar como tal en las encrucijadas más difíciles.
Busquemos un momento de soledad para reflexionar.
En torno nuestro hay muchas personas que, como nosotras, también sufren en silencio; los pasos que están
guiando nuestra vida nos incitan justamente a romper
ese silencio. Los secretos que guardamos nos distancian
del bienestar que merecemos.

Nuestro equilibrio emocional se consolida cada vez
que compartimos con los demás nuestra propia historia
y que les brindamos nuestros oídos. Para sacar lo bueno
de lo malo es preciso que aprendamos a participar de
las penas y el desarrollo de los demás. El dolor cumple
un propósito en nuestra vida, así como en la de nuestros
amigos y amigas; es el puente que permite enlazarnos
y que anula los abismos.

Generalmente le tememos al dolor y no nos gusta
que nuestras amigas sufran. Sin embargo, todas sali-

mos ganando cuando aceptamos nuestras penas como retos que nos invitan a crecer y a unirnos.

Los secretos permiten que sigamos enfermas. Escucharé a los demás y compartiré con ellos mi interior. Eso me ayudará a sanar.

Entre los elementos de la recuperación está el de aprender que merecemos el éxito y las cosas buenas que nos ocurren, y que el dolor es una realidad. Somos capaces de enfrentar nuestras penas sin la ayuda de medicamentos, pues los pesares no son eternos.

DUDLEY MARTINEAU

Somos muchas las personas que no hemos comprendido que el ser humano es sumamente cambiante, que recurrimos al alcohol o las pastillas, e incluso a la comida, porque en el fondo sabemos que nuestras capacidades están muy deterioradas. Sin embargo, una copa o dos —o quizá seis— no hacen sino sumergirnos en una mayor soledad.

Quizá todavía nos atrae la posibilidad de hallar soluciones fáciles, aunque el tiempo, nuestras nuevas experiencias y las amigas que hemos hecho en el programa nos han enseñado que nuestros pasados hábitos no eran en realidad soluciones fáciles, sino que, por el contrario, incrementaban nuestros problemas y nos conducían a callejones sin salida.

Si los ponemos en práctica, los Pasos y principios del programa nos garantizan el éxito rotundo. Empezamos a creer en que nos basta sólo con pedir la fuerza que necesitamos para resolver todas las situaciones en las que nos vemos envueltas, porque si la pedimos nos será otorgada. Además, las experiencias vividas con estos principios nos demuestran que son muchas las recompensas que obtenemos cuando vivimos de acuerdo con los dictados de nuestra conciencia.

Todos los días, y particularmente el que estamos por comenzar, nos vemos en la necesidad de tomar muchas decisiones. Sin embargo, para todo problema hay una sola solución, y ésta es precisamente la que nos indica nuestro poder superior. La respuesta, la solución, reside siempre dentro de nosotras mismas; si tomamos decisiones conscientes y meditadas, nuestra vida seguirá lógicamente el mejor de los rumbos posibles.

El poder del programa está a mi alcance. Si así lo quiero, podré resolver convenientemente todos los problemas que hoy se me presenten.

Haz de ti misma una bendición para los demás. Tus sonrisas amables o los elogios que sepas hacer ayudarán a muchas personas a salir de sus problemas.

CARMELIA ELLIOTT

Si el día de hoy somos amables, ayudaremos a las personas que nos rodean. Una consideración atenta les asegura a los demás que nos importan, y de vez en cuando todos necesitamos esa certeza. El programa ha puesto en nuestras manos el vehículo para dar y buscar la ayuda que precisamos; es para todas nosotras una garantía.

Sin embargo, no todas las personas con las que convivimos se encuentran siguiendo nuestro programa; por tanto, la garantía de que lo disfrutamos no es una realidad para ellas. Seguramente les sorprenderá que les dirijamos palabras de aliento y que mostremos nuestra disposición a escucharlas, gestos que apreciarán profundamente.

El mayor bien, no obstante, va dirigido a nosotras mismas, pues cuando se ayuda a alguien que está en dificultades, los beneficios mayores son para quien presta el auxilio. Cada vez que hacemos la voluntad de Dios y que procedemos de acuerdo con nuestro corazón, nos acercamos más al Creador y reafirmamos nuestro ser.

Cuando curamos las heridas de otros, nos curamos a nosotras. Es Dios quien habla a través de las palabras que les dirigimos a los demás. Siempre que ponemos en primer lugar el bienestar de otra persona, nuestro propio bienestar se ve favorecido.

———————————

Aunque recorremos diferentes caminos, el destino de todos los seres humanos es el mismo. Hoy estaré preparada para ofrecerle mi mano a un caminante en problemas, lo cual le inyectará nueva vida a mi propio viaje.

El mundo es una rueda en movimiento permanente. Quienes ahora están arriba, se hallarán abajo más tarde, y ya subirán quienes por lo pronto han descendido.

ANZIA YEZIERSKA

Todo cambia; nada permanece indefinidamente en el mismo estado. Sin embargo, si en lugar de proceder de acuerdo con el estado de cosas del momento pretendemos actuar de acuerdo con el que mostrarán posteriormente, nos impedimos vivir cada instante en toda su plenitud.

El tiempo no cesa de avanzar, y nuestro destino con él. El modo en que nuestra vida se desenvuelve no es obra de la casualidad; nuestras altas y nuestras bajas favorecen por igual nuestro desarrollo. Sin embargo, no debemos ni prolongar nuestras depresiones ni confiar en exceso en nuestros júbilos, pues una atención desmedida a ambos estados de ánimo ofusca la clara conciencia que hemos de tener del presente, la fuente por excelencia de nuestros conocimientos.

Movámonos al ritmo del tiempo. Concentrémonos en el momento y aceptemos los sentimientos y experiencias que nos conceda. La madurez emocional consiste en aceptar nuestros sentimientos y en saber abandonarlos en el instante preciso a fin de estar en condiciones de enfrentar nuevos momentos con la mejor disposición de ánimo. Nos resta mucho por aprender, tanto de nuestras caídas como de nuestros avances; ambos deben ser objeto de nuestro agradecimiento.

El programa nos ha enseñado a librarnos de depresiones prolongadas, pues nos ha dado los elementos para seguir adelante con plena confianza en nosotras mismas y en que todo lo que nos ocurra será positivo. Nada es eterno; cada conflicto lleva en sí mismo la oportunidad de un desarrollo efectivo.

Los buenos momentos serán muy pronto cosa del pasado, como también los malos. Sin embargo, su presencia no es gratuita. Los dejaré en libertad y de este modo alcanzaré la mía.

Sólo quienes se atreven a vivir, viven de verdad.

RUTH P. FREEDMAN

Lo que obtenemos de la vida, de cada experiencia y de cada interacción con los demás es proporcional a lo que damos. Cuando nos involucramos totalmente en una experiencia, sus repercusiones en nosotras resultan benéficas, de la misma manera que nuestra entrega incondicional al momento aumenta nuestra conciencia de la realidad. Si corremos el riesgo de conocer profundamente a los demás; terminamos por encontrarnos con nosotras mismas.

¡Cuán frecuente y desafortunado es el hecho de que pretendamos "huirle" a la vida! Creemos que para huir basta con que nos ocultemos, tanto de nosotras como de los demás; tememos las consecuencias que para nosotras mismas y para ellos pueda tener la revelación de nuestro interior. Antes de que nos decidiéramos a abstenernos de beber, escapábamos del presente con relativa facilidad, cosa que, por fortuna, ahora nos resulta más complicada en virtud de los Pasos que estamos siguiendo.

Tener y ser un garante nos resulta de suma utilidad, pues a cambio de nuestra aportación se nos ofrecen muchas recompensas. También nos es muy útil asistir a reuniones y departir con otras personas. Nunca volveremos a vivir las experiencias que tengamos hoy, o cuando menos no de la misma manera. La gente con la que convivimos nunca volverá a decirnos lo que este día nos pueda comunicar. No desdeñemos lo que la vida nos ofrece; atrevámonos a sentirlo todo, a escucharlo todo, a verlo todo.

La riqueza de una vida plena puede ser mía de un momento a otro; debo conquistarla porque la merezco.

Parecería como si siempre hubiera estado a la espera de algo mejor, de comprobar que algo bueno podía salir de mí

DOROTHY REED MENDENHALL

Nuestra gratitud a la realidad nos prepara a recibir las bendiciones que nos aguardan a la vuelta de la esquina, pero es preciso que comprendamos que si nos mostramos ansiosas por alcanzar lo que está reservado para nosotras, no conseguiremos otra cosa que dejar pasar las alegrías del presente.

Frente a nosotras no tenemos más que 24 horas. De hecho, lo único que poseemos realmente es el momento que estamos viviendo en este instante. Disfrutémoslo, pues no hay gracia mayor para nosotras que la de este momento.

Si volvemos nuestra mirada al pasado, nos daremos cuenta de que conocimos muy tarde el valor de una amistad o de una experiencia; pero eso ya ha quedado atrás. Con un poco de práctica y con un compromiso de nuestra parte, podemos aprender a cosechar, hora por hora, los beneficios del día de hoy. Cuando perdemos la noción del presente y anhelamos que llegue el día de mañana, o la próxima semana, o el siguiente año, ponemos en peligro nuestro desarrollo espiritual. La vida sólo puede bendecirnos ahora, y alentarnos momento a momento.

Si me decido a ello, puedo vivir la vida en el presente, aunque no deje de reconocer la importancia de los bellos recuerdos.

Este día me sumergiré por completo en mi existencia, y haré de ello una costumbre de la que no desearé desprenderme jamás.

Es absurdo obstinarse en saltar un obstáculo que es imposible de librar.

SIMONE DE BEAUVOIR

Las vallas inesperadas, las barreras que de pronto se cruzan en nuestro camino hacia el progreso y las puertas que se cierran en el momento menos indicado son hechos que pueden provocarnos confusión, frustración y profundo desaliento. Es difícil aceptar que habitualmente ignoramos qué es lo mejor para nosotras, conocimiento que adquirimos sólo después de muchos esfuerzos. Para fortuna nuestra, la buena senda nos conducirá hasta él.

Quizá nos preguntemos por qué una puerta aparentemente se nos ha cerrado, cuando lo que deberíamos hacer es reconocer que si nuestros pasos son erráticos ello se debe a que nos hemos desviado de nuestro camino. Las puertas no se cierran a menos de que la dirección varíe. Aprendamos a confiar en que, por más gigantesco que nos parezca, ningún obstáculo es casual.

El programa puede ayudarnos a entender lo inesperado. Cuando nos topamos con un obstáculo, quizá lo que necesitemos sea volver a los tres primeros pasos. Aceptemos nuestra impotencia, declaremos nuestra fe en que el control de nuestra vida se halla en manos de un poder superior y recurramos a él en busca de orientación. No olvidemos, sin embargo, que si nos empeñamos en vencer un obstáculo o en presionar una puerta cerrada, lo único que lograremos será sentirnos frustradas. *Aceptar las cosas como son* nos permitirá abrir nuestra mente y nuestro corazón y recorrer gustosamente el hermoso camino que se ofrece a nuestra vista en este momento.

Los obstáculos a mi paso me invitan a crecer, a trascender mi ser actual; me ofrecen la oportunidad de ser la mujer que siempre he soñado. Seré valerosa. No estoy sola.

Sé que puedo responder sobre lo que conozco. Es lo que
ignoro lo que me espanta.

FRANCES NEWTON

En ocasiones se apodera de nosotros el temor a lo
desconocido, término con el que solemos designar a lo
que nos provoca una angustia incontrolable. Sin embargo, nuestros temores están de más. El programa pone a
nuestro alcance la fuerza que necesitamos en el momento justo en que nos hace falta, y la fe, por su parte,
desvanece toda sensación de miedo. Es cierto, como se
afirma, que ahí donde hay fe no puede haber temor.

No obstante, otras veces nos sentimos fuertes, en
comunicación con nuestro poder superior y capaces de
hacer frente a todas las situaciones, aunque en días
como esos solemos olvidar que es nuestra fe la que nos
guía. Es justamente en los momentos de temor cuando
caemos en la cuenta de nuestra carencia de fe. La solución es muy simple: recurramos a una amiga. Si nos
preocupamos por estar al tanto de sus necesidades,
estableceremos de inmediato una renovada relación
con Dios.

Cambiemos nuestro foco de atención. En lugar de
limitarnos a considerar nuestros propios temores, volvamos la mirada a las necesidades de los demás, con lo
cual obtendremos adicionalmente una nueva perspectiva sobre nuestra vida personal, y también la oportunidad de dejarle a Dios que obre a través nuestro. Cada
vez que ofrecemos nuestros servicios tanto a Dios como

a una amiga en apuros, incrementamos nuestra fe. Entre más cerca estemos de la gente que nos rodea, menos nos inquietará lo que de una manera distinta podría alterarnos.

———————————

Cuando salgo en auxilio de alguien, Dios sale en el mío.

Oponerse a una cosa es la mejor manera de mantenerla con vida.

URSULA K. LEGUIN

La mayoría de nuestros conflictos son producto de nuestro deseo de cambiar a las personas y nuestras circunstancias. Pronto descubrimos, sin embargo, que nuestra oposición permanente a ellas no hace más que añadir fuego a la hoguera (cuando menos a nuestra hoguera interior). Pero ¿podríamos acaso actuar de una manera distinta cuando estamos convencidas de que nuestra oposición es justificada? Quizá no haya decisión más difícil que la de renunciar a una actitud que casi nos vimos forzadas a adoptar, pero la sabiduría de este programa nos indica que debemos liberarnos y abandonarnos en manos de Dios. Si aplicamos este principio nos sentiremos aliviadas como por arte de magia, y las llamas de nuestro fuego dejarán de crepitar. Comprobaremos que aquello a lo que nos oponíamos ha dejado de representar un problema para nosotras, hasta el grado incluso de desaparecer por completo. Esforcémonos este día por desterrar de nosotras la necesidad de reñir; quizá resurja después, pero entonces podremos acogernos de nuevo a nuestro poder superior. Si confiamos en que el consuelo nos aguarda, su llegada no se demorará.

Como mujeres, son muchas las cosas a las que podríamos oponernos, porque demasiadas personas y situaciones dificultan nuestra transformación, personas que no aceptan fácilmente nuestro carácter y nuestro deseo de cambiar. Compartamos con los demás la fuerza de la liberación y la confianza en Dios.

Mi lucha es por una conducta recta. Mis conflictos desaparecerán si dejo de oponerme sistemáticamente a las cosas. Me haré a un lado y le concederé mi lugar a Dios.

En el proceso de mi propia definición tiendo a establecer
reglas y fronteras, olvidándome de que tanto unas como
otras han sido hechas para ser traspasadas.

KATHLEEN CASEY THEISEN

La recuperación nos ha dado la libertad de vivir
honestamente, con prudencia y con una absoluta seguridad en la rectitud de nuestras acciones. Tengamos en
cuenta, sin embargo, que lo que hoy nos parece correcto
quizá ya no lo sea mañana, puesto que conforme vamos
acumulando nuevas experiencias también vamos cambiando, de manera que tendemos a ver nuestras condiciones bajo una nueva perspectiva. Dado que por la
acción de nuestro nuevo punto de vista se afina nuestro
sistema de valores, las reglas y demarcaciones que sos-
teníamos antes ya no coinciden con nuestra situación
actual.

Nuestro desarrollo como mujeres es un proceso interminable. La seguridad con la que en el presente
enfrentamos nuestros problemas es resultado de nuestras tentativas pretéritas, del mismo modo que en el
futuro seremos mejores gracias a nuestros actuales esfuerzos. El programa nos ha concedido la anhelada
claridad, tanto respecto de nosotras mismas y de los
demás como acerca de la forma de seguir adelante en
nuestro desarrollo.

*Mi sistema de valores está sometido a una definición cada vez
más precisa, la cual será posible gracias a las experiencias que
viva hoy.*

Deberíamos crecer en medio de buenas compañías y crearnos el hábito de conservarlas.

HELEN HAYES

Sean cuales fueren, nuestros hábitos nos fueron perfilados, si no es que decididos, durante la infancia. Adoptamos determinadas conductas como resultado de la imitación a nuestros padres, hermanos y amigos. Sin embargo, no tenemos por qué conservar hábitos perniciosos. A cada una de nosotras le corresponde en lo individual tomar la decisión de crear nuevos modelos de comportamiento para cada uno de los instantes de nuestra vida. Con todo, desprenderse del viejo modelo y abrise camino hacia el nuevo implica determinación, compromiso y oración.

Quienes estamos dando estos pasos hemos roto ya con nuestros viejos modelos de conducta. Hemos tomado la decisión de dejar de beber y de tomar pastillas; quizá hasta nos decidimos a terminar con amistades inadecuadas. Día a día renovamos nuestra determinación de ir más allá de nuestros límites, aunque no siempre lo logremos, dado que buena parte de nuestros defectos se han arraigado profundamente en nosotras. Es imposible que en poco tiempo nos deshagamos por completo del lastre que han dejado en nosotras años y años de resentimiento, mentiras, temores y toda suerte de excesos; los hábitos, ya sean buenos o malos, se reproducen por sí solos.

El programa nos transmite fuerzas para liberarnos

de las conductas que pretenden interponerse en nuestro camino hacia la felicidad. Busquemos en nuestras amigas mejores y más saludables métodos a imitar.

El programa me está ayudando a percatarme de que todos los días cuento con un camino más apropiado para continuar mi marcha. Estoy volviendo a crecer en medio de los buenos hábitos de los demás y los míos.

Vale la pena volver por un momento la vista atrás para renovar nuestros ojos y recuperar la agudeza de nuestra visión a fin de que sea más apta en el cumplimiento de su función primaria: la de apuntar hacia delante.

MARGARET FAIRLESS BARBER

Si contemplamos el mes o el año pasados, el periodo inmediatamente anterior al inicio de nuestro programa de Doce Pasos, advertiremos que, para bien nuestro, hemos cambiado mucho. No se trata, de cualquier modo, de que cantemos victoria y de que pensemos que tales cambios serán duraderos, porque, para empezar, seguramente ni siquiera estamos conscientes de muchos de ellos. Vivimos atrapadas en las turbulencias del presente y tendemos a creer que se prolongarán por tiempo indefinido, sin caer en la cuenta de que los azarosos acontecimientos del pasado nos enseñaron buena parte de lo que debíamos aprender.

Para muchas de nosotras el pasado fue una época llena de dolor. No obstante, ahora somos dueñas de nuevas esperanzas. Nos hemos ido acercando a la verdad de la vida. Quizá hemos recuperado la felicidad de vivir al lado de nuestra familia y recompuesto algunas relaciones que se habían deteriorado. Estamos de nuevo en marcha. Hemos vivido experiencias extraordinarias, pero reconocemos que no estamos libres de dificultades, a las que sin embargo no les permitiremos que nos hagan daño. Gracias a lo que hemos vivido sabemos que también esto pasará y que con nuestra fe en alto, podremos salir adelante, tal como ya lo hemos hecho en repetidas ocasiones.

————————————

Dedicaré este momento a recordar el año pasado o mi último exceso alcohólico. Me sentiré en paz al darme cuenta de que estoy avanzando. Seguiré haciéndolo.

Nuestros propios defectos van desapareciendo conforme ayudamos a los demás a atenuar los suyos.

SUE ATCHLEY EBAUGH

Si el día de hoy nos proponemos detectar las cualidades de todas las personas con las que convivamos, nos haremos un gran bien a nosotras mismas, y hasta grados impredecibles. De este modo suavizaremos nuestras relaciones con aquellas personas y las incitaremos a reaccionar con nosotras de la misma manera. Asimismo, haremos patente que la bondad nos circunda, y nos convenceremos de que también nosotras poseemos cualidades, puesto que las encontramos en toda la gente. Quizá el mayor beneficio de resaltar el lado positivo de las personas es que en esta forma crecemos como mujeres, puesto que nos obligamos a cultivar actitudes afirmativas y saludables. Poco sabíamos de sentimientos positivos antes de haber iniciado nuestro proceso de recuperación, uno de los momentos decisivos de nuestra vida.

Nuestra recuperación nos permite volver a nacer a cada momento. Estamos aprendiendo nuevas conductas y que con la ayuda de un poder superior, entre otros, todo lo que buenamente deseamos será posible. Esto nos llena de energía, dirige nuestra mirada hacia las cualidades de los demás y nos revela que sus aspectos positivos de ninguna manera hacen desmerecer a los nuestros.

Quizá en el pasado llegamos a envidiar las ventajas

de otras mujeres porque nos hacían sentirnos inferiores. Ahora, si así lo decidimos, podemos prescindir de tal envidia. Agradezcamos la ayuda que hemos recibido de nuestras amigas y conocidas, cuyas cualidades, que ahora reconocemos, nos fueron de gran utilidad.

Mis defectos y los de los demás me parecerán peores si les concedo demasiada atención. Me dedicaré más bien a incrementar mis cualidades.

> Cuando dejas de hacer cosas en beneficio de los demás es que has empezado a morir.
>
> ELEANOR ROOSEVELT

Hoy debemos ser sumamente perceptivas respecto de las oportunidades de ayudar a los demás, así como de las ocasiones en que una amiga, o incluso una persona desconocida, se acerca a nosotras para hacernos un bien.

Las posibilidades de contribuir al curso pleno de la vida son realmente infinitas.

Nuestra vitalidad se deriva de nuestra disposición a involucrarnos en la vida de los demás y a contribuir con nuestro talento y corazón al mejor desenvolvimiento de su viaje cotidiano.

El programa nos hace saber que Dios vive siempre en nosotras, entre nosotras. Si nos apartamos de nuestras amigas, que no son otra cosa que nuestras compañeras de viaje, cancelamos el acceso de Dios a nosotras y no damos oportunidad a que se manifieste por nuestro medio.

Vivir significa compartir con los demás nuestro espacio, nuestros sueños y nuestras preocupaciones, así como prestarnos a escuchar, ver, apoyar y amar. Alejarnos de nuestros semejantes supone la anulación de las vitales contribuciones que todos necesitamos hacer y recibir a fin de alimentar la existencia.

No precisamos de más cosas que las que los demás estén en condiciones de darnos. De igual forma, todas las personas con las que nos crucemos este día necesitan de nuestra muy particular contribución.

_____

¡Qué amplia cantidad de invitaciones me aguardan el día de hoy!

Ella sabe que la gracia omnipotente ha escuchado su ruego
y por eso clama: "Lo que he pedido se cumplirá algún día."
OPHELIA GUYON BROWNING

La paciencia es una cualidad que suele ofrecernos
resistencia. Queremos que las cosas sean tal como las
deseamos y que ocurran en el momento en que así lo
decidimos. Los acontecimientos de nuestra vida obede-
cen, por fortuna, a otra lógica, y no tienen lugar sino
cuando es preciso; pero eso nos lleva a pensar que
nuestras plegarias no han sido atendidas. Debemos tener fe en que la respuesta que esperamos llegará, aunque desconozcamos el momento y el sitio, que seguramente serán muy particulares. Nuestra frustración se
desprende del hecho de que el tiempo de Dios y nuestro
tiempo coinciden muy rara vez.

Miremos al pasado —las últimas semanas, meses o
años— y recordemos nuestras oraciones de entonces.
Si hubiesen sido satisfechas en el momento solicitado,
nuestra vida habría sido muy diferente. Cada una
de nosotras marcha por un sendero único, el cual nos
proporciona lecciones especiales. Así como los niños
gatean antes de dar sus primeros pasos, nosotras vamos
avanzando lentamente, en una secuencia que supone
no dar más de un paso por vez en dirección a nuestro
progreso.

Nuestros ruegos serán satisfechos algún día; de
eso sí que podemos estar totalmente seguras. Tendrán
respuesta para mayor beneficio nuestro. Lo que hemos

pedido se hará realidad en el momento, el lugar y el modo indicados.

Formo parte de un mundo que trasciende a mis plegarias individuales, mundo que ha sido cuidadosamente organizado. Desempeñaré con brillantez la parte que me corresponde, y aprenderé a ser paciente.

• ABRIL 25 •

Todo, incluso la oscuridad y el silencio, contiene maravillas, de manera que debo aprender a ser feliz en mis circunstancias, cualesquiera que éstas sean.

HELEN KELLER

Basta con que las busquemos, nos dejemos tocar por ellas y creamos en su realidad para que en todo momento descubramos extraordinarias maravillas, junto con cuyo reconocimiento y celebración llegará para nosotras la alegría que anhelamos y aguardamos.

Para acceder al conocimiento de la esencia espiritual de la vida no tenemos más que ponernos en sintonía con el momento actual. Perdemos nuestro tiempo si pretendemos hallar paz, felicidad y satisfacción fuera de nosotras mismas, porque ahora y siempre, en todas nuestras experiencias, no encontraremos nada de eso sino en nuestro interior.

Permitamos que las experiencias de la vida se derramen sobre nosotras, pero no pretendamos prolongar las nuevas situaciones en momentos diferentes y lugares distantes, reconocida fuente de malestar que nos impide gozar de los dones que se nos están ofreciendo en el presente. De nosotras depende tomarlos o dejarlos.

Seamos felices ahora, vibremos con la constatación de que en este preciso instante todo es luz en nuestra vida y de que así permanecerá siempre. La vida está llena de misterios y maravillas que sólo se nos revelarán si mantenemos los ojos bien abiertos.

Sigo en mi marcha hacia adelante, al igual que todas mis

compañeras. Estoy en la mira, pues participo en un drama glorioso y magnífico. No me queda más que saltar de alegría: he sido bendecida con sin igual generosidad.

El dolor es el origen del conocimiento.

SIMONE WEIL

No nos gusta sufrir. Preferiríamos ser eximidas de pasar por situaciones que sabemos serán penosas. Quizá hasta en nuestras oraciones hemos pedido vernos libradas de experiencias dolorosas, que sin embargo se nos presentan, y a veces en abundancia. Lo asombroso es que, al vivirlos, no sólo salimos triunfantes de nuestros periodos de sufrimiento, sino que además somos capaces de sacar de ellos un gran provecho.

Parecería que el dolor nos llevara hasta el límite de nuestras fuerzas y nos obligara a recurrir a los demás en busca de auxilio, pero lo cierto es que también nos impulsa a considerar nuevas opciones en nuestra situación actual. El sufrimiento es nuestro común denominador como mujeres y como integrantes de la familia humana. Nos hace más sensibles para con las otras personas, estimula la comprensión mutua y nos ayuda a darnos cuenta de que necesitamos de los demás.

Si, en lugar de negarlo, aceptamos el hecho de que el dolor es uno de los componentes de la vida, adquiriremos nuevos conocimientos y nos armaremos de una conciencia más clara. El viaje que estamos efectuando nos acerca cada vez más a la luz. Veamos en nuestros problemas y nuestras crisis la preparación que requerimos para seguir avanzando por nuestra senda.

Cada vez aprendo más cosas porque así lo necesito. Cuando el alumno está preparado, el maestro no tarda en aparecer.

Hay mucho que decir, pero también mucho que callar. Hay cosas que incluso valdría más que no se dijeran, aunque muchas de ellas terminan por convertirse en una carga.

VIRGINIA MAE AXLINE

A pesar de los riesgos que ello entraña, muchas veces quisiéramos compartir con alguien un sentimiento, un comentario o aun una crítica, sin saber si esa persona se sentirá herida u optará por alejarse de nosotras.

La atención que les debemos a los demás nos obliga en ocasiones a no hacerles saber directamente lo que pensamos. Sopesar y calibrar el resultado posible y atenernos a alguna orientación interna puede ayudarnos a decidir en qué momento debemos hablar y cuando es preciso que guardemos silencio. Sin embargo, si nuestras ideas están dañando seriamente nuestra relación con cierta persona, no debemos permitir que se mantenga mucho esta situación.

A veces es necesario purificar el ambiente, lo cual suele ser muy refrescante en todo tipo de relaciones humanas. El momento indicado de hacerlo es difícil de decidir, pero en la quietud de nuestro interior siempre nos será posible determinar cuándo ha llegado la circunstancia en la que debemos expresarnos. Esta guía nuestra es por lo general muy atinada. El momento preciso llega por sí mismo. Las palabras adecuadas que hemos de usar residen también dentro de nosotras, en aquellos espacios de nuestro interior habitados por la paz.

Si me siento a disgusto con cierta persona, y pasado el tiempo *esa sensación no desaparece, elegiré con toda prudencia lo que haya de decirle. Abriré confiadamente mi inteligencia y me interrogaré acerca de los pasos que debo dar. Después, aguardaré con paciencia la ocasión de hablar.*

> El sufrimiento... no importa cuán vasto sea... es siempre individual.
>
> ANNE MORROW LINDBERGH

Aunque saber que los demás también han pasado por experiencias terribles nos llena de esperanza, no por ello nuestros sufrimientos personales disminuyen. No tendría por qué ser así, puesto que, no lo olvidemos, las penas son vías de conocimiento, además de que nos motivan a apreciar los momentos luminosos y llevaderos. Cuando hemos padecido intensos dolores, el gozo que nos producen ciertos hechos nos resulta más vívido.

Nuestros sufrimientos son exclusivos e individuales y tenemos que arrostrarlos en soledad. En cambio, es dable que compartamos con los demás las penosas experiencias que hemos vivido, lo que en consecuencia reducirá el impacto que hayan tenido sobre nosotras. Si le hacemos saber a otra mujer lo que hemos sufrido, reafirmaremos asimismo su convicción de que ella también pueda salir avante a pesar de sus problemas.

El sufrimiento nos hace más humanas, nos ayuda a mostrar compasión y amor por los demás. El efecto más extraordinario del don del dolor es el desarrollo en nosotras de un sentido de pertenencia a la raza humana, lo que nos lleva a reconocer la realidad de la interdependencia y de nuestra semejanza con los demás.

Cada uno de nuestros sufrimientos, tanto los míos propios

como los que las demás personas comparten conmigo, me fortalecen y curan las heridas que me ha producido mi distanciamiento de la gente a mi alrededor.

El amor entre dos personas es algo maravilloso. No es un acto de posesión. Ya no necesito poseer a la otra persona para sentirme completa. El verdadero amor es una fuente de libertad.

ANGELA L. WOZNIAK

La inseguridad despierta el deseo de poseer. Cuando no confiamos en nuestra propia capacidad y sentimos que no estamos respondiendo cabalmente como mujeres, madres, parejas o trabajadoras, recaemos en antiguos comportamientos y aun en hábitos dañinos, o recurrimos a otras personas en las que es imposible que encontremos lo que nos hace falta porque cambian y se alejan intermitentemente de nuestro lado. Entonces volvemos a sentirnos perdidas.

La integridad del ser es producto del desarrollo espiritual. Mientras más se consolida nuestra conciencia de que nuestro poder superior se ocupa de nosotras, más amplia es la paz que experimentamos. Tengamos fe en que estamos transformándonos en la persona que es preciso que seamos. Para ello, basta con que creamos en nuestra comunión con ese poder superior. Permitamos que la fe se apodere de nosotras; si lo hacemos de esta manera ya nunca ansiaremos apoderarnos de otras personas.

El amor de Dios está presente en nosotras a cada momento. Lo único que se nos pide hacer es que lo reconozcamos. Si aceptamos la realidad de este amor permanente, nos sentiremos personas íntegras y dejaremos de dudar de nosotras mismas. Asirse a los demás es una trampa, tanto para nosotras como para ellos, que impide todo desarrollo.

———————————————

La libertad de vivir, crecer y desplegar todas mis capacidades está tan al alcance de mi mano como la fe. Me prenderé únicamente de ella, lo que me hará descubrir que mi corazón y el de las personas a las que quiero están llenos de amor.

Quizá ya nos hemos acostumbrado a cambiar, pero aun así, todo cambio —de ropa, en nuestro corazón o en nuestra vida— suscita en nosotros cierta zozobra.

JOSEPHINE MILES

Solemos sentirnos satisfechas cuando contribuimos a la resolución de algún problema, sobre todo si se trata de un caso de sufrimiento. Deshacerse de una pena o cambiar una situación laboral, doméstica o matrimonial sólo es posible si se cuenta con el estímulo y apoyo de los demás. Sin embargo, lo más importante es tener fe en que el cambio será benéfico, aun si para ello como suele ocurrir el dolor debe ser mayor.

Quizá nos preguntemos por qué nos llevó tanto tiempo darnos cuenta de esto. Generalmente olvidamos que es imposible abrir una puerta si nos hemos cerrado la anterior, aunque lo más destacable en este caso es que la nueva se abrirá irremisiblemente.

El dolor por el que hemos pasado nos impulsa a enfrentar nuevos retos, nuevas oportunidades y un nuevo desarrollo.

Confiemos en nuestra capacidad para manejar el cambio y controlar nuestro crecimiento. Nunca se nos da más de lo que podamos manejar; se nos otorga justamente lo que necesitamos.

Nuestras experiencias por sí mismas no pueden prepararnos a controlar todo lo que se derive de un cambio en nuestra vida. No obstante, la confianza que hemos depositado en nuestras amigas y la fe que tenemos en

nuestro proceso espiritual nos ayudarán a salir adelante
y a afrontar con serenidad todo lo que se nos presente.

---

*Si el día de hoy me veo en la necesidad de realizar un cambio
de cualquier tipo, recordaré de inmediato que no estoy sola.
Trátese de lo que se trate, será lo indicado para mí y lo que mi
bienestar demanda. La vida consiste en un perpetuo desarrollo. La siguiente etapa de mi vida está aguardándome.*

MAYO

> Deberíamos desconfiar de las palabras, porque no es raro
> que se conviertan en jaulas.
>
> VIOLA SPOLIN

Cuando etiquetamos a personas y experiencias, nos hacemos un daño grave porque tendemos a limitarnos a los alcances del sello que hemos impuesto, reducimos el foco de nuestra visión y perdemos magníficas oportunidades de entendimiento. Asimismo, con ello influimos en las ideas que las personas puedan hacerse de nosotras; alguien ha dicho, con notorio acierto, que enseñamos a las personas cómo deben tratarnos. ¿Hemos enseñado a la gente a no esperar nada de nosotras, porque siempre estamos retraídas? ¿Destruimos la idea que se ha hecho de nuestras potencialidades en razón de que ni siquiera se nos ocurre pensar que somos capaces de resolver lo que se nos presente?

Tendemos a convertirnos en la persona que hemos planeado ser.

Con todo, nuestro plan es susceptible de reformas en cualquier momento. Podríamos empezar a mejorarlo ahora mismo. La mayoría de las personas que nos rodean ya lo han hecho.

Ha llegado el momento del estímulo. Somos quienes debemos ser, y más que eso. Contamos con todo el apoyo que necesitamos para realizar lo que se pide de nosotras, nuestra belleza interna ya sólo aguarda que la motivemos para mostrarse en todo su esplendor. Si nos proponemos sonreír de corazón a lo largo de es-

te día, escaparemos de nuestras jaulas. Nos espera
una nueva vida.

---

*Debo estar atenta a las ocasiones en que me hago daño a mí
misma, para intentar evitarlas en el futuro. ¡Sé que puedo
lograrlo!*

El amor embellece a la humanidad como ninguna otra cosa.
LOUISA MAY ALCOTT

Enfrentar la vida con la cabeza en alto y una sonrisa en el rostro atraerá hacia nosotras a toda clase de personas y situaciones afortunadas. Las condiciones de nuestro mundo más cercano dependen de nuestras actitudes, lo cual no quiere decir que los problemas desaparezcan por nuestra sola voluntad, pero sí que pueden representar magníficas oportunidades de desarrollo personal, dones que estamos en posibilidad de recibir. Cuando el alumno está preparado, aparece el maestro. Los obstáculos que surgen a nuestro paso nos animan a ir más allá de nuestra conciencia presente, y nos permiten descubrir que somos más fuertes y creativas de lo que habíamos imaginado. Hasta cierto punto, nuestra autoestima es resultado de nuestra capacidad para resolver los problemas que se nos presentan.

Si iniciamos el día con una actitud negativa, las experiencias que vivamos durante su transcurso nos resultarán desastrosas. Un simple malentendido puede derivar en una situación grave cuya resolución implique la energía de muchas personas. A su vez, una actitud confiada, paciente y amorosa puede hacer de una situación grave una positiva experiencia de aprendizaje para todos los involucrados.

Sonríamos para hacer hermoso nuestro día, y no dejemos de hacerlo en todas las experiencias que se nos acumulen hoy. La manifestación de nuestro amor a todas las personas que se cruzan a nuestro paso nos garantiza la amorosa expresión de los demás.

———————————

¡Cuántas son las cosas que puedo hacer este día! Si me decido, puedo seguir adelante con una profunda sensación de amor; viviré así un día magnífico y se lo haré vivir a los demás.

Las bellas y excepcionales experiencias de revelación divina son momentos en que se nos conceden dones muy especiales. No obstante, vivimos ya con dones especiales que forman parte de nuestro ser, al tiempo que la vida nos da la oportunidad de descubrir y desarrollar los dones que Dios nos otorga.

JEANE DIXON

¿Sabemos en verdad cuáles son nuestros dones? Es indudable que poseemos algunos, y ahora que estamos absteniéndonos de beber se nos presentan a diario muchas oportunidades de compartirlos con los demás. Hacer partícipes a otras personas de los dones que nos han sido concedidos no sólo nos llena de alegría, sino que también nos lleva a amarnos más a nosotras mismas. Siempre es bueno saber que somos muy importantes para los demás.

Muchas de nosotras vinimos a dar a este programa en condiciones terribles, embargadas ya sea por la cólera o la vergüenza. La vida nos había abandonado a nuestra suerte, y apenas si podíamos decir que conservábamos un hálito de energía. Ignorábamos entonces que en nuestro interior había algo que bien podíamos ofrecerle a la humanidad, de lo cual estamos seguras ahora aunque todavía lo olvidemos de vez en cuando. Tenemos que obligarnos a reconocerlo siempre.

La razón de existir de nuestros abundantes talentos es su utilidad para las demás personas. Probablemente somos muy brillantes en la expresión oral de nuestras ideas, quizás escribimos magníficamente, o tal vez poseemos adicionalmente el talento de la música o de la administración. Nuestro ser interior conoce nuestras potencialidades; escuchemos su voz. El día de hoy nuestro mayor talento debería ser escuchar a una amiga con toda atención en el momento en que ella más lo necesite.

Dios llama mi atención para que dirija mi energía a la plena utilización de mis muy especiales talentos. Estaré alerta para ponerlos al servicio de los demás en cuanto sea necesario.

Alcanzar la realización individual es un extraordinario motivo de paz.

GERTRUDE STEIN

El éxito está a nuestro alcance. Con sólo leer estas palabras ya estamos experimentándolo. En este preciso instante, nuestro compromiso con nuestra propia recuperación es toda una señal de éxito, lo que genera paz en nosotras cada vez que hacemos a un lado nuestros problemas y les ayudamos a los demás a resolver los suyos. Dado que pretendemos la perfección, tenemos fija nuestra vista en ella; solemos pasar por alto nuestras pequeñas y permanentes hazañas de todos los días. La serenidad que el programa nos transmite nos permite proceder de esta manera, pero bien *sabemos* que estamos triunfando. Cada día de nuestra abstinencia es un triunfo para nosotras.

Pensemos en aquellos tiempos —quizá nos haya ocurrido apenas ayer— en que escuchábamos a nuestras amigas por obligación o concluíamos un trabajo por el solo motivo de que así se nos exigía. Tal vez teníamos por costumbre iniciar proyectos que luego dejábamos infaltablemente de lado. El éxito no es otra cosa que emprender acciones positivas.

Cuando éramos jóvenes se nos hizo creer que el éxito adoptaba formas muy específicas y restringidas, de manera que no nos quedaba sino pensar que éramos unas fracasadas. Ahora precisamos de definiciones nuevas, y de una clara voluntad para desechar las antiguas. Para fortuna nuestra, el programa nos está ofreciendo esas nuevas definiciones.

Cada persona y situación que se me presenten este día pueden ayudar a mi éxito, del mismo modo que mi actitud puede contribuir al éxito de los demás.

Quiero ser para ti una columna de fuerza y cargar sobre mis hombros el peso del mundo. Cuando pases por mi vida, asómate a verla; pero no te acerques demasiado, no sea que alcances a distinguir mi lado vulnerable.

DEIDRA SARAULT

Como seres humanos, somos fuertes y vulnerables por igual. Nuestra vulnerabilidad impide que nuestra fuerza haga de nosotras personas severas, inflexibles y autosuficientes. Nuestra fragilidad incita a los demás a abrirnos su corazón y a expresarnos el amor que sientan por nosotras.

Aprendimos desde hace mucho tiempo que teníamos que ser "fuertes". Se nos exhortó a no necesitar la ayuda de nadie; es por eso que ahora nos cuesta trabajo pedir ayuda, aunque cada vez nos resulta menos difícil gracias a que vamos comprendiendo mejor nuestras necesidades humanas y adquiriendo una conciencia más plena de la ayuda espiritual que se ha puesto a nuestra disposición.

Ya no necesitamos ni de medicamentos, ni de alcohol, ni de comida en exceso, ni de amoríos para sentirnos fuertes.

Toda la fuerza que requerimos se encuentra ya en nuestro interior. Somos en este momento una columna de fuerza que se ha liberado ya de cargas inútiles.

Nuestra potencia es la gracia que procede de nuestra comunicación con un poder espiritual capaz de aligerar nuestra carga.

Nuestro ser vulnerable predispone a nuestra alma

en favor del fluido de la fuerza, el cual nos invade con sólo pedirlo en nuestras oraciones.

Seré tan fuerte como lo necesite cada vez que recurra a la fuente espiritual que está aguardándome. El día de hoy pondré en juego no sólo mi fuerza, sino también mi fragilidad.

> Tendemos a concebir a la razón como el orden supremo,
> pero lo cierto es que son las emociones las que sellan nuestra
> vida. Es más lo que aprendemos luego de diez días de
> agonía que después de diez años de tranquilidad.
>
> MERLE SHAIN

El dolor nos violenta, nos impulsa a salir en busca de los demás, nos incita a orar y nos convida a depender de muchos recursos, sobre todo de los que se hallan en nuestro interior.

Sobrellevar y resolver momentos penosos nos ofrece la oportunidad de desarrollar nuestro carácter, porque el dolor es fuente de sabiduría, y al mismo tiempo nos prepara a estar en condiciones de ayudar a otras mujeres que pasen por experiencias similares a las nuestras. Nuestros sufrimientos van acumulando en nosotras un saber profundo que puede ser útil a alguien que se siente perdido y precisa de nuestra dirección.

Si reflexionamos en nuestro pasado, caeremos en la cuenta de que, ya fuera en el último mes o en el último año, sufrimos a causa de la pérdida de un amor, por la carencia de trabajo y los múltiples compromisos económicos, por el hecho de que alguno de nuestros hijos haya abandonado el hogar o por la muerte de un ser querido. Tal vez en su momento creímos que no podríamos soportar el dolor, pero de algún modo lo logramos y terminamos sintiéndonos satisfechas de nosotras mismas. Haber afrontado nuestro dolor nos fortaleció.

Lo que aún ahora solemos olvidar es que no tenemos por qué vivir solas los momentos de aflicción. El desfallecimiento que acompaña a una situación dolorosa deja de abrumarnos rápida y silenciosamente gracias a la intervención de nuestro ser superior, al que basta con que lo llamemos para que se haga presente en nosotras.

Deseo con ansia la serenidad. La merezco. Sin embargo, sin las penas de la vida sería incapaz de distinguir el valor del reposo.

La pretensión de guardar las apariencias innecesariamente puede igualarse con el acto de ponernos una máscara de "perfección" que agota lo mejor de nuestras energías.

ROBIN WORTHINGTON

Con cuánta frecuencia nos empeñamos en aparentar lo que no somos: mujeres atractivas, seductoras y extremadamente inteligentes. Quizá ya hemos perdido demasiada energía en intentarlo. Es probable que en la actualidad ya estemos desarrollándonos con plena aceptación de lo que somos. Aun así, ¿acaso no sigue inquietándonos el deseo de proyectar una imagen diferente?

Cada una de nosotras ha sido dotada de cualidades únicas. No hay una sola mujer que sea idéntica a nosotras. Nuestras muy particulares características no pueden proyectarse más que de una sola manera: la propia.

Nuestro proceso de recuperación nos permite saber que somos perfectas en nuestro estado. Cuando nos arrojamos a cada experiencia en absoluta conformidad con nosotras mismas, vivir se nos hace más fácil, además de que podemos extraer mayor riqueza de cada momento. Ser simple y sencillamente nosotras mismas nos ofrece un beneficio adicional: por primera vez en nuestra vida escucharemos, veremos y comprenderemos verdaderamente a los demás.

Sólo puedo concentrarme en una cosa o en una persona a la vez. El día de hoy dejaré de pensar exclusivamente en mí misma y me llenaré de las experiencias que pueda compartir con los demás.

Esperar demasiado de los demás supone una visión senti-
mental de la vida, una ingenuidad que suele degenerar en
amargura.

FLANNERY O'CONNOR

Albergar expectativas desmesuradas es la base misma de la frustración. Las expectativas demasido eleva-
das se prestan a una vida fantasiosa, y la realidad nunca
podrá coincidir con nuestras ilusiones. Si permitimos
que las fantasías se apoderen de nosotras hasta confun-
dirlas con la realidad —o con nuestro deseo de que
fuesen reales—, nos exponemos infaliblemente a que la
aparición de lo verdaderamente real nos cause un daño
enorme, luego de lo cual nos sentiremos engañadas y
llenas de rencor: "¿Por qué tuvo que pasarme esto precisamente a mí?"

Antes de que emprendiéramos nuestro proceso de
recuperación nos solazábamos en ambiciosas expectativas, que todavía ahora nos siguen acosando. Por sí
mismos, nuestros sueños y aspiraciones no son malos;
¿Cómo podrían serlo si gracias a ellos nace en nosotras
el deseo de alcanzar metas más altas? Sin embargo, es
muy diferente anhelar convertirnos en personas responsables que generar ilusas expectativas de cómo seremos o deberíamos ser.

*A cada instante se me ofrece la posibilidad de tener nuevas
aspiraciones que van de acuerdo con la realidad. Estaré alerta
y receptiva a los dones que ésta quiera entregarme.*

Aguardar la presencia de alguien o desear que una persona enriquezca, complete o satisfaga mi vida puede mantenerme en un estado de suspenso que me impida gozar de los fugaces momentos de mi existencia, que no se repetirán nunca.

KATHLEEN TIERNEY CRILLY

Los pasos que daremos el día de hoy no podremos darlos nunca más de la misma manera. Las ideas que nos vienen a la cabeza son nuevas y originales, y nunca habrán de repetirse.

Todo lo que la vida nos ofrece en este momento no volverá a presentársenos jamás.

Somos nosotras, y nadie más, quienes a través de nuestras experiencias iremos forjando nuestra felicidad y generando nuestra propia riqueza. Lo que obtengamos podemos compartirlo con las personas a las que amamos, pero ellas también, al igual que nosotras, deben buscar su acceso individual a una satisfacción duradera. Nadie es totalmente responsable de la felicidad de otra persona, de manera que sería absurdo que la esperáramos de alguien.

La plenitud de la vida que todas nosotras ansiamos es el resultado natural de vivir cada momento hasta el colmo de nuestras posibilidades. Nuestro poder superior no nos conducirá nunca hasta aguas muy profundas. Una vez que, voluntariamente, hayamos volcado nuestra vida y nuestros deseos en beneficio de los demás, descubriremos que las riquezas, las realizaciones y las satisfacciones, nos pertenecen en abundancia. La fe en Dios responde a todas las preguntas y resuelve todos los problemas.

Gozaré intensamente cada uno de los momentos de este día, pues todos serán especiales y no volverán jamás.

Así como los buenos, los malos momentos tienden a llegar en serie.

EDNA O'BRIEN

Suele ocurrir que las dificultades se nos presentan una tras otra hasta darnos la impresión de que no terminarán nunca. Las penas: atraen hacia nosotras nuevas penas: problemas con nuestros seres queridos, en el trabajo, con nuestra apariencia personal, etcétera. El origen de todos estos conflictos radica en una actitud negativa de nuestra parte, algo contra lo que muchas de nosotras —algunas más, otras menos— no hemos dejado de batallar.

El invariable arribo de buenos momentos suscita en nosotras una actitud positiva, que es precisamente lo que tanto hemos buscado.

Nuestra actitud ante la vida es siempre un factor determinante. Influye poderosamente sobre nuestras experiencias. Cuando adoptamos actitudes positivas y confiadas podemos tolerar situaciones difíciles con relativa facilidad. No obstante, a menudo nos olvidamos de que poseemos en nuestro interior una fuente de energía que nos permite resolver todos nuestros problemas. Así, somos incapaces de advertir la sencilla verdad de que, en éste y en todos los momentos por venir, todo lo que nos ocurra será en nuestro bien. En condiciones agradables, nuestro ánimo es alegre y feliz; deberíamos conservarlo a pesar de que nuestra situación no nos ofrezca una cara amable.

Me esforzaré por darle a mi vida un giro absoluto. Cambiaré el sabor de todo tipo de experiencias que este día viva. Daré libre curso a mi espíritu para no perder de vista que todo es positivo.

> Como Sócrates, todos los seres humanos tenemos un espíritu acompañante: dichosos aquellos que siguen sus indicaciones. Tal vez no siempre nos diga todo lo que debemos hacer, pero nunca deja de advertirnos lo que no debemos hacer.
>
> LYDIA M. CHILD

Nuestro espíritu es nuestro guía interior, y *nunca* nos da indicaciones erróneas. Como seres humanos que somos, nos resulta demasiado fácil hacer caso omiso de la voz que surge de nuestro interior y que algunas personas llaman conciencia. Con mayor o menor periodicidad, nuestra conducta contradice lo que nuestra conciencia determina como correcto, lo cual no puede más que provocarnos pesar.

Estamos empeñadas en ser saludables, tanto en lo emocional y espiritual como en lo físico. Cada día podemos avanzar un poco.

Cada una de las acciones que llevamos a cabo nos coloca frente a una disyuntiva, es éste justamente el momento en que debemos consultar a nuestro espíritu, a nuestra conciencia. Las decisiones correctas dan lugar a acciones correctas de beneficio espiritual y emocional tanto para nosotras mismas como para las personas que nos rodean.

Es sumamente tranquilizador saber que podemos fiarnos de nuestra voz interna, gracias a la cual nunca estaremos solas ni tendremos que tomar decisiones sin la intervención de alguien más; tampoco llevaremos a cabo nunca acciones equivocadas. La asociación entre nosotras mismas y nuestro espíritu nos proporciona una sensación de seguridad.

———————————

Permitiré que todo este día se mantenga una relación entre mi persona y mi espíritu.

Deberías modificar la idea que tienes, tan tosca y errada, acerca de dónde está la felicidad. Quizá los moralistas tengan razón y la felicidad no se encuentre ni en el placer ni en la comodidad

JOANNA FIELD

Pretendemos saber qué es lo que nos hará felices, pero no estamos dispuestas a aceptar que los momentos de dolor son generalmente parte del precio que debemos pagar por nuestras épocas de felicidad y paz. Por lo común somos incapaces de darnos cuenta de que la felicidad reside en nuestro interior y no es una propiedad de los acontecimientos que vivimos. Dado que buscamos "afuera" nuestros motivos de contento y esperamos verlos llegar a nosotras envueltos para regalo, dejamos pasar la alegría que se desprende del hecho de estar vivas y de poseer una existencia plena. ¡Qué equivocado era nuestro concepto de felicidad antes de que nos integráramos a este programa! ¡Cuán inútil nuestra búsqueda!

No es fácil el camino que estamos recorriendo, pero la felicidad nos asalta cada vez que, en efímeros momentos, conseguimos salir de nosotras mismas y poner toda nuestra atención en la gente con la que compartimos nuestra vida. Si es justamente en esos momentos cuando nos sentimos felices, es porque la felicidad siempre ha estado en ellos, pues nos invade cada vez que abrimos nuestro corazón para dar y recibir amor. Estar al lado de una persona en el instante en que nos necesita es la única llave con la que puede abrirse la puerta tras la que se esconde la felicidad.

El día de hoy le prestaré ayuda a alguien, con lo cual sentiré de inmediato el poderoso renacer de la felicidad.

> Los milagros son espontáneos, no puede invocárseles; suelen llegar por sí solos y generalmente en los momentos y para las personas menos esperados.
>
> KATHERINE ANNE PORTER

Quienes marchamos por la senda de la recuperación vinimos a dar a ella milagrosamente. A menudo sentíamos que ya habíamos perdido todas nuestras esperanzas. Pedíamos ayuda sin mayor ahínco y a nadie en particular; sin embargo, esa ayuda llegó. Lo más probable es que ni siquiera sepamos cómo sucedió. Pero basta con que nos miremos las unas a las otras para apreciar el milagro que se ha obrado en nuestra vida.

Aún tenemos días en los que padecemos dificultades extremas; en que parecemos adolescentes incapaces de asumir la responsabilidad sobre nuestra vida, y necesitadas de alguien que, como nuestra madre, pudiera confortarnos y asegurarnos que el dolor pasará. Busquemos compañía cuando se nos presenten días como éstos. Pensemos en lo mucho que hemos avanzado. Nuestras penas, temores e inquietudes disminuirán si sabemos agradecer todos los dones que hemos recibido mediante nuestro proceso de recuperación.

Mi vida no cesa de obrar milagros: cada día me ocurre alguno. Mi gratitud me ayudará a descubrir los que suceden en mi vida y en la de las demás mujeres con quienes recorro el camino de la recuperación.

Las dificultades, las contrariedades y las críticas tienen que ser superadas; hacerles frente y vencerlas produce una alegría muy especial. Si todo fuera fácil, la vida carecería de sentido. Me pregunto si habría tenido caso venir al mundo en esas condiciones.

VIJAYA LAKESHMI PANDIT

Vivir significa pasar por toda clase de dificultades, conflictos y retos. Nuestra forma de proceder ante condiciones adversas determina y al mismo tiempo es determinada por lo que somos.

A fuerza de sufrimientos hemos aprendido que si nos resistimos a darles la cara a los problemas, las adversidades aumentan, y que si, en cambio, aceptamos las cosas como son —confiando siempre en que por su intermedio aprenderemos lecciones muy valiosas—, saldremos vencedoras.

Las dificultades no son otra cosa que oportunidades que la vida nos da para avanzar, para hacer más aguda nuestra conciencia, para realizarnos. Sabemos por experiencia propia, y no nos cansamos de repetírnoslo, que el dolor es una fuente de crecimiento. Enfrentemos todas las situaciones que salgan a nuestro paso con la confianza puesta en que el programa nos ha infundido la fuerza que necesitamos para triunfar. Por extraño que parezca, los retos nos son indispensables si queremos desarrollarnos, lo que a su vez es prácticamente insalvable; de otro modo languideceríamos. Si afrontamos con valor nuestros problemas, que son pasajeros, seremos bendecidas con el don de la felicidad, que es permanente.

———————————————

Todas las dificultades que se me presenten hoy me ofrecerán la oportunidad de ser más feliz y de crecer.

Sólo las mujeres cuyos ojos han sido aclarados por las lágrimas poseen la visión que las hermana con el mundo.
DOROTHY DIX

De la misma manera en que las tormentas que caen sobre nuestras ciudades limpian el aire que respiramos, las tormentas que agitan nuestra vida nos hacen un gran bien, pues sacan a la superficie las plagas que nos consumen.

Quizás aún nos dé miedo ocupar un empleo de mucha responsabilidad; tal vez seguimos peleándonos con las personas a las que amamos. La posesividad es una tormenta muy particular que suele obstaculizar nuestro progreso. Las sacudidas que a veces recibimos nos obligan a reconocer que todavía son muchos los obstáculos que se interponen en nuestro camino; el hecho de reconocerlo es lo mejor que podemos hacer para librarnos de ellos.

Nuestro proceso de recuperación no consiste en otra cosa que en una serie de tormentas, las cuales hacen germinar la semilla de nuestro crecimiento y descongestionan nuestras sucias alcantarillas. Vale la pena dejarse azotar por la tormenta, pues a su ida dejará en nosotras una sensación de paz.

Cada tormenta equivale a un paso adelante con destino a nuestra realización, a nuestra integración plena en una humanidad vigorosa. Y aunque cada una de ellas sea más inclemente que la anterior, nosotras seremos cada vez más fuertes en función de los pasos que ya hemos dado. Así podremos resistir mejor el próximo temporal.

Si este día me resulta tormentoso, no olvidaré que gracias a ello el aire que respire será más limpio.

Amar nos hace vivir, y vivir incrementa nuestro amor.
EVELYN MANDEL

Casi por costumbre no nos ocupamos de otra cosa que de nosotras mismas y del amor de que somos objeto, de modo que dejamos para después nuestro compromiso de amar a los demás. Solemos comportarnos entonces "como si" amáramos a las personas con las que convivimos a diario. Lo que no preveíamos es que si amamos a los demás nos sentiremos más amadas. Vivir y amar confluyen en un solo acto y hacen más llevadera nuestra existencia. Aprendamos a actuar como debemos hacerlo, y para combatir la sensación de artificialidad que ello puede producirnos comportémonos "como si" estuviéramos convencidas de nuestro proceder. Muy pronto notaremos que ese fingimiento deja de sernos necesario: lo que creíamos artificial en nosotras ha pasado a formar parte de nuestra íntima naturaleza.

Puedo actuar como yo lo decida. Cuento con la opción de pensar en las demás personas y de amarlas. El día de hoy optaré por olvidarme de mí misma.

Para poder sentir cualquier cosa, es necesario ser fuerte.
ANNA MARIA ORESTE

La fuerza que necesitamos para llevar a cabo toda labor, para resistir toda presión y para hallar solución a todos nuestros problemas está al alcance de nuestra mano. Si no recurrimos a ella, emplearemos en vano nuestras energías, nos desgastaremos inútilmente, y quizá incluso caigamos enfermas, abrumadas por nuestras preocupaciones.

A cada instante se nos ofrecen innumerables oportunidades de experimentar el arrebato de la vida. Gracias a nuestro proceso de recuperación ahora podemos confiar en nuestros sentidos y volcarnos por entero en cada momento, a sabiendas de que no desfalleceremos, de que adquiriremos nuevos conocimientos y de que se afinará nuestra conciencia acerca del significado de nuestra vida; basta para ello que, en este momento y en este lugar, estemos dispuestas a vivir intensamente todas las experiencias que han sido exclusivamente producidas para nosotras.

Al igual que nuestros músculos, nuestra fuerza se incrementa en la misma medida en que lo hace nuestra flexibilidad. Mientras más recurramos a nuestro poder superior, más accesible será para nosotras la fuente de nuestra energía. Con un poco de práctica terminaremos por acostumbrarnos a permitir que Dios nos ayude a soportar todas nuestras dificultades y a resolver todos nuestros problemas, los cuales dejarán de existir para nosotras en virtud justamente de la participación de Dios en nuestra vida. Aprendamos a abandonar en manos de nuestro poder superior las dificultades de nuestra vida. Por fin seremos libres y podremos disfrutar de las verdaderas alegrías de la existencia.

La fuerza que necesito para afrontar todo lo que me preocupa ha sido puesta a mi disposición. Hoy me liberaré de todas mis inquietudes y permitiré que Dios venga en mi ayuda.

Cuando sufrimos enfermedades, pobrezas o desdichas, pensamos que el día en que cesen seremos felices, pero en el fondo sabemos que no es cierto, porque tan pronto como dejamos de sufrir aparece en nosotros un nuevo motivo de insatisfacción.

SIMONE WEIL

Quizá es propio de la condición humana no sentirse satisfecha nunca y no dejar de pensar en "qué sucedería si..." No obstante, nuestra aceptación de todas las cosas y todos los momentos será mayor cuanto más denodada sea la búsqueda de nuestra realización espiritual.

Una y otra vez se nos ha dicho que la felicidad se encuentra dentro de nosotras mismas, pero ¿qué significado podría tener esta afirmación en caso de que nos quedáramos sin trabajo y, por consiguiente, sin la posibilidad de mantener a nuestros hijos, o de que nuestro automóvil se descompusiera y no tuviéramos dinero ni para repararlo ni para solventar otros medios de transporte, o que de pronto nos sintiéramos muy mal y no supiéramos a quién recurrir ni en dónde refugiarnos? En estas condiciones, decir que "la felicidad está dentro de nosotras mismas" carece de todo sentido.

Sin embargo, no por ello deja de ser cierto que, en cualquier situación, nuestra seguridad reside en nuestro interior, y que basta con que la convoquemos para que la veamos surgir. Y nuestra seguridad es interior porque es ahí donde se aloja la fuerza con la que hemos sido bendecidas, fuerza que procede de ese poder más apto que nosotras. "Ir hacia dentro de uno mismo" es un acto cuya práctica implica la decisión expresa de llevarlo a cabo; una vez tomada, se requiere paciencia y serenidad. La paz nos alcanzará después.

Dejaremos de buscar satisfacciones externas cuando hayamos aprendido a recurrir a nuestra fuerza interior, en la que en vez de sufrimiento hallaremos tranquilidad.

Me sumergiré en mi interior cada vez que sienta el acoso de la insatisfacción. Buscaré ahí mi alegría y bienestar y constataré que me encuentro bajo el influjo del orden divino.

Sólo una persona puede cambiar tu vida: tú.

RUTH CASEY

Cambiar no es fácil, pero sí absolutamente inevitable. Se cerrarán puertas, surgirán barreras, aumentarán las frustraciones... Nada permanece en el mismo estado para siempre, y pretenderlo sería una aberración. Los cambios positivos generan crecimiento; gracias a la determinación de correr el riesgo de modificar una conducta o actitud, se perfecciona nuestra percepción de nosotras mismas. Nos sentiremos impulsadas a seguir adelante; cada vez que realicemos un cambio que sólo nosotras podemos hacer, nuestra vida se verá transformada en todos sus aspectos.

Los cambios suelen darnos miedo, a pesar de que sepamos que son ineludibles. Todavía ahora es probable que temamos hacer cambios que sabemos inminentes. ¿Qué será de nosotras? Es difícil aceptar que las consecuencias de los cambios escapan a nuestro control, y que en este caso lo único que nos corresponde aportar es esfuerzo. Pero no perdamos la calma; los cambios positivos nunca nos desviarán de nuestra senda, porque son benéficos para nosotras y los nuestros. Aún más, son indispensables para recorrer el plácido sendero que nos aguarda a la vuelta de esas turbulencias.

Es algo común el que los problemas surgidos de ciertas circunstancias de nuestra vida sean la señal de que debemos cambiar, de manera que mientras más pronto lo hagamos, mejor. Recordemos nuestros cam-

bios recientes, y también los distantes; aceptemos qu‹
les temíamos, pero que han influido en nuestra vida e‹
formas muy positivas y diversas.

Los cambios traen consigo buenas noticias, no malas.

> Nuestros amigos y amigas no eran extraordinariamente hermosos ni hablaban con singular elegancia. Nuestros novios cometían un error tras otro cuando lo que buscábamos en ellos era perfección.
>
> ADRIENNE RICH

Nuestras expectativas tienden a elevarse más allá de la realidad. Deseamos más de lo que tenemos; nos parece que nuestra casa, nuestros seres queridos y hasta nuestro trabajo no están a la altura de lo que quisiéramos. "Si sucediera que...", nos decimos. Pero ha llegado la hora de dejar nuestros "si" y de sentirnos satisfechas de nuestra realidad.

Estamos recuperándonos. Nuestros amigos, amigas y familiares se ocupan de cuidarnos. En este momento tenemos justamente lo que necesitamos; podemos contribuir al bienestar de alguien, y por tanto al nuestro. En nuestra disposición a mirar de frente el día que comienza —a darle algo a otro ser humano—, encontraremos la perfección que tan desatinadamente pretendíamos hallar fuera de nosotras.

El día de hoy miraré en torno mío y agradeceré mi circunstancia. Le haré saber a alguna de las personas que me rodean que me da mucho gusto que estemos compartiendo la vida.

El cambio de un sola conducta puede afectar a otras y modificar en consecuencia muchas cosas.

JEAN BAER

Mediante nuestro comportamiento nos damos a conocer a los demás, y también a nosotras mismas. A menudo descubrimos que nos estamos comportando en forma tal que no progresamos y sólo nos provocamos conflictos; en otros casos, al analizar nuestra conducta nos sentimos sumamente avergonzadas. Partamos de la verdad irrefutable de que nuestro comportamiento nunca nos agradará del todo, luego de lo cual el siguiente paso consiste en decidir que queremos cambiar algunos de los aspectos de nuestra conducta y servirnos del programa como apoyo.

No olvidemos que las imperfecciones son humanas y que por tanto debemos aceptarlas. Sin embargo, siempre es posible cambiar en parte nuestra conducta —dejar de dormir media hora extra y salir en cambio a dar un paseo matutino, por ejemplo—, con lo que lograremos sentirnos de otra manera. Un cambio tan insignificante como el aquí descrito bien puede tener notables efectos en nuestra apariencia y en nuestras actitudes.

Para la mayoría de nosotras, el dilema durante mucho tiempo fue que temíamos no poder cambiar. Ahora sabemos que sí podemos, y que también podemos ayudarles a cambiar a los demás.

Hoy, un pequeño cambio —sonreírle a la primera persona que me encuentre, meditar unos minutos antes de comer, hacer un poco de ejercicio— me ayudará a darle a mi vida un nuevo curso. Además, animaré a otra mujer a sumarse a mis esfuerzos y seguiré firmemente mi camino.

Da todo lo que puedas y entiende hasta donde te sea posible la acción que tu poder superior ejerce sobre ti.

S. H.

Mientras mayor sea nuestra armonía con Dios, mayores serán también nuestras alegrías. Si reconocemos que estamos asociadas a un poder superior, tomar decisiones nos será más fácil, concluiremos todo lo que emprendamos y dejaremos de dudar de la importancia de nuestra realidad, especialmente de la de las personas que nos rodean.

Saber que nunca estamos solas y que en todo momento nuestros mejores intereses serán atendidos nos restará preocupaciones y hará menos gravosos nuestros contratiempos. Las dificultades con las que tenemos que enfrentarnos son las lecciones que nuestro ser interior necesita, además de que gracias a ellas no olvidaremos nunca que contamos con un protector diligente, cuya mirada está siempre atenta a nosotras en todas las circunstancias de nuestra vida.

Cuanto mayor sea nuestra fe en que Dios nos mira a través tanto de nuestras actividades cotidianas como de nuestros problemas, mayor será también nuestra certeza de que todo es bueno para nosotras, de que nuestra vida está en marcha y de que un plan en cuyo centro se halla nuestro mejor interés va desenvolviéndose poco a poco en favor nuestro.

Mi comprensión de Dios y del poder de su presencia depende de cuánta sea mi confianza en Él. Al igual que en el caso de la energía eléctrica, he de conectarme con la fuente de la que proceden la "luz" del entendimiento y la energía, a fin de que durante el día de hoy sea capaz de rencontrar mi camino luego de cada experiencia que salga a mi paso.

Paradójicamente, tu vida y tu alma no carecerán de ataduras hasta que seas capaz de liberar a los monstruos de tu jungla interior.

RONA BARRETT

Todos los seres humanos alojamos monstruos en nuestro interior. Quizá sea la depresión que nos causan nuestras circunstancias pasadas o presentes, o el resentimiento provocado por la conducta de los demás, o el temor a enfrentar nuevas situaciones, o tal vez los celos que sentimos de otras mujeres. Sin embargo, el poder de nuestros monstruos se deriva únicamente de la atención que les concedemos, lo que significa que nuestros celos, nuestra depresión y nuestros temores tienden a incrementarse cuanto mayor es la resistencia que les oponemos.

El programa nos revela el modo en que podemos liberarnos de ellos, y que involucra siempre a los demás. Nuestros monstruos dejarán de dominarnos en cuanto le abramos a otra persona, de par en par, las puertas de nuestro corazón, y le demos a conocer las fieras que nos habitan. Dado que éstas gustan de reposar en la oscuridad de nuestra mente, la luz que podamos llevar a ella las ahuyentará. El programa nos garantiza una luz eterna.

Hoy permitiré que el programa encienda su luz en mi vida. Habrá tanta claridad en mi interior que mis monstruos se verán obligados a huir.

Uno es feliz como resultado de sus propios esfuerzos, pues sólo uno mismo conoce los ingredientes necesarios de la felicidad: gustos sencillos, una cierta dosis de valor, cierto grado de renuncia a los deseos propios, amor al trabajo y, sobre todo, una conciencia clara. Ahora sé mejor que nunca que la felicidad no es un sueño nebuloso.

GEORGE SAND

Suele decirse que podemos ser tan felices como lo deseemos, pero lo cierto es que la felicidad es producto de acciones rectas y conscientes. Todos los días nos preparamos a alcanzarla y planeamos la ruta que seguiremos para arribar a ella, lo que muchas veces presupone determinar cuál es el punto exacto al que queremos llegar.

Quizá durante muchos años nos limitamos a dejarnos arrastrar pasivamente por nuestras circunstancias, pero ha llegado el momento en que debemos desplegar las velas de nuestro navío y hacernos a la mar en pos de nuestro objetivo.

Tal vez nos atemoriza la sola idea de emprender la marcha. Inflamémonos de valor. Ahora, como siempre, no tenemos más que pedir que la fuerza nos invada para que nuestro deseo se haga realidad. Podemos empezar nuestro viaje hoy mismo, aunque demos apenas unos cuantos pasos, y en los días subsiguientes hacer algo, así sea modesto, en bien de la consecución de nuestras metas. Por más pequeña que sea, nuestra realización cotidiana hará surgir en nosotras sentimien-

tos positivos, de los cuales se desprenderá la felicidad
en forma casi imperceptible.

---

*El día de hoy se abre ante mí en toda su vastedad. Decidiré
ahora mismo un curso de acción y lo seguiré rigurosamente.
La ayuda que necesitaré se halla a mi disposición; me basta
con pedirla.*

> Todas nuestras crisis nos dan la oportunidad de renacer, de rencontrarnos como individuos, de elegir el tipo de cambios que nos ayudarán a desarrollarnos y de realizarnos con mayor plenitud.
>
> NENA O'NEILL

Antes de que nos decidiéramos a iniciar nuestro proceso de recuperación, la mayoría de nosotras pasábamos de una crisis a otra. Fueron muchas las veces en las que en lugar de enfrentar los temores que estaban acabando con nosotras preferimos olvidarnos de ellos mediante las drogas y el alcohol, motivo por el cual durante mucho tiempo nos fue imposible percatarnos de que las crisis no son sino vías de desarrollo personal.

Aun ahora en que ya participamos en el programa de recuperación, nuestro cielo se halla más límpido y estamos más satisfechas de nosotras mismas, de pronto alguna crisis puede abatirnos. Sin embargo contamos con la opción de pedir ayuda. Respiremos profundamente, volvámonos hacia nuestro poder superior y escuchemos los mensajes que se nos transmiten a través de nuestros amigos y amigas. Elijamos entonces, entre las muchas opciones a nuestra disposición, la acción indicada que habremos de llevar a cabo en este momento.

La vida es un aprendizaje permanente. Consideremos nuestras crisis como la tarea que debemos preparar para el día de mañana. Su razón de ser no es la de derrotarnos, sino la de ayudarnos a crecer, a fin de que podamos graduarnos y pasar a la siguiente etapa de nuestra vida.

Buscaré con empeño lo que este día tiene que enseñarme; me sentiré feliz de comprobar que estoy avanzando.

Las necesidades, deseos y obligaciones de una persona varían del mismo modo como gira la rueda del tiempo: sin cesar. Cada uno de nosotros debe realizar, en efecto, una serie de "acuerdos" entre los gustos y deseos de su ser interior y las posibilidades y límites del medio exterior.

MAGGIE SCARFF

Es muy probable que la vida no nos haya dado lo que soñábamos, y que no nos haya enseñado precisamente lo que esperábamos aprender. La auténtica sabiduría radica en la serenidad con la que aceptemos las posibilidades reales de desarrollarnos, por más que no coincidan con nuestros deseos.

Nuestros anhelos son como el boceto que elaboramos para redactar un trabajo, un proyecto de investigación: nos indican a dónde queremos llegar y los pasos que daremos para conseguirlo. Sin embargo, conforme nos vamos acercando a nuestro objetivo es por demás probable que nos veamos obligados a realizar algunos cambios. El natural desenvolvimiento de nuestra "tarea" nos va ayudando a perfeccionarla.

En el pasado quizá ni siquiera hicimos el intento de llevar a la realidad muchos de nuestros deseos, pero ha llegado el momento de hacerlo. Entre los beneficios de nuestra recuperación se encuentra esa nueva capacidad para comprender que nuestros anhelos están estrechamente relacionados con nuestro programa espiritual y con nuestra recuperación misma. Sabemos que no estamos solas. Estemos atentas al llamado de esos deseos interiores; seguramente nos están pidiendo que sigamos en marcha.

Hoy puedo dar los primeros pequeños pasos.

El poder espiritual de una persona se revela en su respeto por la vida —tanto la propia como la de todos los demás, incluyendo a los animales y la naturaleza— y en su reconocimiento de una fuerza vital universal, a la que suele llamársele Dios.

VIRGINIA SATIR

Si todos los días dedicamos un momento a reconocer la fuerza espiritual que existe en todas las personas y cosas que nos rodean, aprenderemos a admitir nuestra humildad y admiración ante la vida. Nuestras reflexiones acerca de las relaciones que establecemos con los demás y la necesidad que tenemos de ellos para concluir la magna obra del universo, nos permiten ubicar nuestras adversidades en su verdadera y reducida dimensión y luchar en favor de nuestro desarrollo como seres humanos.

Cada una de las obras que efectuamos en beneficio de los demás incrementa la potencia de nuestra fuerza espiritual y atenúa nuestros conflictos. Nuestro empeño en aceptar tanto las condiciones en las que vivimos como a las personas con las que compartimos la existencia, así como nuestra ansia por controlarlas, se templan cada día en que somos capaces de reconocer y respetar la personalidad y la vida de los demás.

Hoy mismo puedo empezar a aprender que todo en la vida merece mi más absoluto respeto. Buscaré en todas partes la fuerza del espíritu y me esforzaré por encontrarla.

Las habladurías de las mujeres no tienen a veces otro motivo que su deseo de estar cerca de la gente.

JOAN GILBERTSON

Sentirnos solas agudiza nuestro temor a la inadaptación. Cuando nos alejamos de los demás somos presa fácil de la paranoia. En nosotras nunca deja de agitarse el anhelo de sentirnos ligadas a otra persona, de manera que en ocasiones recurrimos a los chismes para acercarnos a la gente y saciar nuestro deseo de sociabilidad.

Todas precisamos de un sentido de pertenencia, ya sea a un grupo de vecinos, a un equipo de trabajo o a una comunidad de amigas, pues la sensación de pertenecer a un núcleo despierta en nosotras la calidez que suele asociarse con la seguridad y el bienestar. Es de este modo como habitualmente conseguimos desvanecer nuestros temores.

El quinto, noveno y décimo pasos del programa nos garantizan la cercanía de los demás que tanto anhelamos. La revelación de nuestro interior consolida los vínculos que de tiempo atrás hemos establecido con muchas personas, lo que en consecuencia reduce el atractivo de las habladurías. La reunión de nuestras debilidades fortalece los lazos que nos tendemos unas a otras.

En adelante deberemos ser cuidadosas en nuestros juicios acerca de los demás, independientemente de que pretendamos transmitirlos bajo la forma de chismes o de que los guardemos en secreto, pues es indudable que tales opiniones fungen como una suerte de termómetro de nuestra propia identidad. La seguridad que nos da el hecho de pertenecer a una comunidad nos libera de la necesidad de juzgar injustamente a las demás personas.

El comportamiento que se deriva de mi soledad no hace otra cosa que aislarme más de la gente. Mi cercanía con los demás será posible cuando, antes que de otras personas, esté dispuesta a hablar de mí.

Muchas mujeres son incapaces de actuar en situaciones angustiosas. Simplemente no pueden reaccionar, ya no digamos de manera eficaz, sino a veces en forma alguna.

STANLEE PHELPS Y NANCY AUSTIN

Sentirse incapaz de actuar es humillante y hasta vergonzoso, y crea hábito. Tal vez nuestra inercia en este caso se deba a un agudo deseo de actuar "correctamente" y al temor que nos produciría fallar. Para nuestra desgracia, nuestro miedo a actuar se reproduce por sí solo, de manera que la única forma en que podemos romper este círculo vicioso es pasar a los hechos y actuar, aun a riesgo de cometer un error. Lo extraordinario es que ninguna acción que emprendamos podrá ser del todo equivocada. Aprenderemos mucho no sólo de la acción, sino también de sus circunstancias.

La reacción ante la vida que ponemos en práctica a través de nuestras acciones no puede menos que ser gratificante para nosotras, pues nos permitirá acumular experiencia y nos hará temer menos la necesidad de actuar en la próxima situación que exija de nosotras una respuesta. Las oportunidades para actuar son los escalones que nos permitirán ascender hasta nuestra madurez emocional. Nuestra aptitud irá mejorando con la práctica. Seremos capaces de forjarnos nuevos hábitos.

Si a pesar de mi temor a equivocarme, paso a la acción, favoreceré mi desarrollo. Sin desarrollo no hay vida. ¡Hoy voy a vivir!

> Dado que la realidad de la vida y la vida misma —nuestro movimiento de un lugar a otro, ya sea en lo físico o en lo mental— no suelen coincidir con lo que habíamos imaginado, esperado o pensado que merecíamos, tendemos a no concluir lo que emprendemos, o ni siquiera a iniciarlo.
>
> SANDRA EDWARDS

Sentirnos permanentemente insatisfechas —descontentas con las experiencias que la vida nos otorga— nos impide crecer. La realidad no debe representar para nosotras una causa de aflicciones, sino de estímulos. La realidad específica que percibimos tiene para nosotras una significación muy especial, pues en ella se encuentran las lecciones que debemos aprender, que nos permitirán darnos cuenta de que lo que la vida nos ofrece es justamente lo que merecemos, y aún más.

Lo que suele fallar no es la realidad, sino la interpretación que de ella hacemos. Sin embargo, conforme nos vamos desarrollando espiritualmente las nubes empiezan a disiparse. Muy pronto seremos capaces de comprender la interacción entre los diversos elementos de la realidad; entonces desearemos seguir nuestro camino y cumplir con la parte que nos corresponde en el vasto panorama de la vida.

A veces no puedo hacer más que creer en que todo lo que me ocurre es por mi bien, aunque no sea lo que yo había esperado. Cuando me sienta mal, recordaré mi pasado; comprobaré así que estoy siguiendo la dirección correcta.

JUNIO

Cuando vamos a la playa, nos resulta imposible recoger todas las conchas que nos gustan; apenas podemos reunir unas cuantas. Pero justamente porque debemos ser selectivos, nos quedaremos con las más hermosas que hayamos encontrado.

ANNE MORROW LINDBERGH

Ser selectivas con nuestras actividades, nuestras amigas y nuestros bienes materiales nos obliga a desarrollar nuestra facultad de apreciación. Una dosis excesiva de algo nos impide conocer sus particularidades. Si nos rodeamos de demasiadas personas, nunca terminaremos de conocer verdaderamente ni siquiera a algunas de ellas; si nos obstinamos en poseer muchos "juguetes" nunca sabremos a cuál de ellos dedicarle nuestro tiempo.

Si no vamos viviendo la vida pausadamente, parte por parte (una concha por vez), nos perderemos el mayor de todos los descubrimientos: el interior de las personas. Cuando nuestra atención por las personas, los lugares y las cosas es un acto consciente y equilibrado, obtenemos la capacidad de advertir su belleza interior, proceso que también nos embellece a nosotras.

Hoy dedicaré algunos minutos a oler las flores.

Ahora me doy cuenta de que todos mis problemas son producto de mi temor y timidez.

ANGELA L. WOZNIAK

Pretender que debemos ser más de lo que somos suele provocarnos muchos problemas. Tememos que no seremos capaces de realizar lo que la vida nos exige, que otras mujeres son más atractivas que nosotras y que nuestros amigos y amigas lleguen a sentirse hartos de nuestra presencia.

Los temores nos estorban, porque nos impiden participar decididamente en las experiencias que se nos conceden en bien de nuestro desarrollo. Cuando, por temor a fracasar, optamos por no intervenir en determinada situación, cometemos otra clase de error: renunciamos a lo que la vida nos ofrece y a nuestras propias posibilidades de crecimiento. Todas las experiencias contribuyen a que nos conozcamos y comprendamos mejor a nosotras mismas. Si las eludimos, estaremos estancándonos precisamente en el mundo que deberíamos abandonar.

No voy a tenerles miedo a las dificultades que se me puedan presentar el día de hoy. Todo lo que se aparezca en mi camino es manejable y contribuye a mi desarrollo. Mi fuerza interior tiene que salir a relucir ante cada nuevo obstáculo.

Déjate conducir por tus sueños... No te precipites, pero no
dejes de avanzar; no te detengas: vive en ascenso permanente.
AMANDA BRADLEY

Todos los seres humanos, soñamos, y buena parte de nuestros sueños son muy especiales. Quizá hemos decidido ocultarlos por temor de que se nos malinterprete o de que se haga mofa de nosotras, o en el mejor de los casos damos a conocer solamente aquellos que suponemos que merecerán la aprobación de los demás. Así, tendemos a atesorar en nuestro corazón nuestros más caros e íntimos sueños, así como aquellos que nos hacen más vulnerables, de modo que en ocasiones pensamos, no sin cierta ingenuidad, qué ocurriría si los demás "supieran que..."

Ahora estamos convencidas de que nuestros sueños no carecen de una poderosa *carga espiritual* y de que son dones que nos impulsan hacia adelante. Del mismo modo que en las operaciones marítimas el capitán es el responsable del buen curso de las naves y de su correcta dirección hacia su destino, nuestros sueños ejercen en nuestra vida una función orientadora. Quizá lo que nos desespera es el que para que todo sueño se haga realidad se precisa de mucho tiempo y esfuerzo, pero debemos comprender que la vida es un proceso interminable. El éxito es el resultado de la suma de los avances que conseguimos centímetro a centímetro, paso a paso.

Este día mis sueños se encargarán de guiarme. Daré el primer paso a fin de que se hagan realidad.

El objetivo de toda la gente es ser feliz. La vida puede ser muy distinta según el caso, pero en el fondo su propósito es el mismo.

ANA FRANK

Parecería que la felicidad está al mismo tiempo muy cerca y muy lejos de nosotros. Quizá la hemos buscado en una persona, un trabajo o una prenda (un abrigo por ejemplo), pues creemos que merecemos ser felices. Sin embargo, poco a poco vamos aprendiendo que nunca hallaremos la felicidad si no la buscamos dentro de nosotras mismas, porque la gente se separa de nuestro lado, los trabajos se agotan y la ropa pasa de moda. Todo termina por escapársenos.

Lo que nunca escapará de nuestras manos es la felicidad que procede del conocimiento tanto de nosotras mismas como de nuestra participación en la magna obra del Creador. Somos personas únicas; en el mundo no hay ninguna otra persona que pueda ofrecer lo que sólo nosotras tenemos. Somos necesarias, y saberlo con toda certeza nos hace felices.

Antes de que encontráramos este programa, no nos dábamos cuenta de nuestro real valor. Ahora lo sabemos y debemos felicitarnos por ello. Celebremos nuestro valor y nuestra excepcionalidad y colaboremos con nuestra parte a integrar el plan divino general, al tiempo que apreciamos también la participación de los demás.

Entre todos componemos una gran orquesta. El director lee la música y conduce los movimientos; estar en sintonía con Él es lo que se llama felicidad. Para alcanzarla, todo lo que tengo que hacer es ejecutar la parte de la sinfonía que me corresponde.

La ansiedad que experimento cada vez que una mujer atractiva entra a mi oficina es la señal de que en ese momento debo acercarme más a Dios.

ANÓNIMO

Ahora y siempre, nuestra seguridad descansa en nuestra relación con Dios, pues mientras vivimos en comunión espiritual con Él gozamos de una extraordinaria confianza en nosotras mismas y dejamos de dudar del valor que tenemos para los demás. Una amistad activa con Dios nos mantiene siempre conscientes de que todo lo que nos sucede es positivo, de que las personas con las que convivimos también están recorriendo junto a nosotras una senda trazada por designio divino y que habrá de conducirlas a un punto especial en bien de su desarrollo.

Es muy lamentable, pero es verdad, que en el pasado la mayoría de nosotras hayamos tenido experiencias desagradables con otras mujeres, alguna de las cuales quizá nos arrebató a nuestro novio o esposo. De ahí que nos resulte difícil creer que todo lo que el futuro tiene reservado para nosotras será en nuestro beneficio, y convencernos de que nunca más tendremos motivos para desconfiar de otra mujer.

Todos los días el programa nos ofrece la oportunidad de hacer un recuento de nuestros bienes para cerciorarnos de que valemos, pero lo más importante es que también nos concede seguridad y serenidad con sólo pedirle a nuestro poder superior que nos acompañe. Nunca más tendremos miedo de otras personas y de situaciones nuevas. Con Dios a nuestro lado, todo es positivo; ¡ya tendremos ocasión de comprobarlo una y mil veces!

_____

El día de hoy cultivaré mi amistad con Dios y disfrutaré del gozo de vivir.

> Desde niños incorporamos a nuestra vida el mensaje que recibimos acerca de nuestros méritos, o de nuestra carencia de ellos, y en consecuencia este sentido de valor subyace en nuestras acciones y sentimientos como una intrincada red de percepciones sobre nosotros mismos.
>
> CHRISTINA BALDWIN

El mejoramiento de nuestra autoestima no es una tarea precisamente fácil. Lo más probable es que, antes de que buscáramos el auxilio de este programa, la confianza en nosotras mismas se haya tambaleado más de una vez, y que esto nos siga ocurriendo de cuando en cuando. Los viejos temores no desaparecen sin una fuerte dosis de esfuerzo.

Sin embargo, todos los días podemos hacer algo que nos ayude a sentirnos mejor; basta con que lo decidamos. El programa está en condiciones de darnos la fuerza que necesitemos a diario para no dejar de dar cuando menos un paso hacia adelante.

Hoy haré algo que antes había pospuesto. Haciéndolo todos los días, sentaré las bases para construir en mi interior la persona que deseo ser.

Sin disciplina, la vida deja de serlo.

KATHERINE HEPBURN

Aplazar las cosas es algo que nos sucede a menudo. Quizá se trate de un hábito que nos hemos empeñado en desechar durante años enteros, porque ciertamente no es de nuestro agrado, y además nos desgasta. ¡Cuántas veces no nos habremos acostado sumamente deprimidas y desalentadas, molestas con nosotras mismas por no haber terminado algo, tal como nos lo habíamos propuesto o se lo habíamos prometido a otra persona! Esta sensación suele arrasar nuestras esperanzas. Las obligaciones por cumplir llegan a ser tantas que en un momento dado nos parece imposible realizarlas. Sin embargo, no debemos perder la calma; el programa siempre ha puesto en nuestras manos una sencilla solución.

El día de hoy no debemos preocuparnos por otra cosa que por el momento actual; si nos decidimos a hacerlo podremos acabar con las posposiciones, la letargia y la inmovilidad. Elijamos hoy una obligación que resulte importante, aunque sería preferible que fuera de dimensiones limitadas, como por ejemplo la redacción de una carta, el dobladillado de una prenda o el establecimiento de una cita con el médico. Decidir hacer algo y realizarlo efectivamente nos permitirá traspasar las barreras que por tanto tiempo nos han oprimido; experimentaremos de inmediato una profunda sensación de libertad. Actuemos desde este mismo instante; toda acción nos hará libres.

Cuando el permanente aplazamiento de nuestros compromisos termina por abrumarnos, nuestros sentidos son incapaces de captar a las personas que nos rodean, pues nos hemos salido del círculo de la vida. Si optamos por la inmovilidad, renunciamos a los verdaderos dones de la sobriedad.

Conquistaré mi libertad. Realizaré hoy una tarea sencilla, lo cual me bendecirá en una forma muy especial.

El proceso de la vida es muy semejante en todos los seres humanos. A cada ganancia corresponde una pérdida, y a todo éxito, un fracaso; tras de un momento de alegría llega uno de tristeza, y por cada esperanza que se cumple, otra se marchita.

SUE ATCHLEY EBAUGH

El equilibrio de los acontecimientos de nuestra vida es muy similar al de la naturaleza. El péndulo no cesa de moverse; a cada extremo le sigue el opuesto, de manera que debemos aprender a apreciar los dones de todo momento. Descubriremos de pronto que el curso de nuestra vida ha cambiado de dirección, pero no nos alarmemos: gracias al tercer paso sabemos que nos hallamos en manos protectoras. Alguien está ocupándose de todas y cada una de las preocupaciones y detalles de nuestra vida, y lo está haciendo además en el momento y el modo adecuados.

Agradezcamos todas las circunstancias en las que nos hallemos, pues todas ellas son indispensables en nuestro desarrollo como mujeres plenas y saludables. Para adquirir nuevos conocimientos precisamos de contrariedades y de alegrías. Nuestros fracasos nos enseñan a ser humildes, pues nos recuerdan que hemos de recurrir a la ayuda y el consejo de los demás. Por cada esperanza que se frustra hay otra que se cumple.

La vida es un proceso cambiante. Aceptaré con gratitud todas sus variaciones, cada una de las cuales habrá de concederme una gracia, a su modo particular.

Muchos de nosotros conocemos únicamente la superficie de la comunicación con los demás; lo que decimos no suele ir de acuerdo con lo que la otra persona nos dijo antes, y ninguno de los dos nos damos cuenta de que en realidad no nos hemos comunicado.

DESY SAFÁN-GERARD

Cuando no ponemos verdadera atención en lo que nos decimos unas a otras y no tenemos consideración por el espíritu que reside en los demás y que está tratando de hablarnos, destruimos la relación que quiere establecerse entre nuestros espíritus. Nuestro ser interior debe poder dar y recibir mensajes todo el tiempo, pero nuestro ego suele impedirnos escuchar las palabras que podrían descifrar uno de los problemas de nuestra vida.

Cuán difícil, y cuán a menudo, nos resulta mantenernos serenas y estar en disposición de escuchar atentamente no tanto a las personas como sus palabras. Con demasiada frecuencia el mensaje que deberíamos recibir se nos escapa entre las hendiduras de nuestro diálogo interno, con el que, en vez de estar atentas a la comunicación que nuestro poder superior pretende establecer con nosotras a través de las demás personas, nos dedicamos a evaluar incesantemente la personalidad de quien nos está hablando. Las palabras nunca están de más, pues por su intermedio nunca dejamos de recibir mensajes. Aprendamos a escuchar.

Pondré especial atención a todo lo que deba escuchar hoy. Seré sumamente sensible a las palabras.

> Cuando nos colocamos en el centro de nosotros mismos, descubrimos que nuestra valía se extiende más allá de nuestro ser. Volvemos a encontrar felicidad en el ahora, paz en el aquí y amor tanto en nosotros como en aquellos con quienes en la Tierra hemos de forjar el reino de los cielos.
>
> G. F. SEAR

Tal vez hemos sentido miedo de descubrir nuestro propio centro, porque tememos no encontrar nada en él. La lucha por creer en nosotras mismas y saber que tenemos un importante papel que desempeñar en la vida resulta ardua para muchas de nosotras, pero aún así estamos aprendiendo a dar la batalla. Dentro de nosotras mismas estamos descubriendo enormes tesoros, tarea que muchas personas nos están ayudando a realizar. Compartir momentos especiales con los seres a los que amamos y con aquellos a los que estamos aprendiendo a amar, nos está permitiendo encontrar en nosotras riquezas que ni siquiera habíamos imaginado.

No disponemos de otra cosa que del aquí, el ahora y nosotras mismas. Aquí y ahora somos todo lo que es preciso que seamos. A cada momento somos quienes debemos ser, siempre y cuando estemos dispuestas a revelarnos las unas a las otras nuestro ser y centro verdaderos. Nuestro centro necesita del de las demás.

También este programa necesita de nosotras, de lo que podamos aportarle. El valor del programa se incrementa con la inclusión en él de nuestro centro personal.

Hoy compartiré contigo todo lo que contiene el centro de mi ser.

Mi vida escucha a la tuya.

MURIEL RUKEYSER

Nuestras experiencias nos enseñan que debemos ayudar a los demás a encontrar su camino, quienes a su vez ayudarán a otras, y así sucesivamente. De ahí que sea tan importante que revelemos nuestra historia personal, cosa que el programa nos muestra cómo hacer. El mayor honor que podemos hacernos entre nosotras es el de concedernos la mayor de nuestras atenciones. A todas nos gusta que se nos escuche, se nos reconozca y se nos haga sentir personas especiales. Quizá hoy nuestro reconocimiento sea el bálsamo que cure las heridas de alguna persona.

El día que comienza estaría lleno de oportunidades de escuchar a personas a quienes les urge ser oídas. Estemos atentas, porque seguramente a través de sus palabras se nos destinará un mensaje exclusivamente dirigido a nosotras, el cual puede colocarnos en una nueva y mejor dirección. Basta con que estemos siempre prestas a escuchar para que obtengamos las orientaciones que necesitamos. Si, en cambio, nos permitimos estancarnos en el limitado mundo de nuestros problemas y nuestras confusiones, impediremos que los mensajes que nos corresponden lleguen a nosotras, con lo que además perderemos oportunidades preciosas de hacerles sentir a las demás personas que son seres especiales y que necesitamos de ellas.

Cada vez que pongo toda mi atención en otra persona, favo-

rezco mi desarrollo, proceso que se reproduce sin cesar. Hoy estaré en el lugar indicado para responder a las necesidades de alguien.

Si la gente conociera el poder curativo de la risa y la alegría, muchos médicos se quedarían sin trabajo. La alegría es uno de los medicamentos más maravillosos de la naturaleza, pues siempre concede salud. Un buen estado de ánimo tiende a convertir en normales las condiciones más difíciles.

CATHERINE PONDER

Nuestra alegría no suele ser natural la mayor parte del tiempo, de modo que nos cuesta mucho esfuerzo actuar "como si" estuviéramos alegres. Tal vez desde el principio mismo de esta actitud nuestra alegría no es auténtica. Una de las mejores técnicas para encontrar la verdadera alegría es vivir intensamente el presente, agradeciendo sin cesar todo lo que vemos, tocamos y sentimos.

La sincera y franca expresión de nuestra gratitud por la presencia de los demás en nuestra vida genera en nosotras un poderoso torrente espiritual, del que también se benefician quienes se hallan a nuestro lado, pues la alegría es contagiosa y liberadora y coloca en su verdadero sitio a nuestras generalmente deterioradas percepciones. Nuestro alegre agradecimiento por la vida modifica para bien todas nuestras experiencias, lo cual resulta alentador tanto para nosotras mismas como para las personas con quienes las compartimos.

Llevaré alegría a todos los lugares a los que vaya hoy. Les daré el don de la alegría a todas las personas con las que me encuentre.

La vida no deja nunca de confrontarnos con nuevos problemas que deben ser resueltos, lo cual nos obliga, en correspondencia, a ajustar permanentemente nuestros planes.

ANN FARADAY

No siempre es fácil enfrentarnos a un nuevo día. A
veces nos arrastramos entre las sábanas y no quisiéramos salir de ahí, lo que ciertamente nos incapacita para
llevar a cabo lo que se pide de nosotras. Tal vez el día
de hoy nos encontramos en esta situación; quizá nos
sentimos como si tuviéramos 12 años en lugar de 42,
por ejemplo. Es indudable que nos corresponde comportarnos como personas maduras. De acuerdo con el
programa, el siguiente paso sería que nos condujéra-
mos "como si" nos sintiéramos pefectamente bien; efectivamente, no tardaremos en sentirnos así.

Asimismo, cuando en la sucesión del día se nos
interpone un pequeño problema, podemos recurrir a la
técnica de actuar "como si" no pasara nada. Esto no
quiere decir que la mayoría de los problemas sean fáciles de resolver, pero sí que dejarán de oprimirnos si los
interpretamos como oportunidades de una respuesta
creativa y si, serenamente, buscamos orientación y actuamos en consecuencia con toda cautela, siempre
conscientes de los efectos de nuestras acciones.

---

*Hoy y todos los días se me presentarán oportunidades para
pensar creativamente y para fiarme de mi guía interior. Me
alegraré ante cada nueva situación, en vez de temerlas; de este
modo comprenderé mejor los misterios de la vida.*

Todos poseemos talentos y facultades excepcionales. Ningún impedimento —ya sea físico, mental o emocional— puede destruir nuestra innata energía creativa.

LIANE CORDES

A veces —y para algunas de nosotras casi siempre— es difícil creer en la verdad que expresa Liane Cordes. Sin embargo, es cierto que lo que cada una de nosotras puede ofrecerle al mundo no se parece en nada a las contribuciones de todas las demás personas. Cada talento es ligeramente diferente a todos los demás talentos, y todos son necesarios, todas somos necesarias.

La creatividad de todo tipo —en la escritura, la fotografía, la cocina, el cuidado de los bebés, la costura y el tejido, la administración, la carpintería, etcétera— llena de vida al ser que se siente solo y carente de todo valor. Un ser revitalizado remprende su desarrollo y se recupera.

Recuperarse significa cambiar de modo de vida, recurrir a los demás en busca de ayuda, volver a incorporarse a la humanidad mediante el ofrecimiento de uno mismo. La raza humana no sólo aguarda, sino que de hecho necesita que le ofrezcamos el don de nuestro talento. ¿Sabemos cuál es?

El día de hoy trataré de hacer realidad mis más secretos sueños. Este hecho me obligará a poner en juego mi talento. Lo desarrollaré, confiada en que recibiré toda la ayuda que para ello necesite.

Fui tan poco firme durante tanto tiempo que en realidad no me conocía a mí misma. Ahora que ya me he encontrado, tiendo a pensar: "Bueno, ya sé en dónde estoy parada, así que a otra cosa." Sin embargo, tengo que recordarme a cada momento que todas las cosas de la vida se relacionan entre sí, que ninguna está separada de las demás.

KATHLEEN CASEY THEISEN

Este día es producto del de ayer, y el de ayer de anteayer. Mañana se repetirá el mismo patrón. Lo que recibimos empezó en el pasado y concluirá en el futuro. Nada en la vida es casual ni está aislado del todo; nada se agota en sí mismo.

La madurez consiste en la capacidad de liberarse de actitudes superadas y opiniones estrechas, sin importar que en el pasado hayan sido las apropiadas. A veces nos aferramos a nuestras opiniones y somos incapaces de adoptar nuevas ideas. El día de hoy algo querrá atraer nuestra atención. Estemos preparadas para lo nuevo, para crecer más y más. Es a nosotras a quienes corresponde tomar la decisión de no bloquear nuestro desarrollo.

Es probable que nuestras antiguas opiniones ya no sean pertinentes para resolver los problemas que se nos presentan en la actualidad. No tendrían por qué serlo. Ya nos sirvieron para lo que nos tenían que servir. No fueron inútiles.

Los problemas de hoy precisan de nuevas soluciones. No tendré miedo. El día de hoy proviene del de ayer, y ayer de anteayer. Este mismo flujo continuará mañana.

El dolor de amar es el dolor de tener vida. Esta herida es eterna.

MAUREEN DUFFY

Vivimos en compañía de los demás, y conforme vamos creciendo esta compañía se nos hace más necesaria y valiosa. Esta ansia mutua abre el camino de las relaciones amorosas, bendecidas y desgarradas a un tiempo por la intimidad.

Es humano anhelar el amor, desear darlo y recibirlo. Sin embargo, el dolor que produce su espera no es el mismo que suscita su partida. El amor agudiza nuestra sensibilidad. A toda pareja le dañan las separaciones y las discrepancias, ya sean físicas o emocionales. Siempre la pena de no poseer algo es menor que la de perderlo.

Estamos en un error si pensamos que el amor es sólo felicidad. Sin embargo, tanto darlo como recibirlo nos impulsa a desnudar nuestra alma y a dar a conocer nuestro ser oculto.

El temor al rechazo, la angustia que nos provoca pensar en que seremos rechazadas "si los demás conocen mi verdadero ser", suele ser para todos los humanos una carga muy pesada.

Cuán afortunadas somos de poder disponer de este programa y estos Pasos, que si ponemos en práctica en todos los aspectos de nuestra vida, nos prepararán para amar y ser amadas. Asimismo, nos ayudarán a sobrellevar las penas del amor, en la inteligencia de que gracias a ellas seremos más humanas, más conscientes y por tanto más agradecidas con la vida.

Las penas del amor me hacen más fuerte para continuar mi camino.

Una persona sensata no se obstina en derribar muros de
acero, porque sabe que nunca lo conseguirá.

OLIVE SCHREINER

Dios nos ha dado la serenidad que necesitamos para
aceptar aquellas cosas que no podemos cambiar, situación aparentemente intolerable que sin embargo es una
de las realidades de la vida. Es difícil rechazar la tenta-
ción de cambiar nuestras circunstancias o de exigirles a
los demás que las cambien. ¡Qué duro es aprender que
lo único que podemos cambiar es a nosotras mismas! El
lado positivo de esta enseñanza es que las situaciones
intolerables se modifican si nosotras modificamos nuestras actividades.

Con el paso del tiempo, la aceptación de que la
realidad es como es atenúa nuestra inquietud y nos
concede tranquilidad. Puesto que, gracias a ese reconocimiento, somos más sabias, los demás nos ofrecen su
amor y su alegría. No deja de ser una ironía que muchas
veces deseemos forzar ciertos cambios porque pensamos que con ellos obtendremos más amor y padecere-
mos menos, cuando lo cierto es que la aceptación de la
realidad logra buena parte de las cosas que nuestra
fuerza de voluntad es incapaz de conseguir.

Tanto nuestros nuevos conocimientos y nuestra re-
verdecida capacidad de comprensión como la constatación de que en nuestra vida se van cumpliendo las
promesas de este programa, nos permiten resistir mejor
nuestras tormentas personales. Al igual que los árboles

cuando se ven sometidos a los golpes del viento, nos sacudimos pero no caemos. Nuestro ejemplo les ayudará a nuestras hermanas a ser más sensatas.

Me cuesta trabajo aprender, pero las nuevas lecciones facilitan mi marcha. El día de hoy empieza para mí una época mejor.

Si todo en el mundo fuera alegría, nunca aprenderíamos a ser valerosos y pacientes.

HELEN KELLER

Perseguimos incansablemente la alegría, como un niño tras una luciérnaga, sabedoras de que con ella podríamos resolver todos nuestros problemas y contestar todas nuestras preguntas. El gozo tiene sus bondades, y las merecemos; sin embargo, la vida tiene mucho más que enseñarnos.

Debemos aprender a ser pacientes, pues la paciencia nos hace respetar el tiempo y su transcurso y nos convierte en personas maduras. Debemos aprender a ser tolerantes, pues la tolerancia nos permite apreciar la individualidad de los demás. Debemos aprender a ser dignas, pues la dignidad nos depara una participación más espontánea y generosa en las experiencias de la vida. Gracias a todas estas cualidades alcanzaremos nuestra realización.

Los afanes de la vida nos dan la oportunidad de prolongar y hacer más vasta la alegría. Los momentos difíciles acendran nuestra comprensión, y ésta nos permite transmitirles alegría a nuestras más queridas y cercanas amigas.

No tengo por qué renunciar a la alegría; antes bien, me regocijaré por todas las experiencias de la vida. Esta perspectiva me dará mayor firmeza.

> Recibimos tanto como damos. La vida es un juego de bumerán. Nuestros pensamientos, palabras y obras vuelven a nosotros tarde o temprano, con asombrosa precisión.
>
> FLORENCE SCOVEL SHIN

Todas podríamos confirmar la veracidad de esta cita. Sin embargo, cuando nos hallamos en momentos difíciles nos olvidamos de que "quien siembra vientos, cosecha tempestades". Se nos hace muy fácil molestarnos, hablar mal de los demás o ignorar la presencia de la gente, actos cuyas consecuencias no suelen ser inmediatas, aunque siempre las tienen.

Pero también la bondad es retribuida. Nuestro paso por la vida será más placentero si concedemos amor, atención y respeto a las personas con las que compartimos la existencia y a aquellas que se cruzan casualmente en nuestro camino. Los efectos de nuestra bondad serán sentidos de inmediato. Una sonrisa despierta otra. Las buenas ideas nos bendicen, así como también a aquellos a quienes se las transmitimos. Los acontecimientos de la vida cierran un círculo.

Con un poco de esfuerzo, el día de hoy puedo sonreírle a alguien, aunque no me sienta del todo bien. Ambos nos beneficiaremos.

Antes no revelaba mis secretos sino que los ocultaba en mi corazón, pues temía que los demás se burlaran de ellos. Ahora ya puedo compartir mis sufrimientos, porque aquella fuerza que silenciosamente me asfixiaba ha perdido todo poder sobre mí.

DEIDRA SARAULT

Revelar nuestros secretos a los demás tiene sobre nosotras efectos que se dirían mágicos. Los pasos cuarto y quinto nos enseñan que lo que teníamos por actos inaceptables son en realidad hechos comunes. No somos las únicas en haber procedido en forma vergonzosa, y descubrirlo es la recompensa que se nos otorga a cambio de haber corrido el riesgo de dar a conocer nuestro interior.

Darnos cuenta de que somos muy parecidas a las demás personas nos fortalece, fuerza que justamente el programa pone a nuestra disposición para que hagamos uso de ella en el momento y lugar en que lo necesitemos. Los secretos nos distancian de los demás, y por tanto también de Dios. Es imposible que recibamos los mensajes que nos hacen falta y la orientación que Dios nos ofrece si nos encerramos en nosotras mismas y cancelamos el acceso a nuestro corazón de las personas que se preocupan por nosotras, quienes son portadoras de los mensajes divinos.

Saber que compartimos con los demás los mismos temores e inquietudes es sumamente tranquilizador. Además, tal vez era nuestra historia lo que precisamente necesitaba la persona a la que se la narramos para sentirse estimulada de nuevo. La revelación de nuestros secretos es un acto que beneficia por igual a todas las personas involucradas. Celebremos y reconozcamos nuestra semejanza con los demás. Compartir nuestro interior nos crea vínculos con otras personas, y gracias a estos vínculos nuestras fuerzas se hacen una sola.

El silencio nos aparta y disminuye nuestra fuerza. Toda la energía que necesitamos está a nuestro alcance. Hoy permitiré que alguien me conozca.

No es verdad que exista lo que conocemos como conversación. Su lugar lo ocupan monólogos más o menos interesantes. Nada más.

REBECA WEST

Cómo nos gustaría que nuestra pareja, nuestros hijos, nuestros amigos y amigas, compañeros y compañeras de trabajo nos escucharan de verdad. Realmente merecemos que se nos preste detenida atención, misma que merecen también las personas que se nos acercan para decirnos algo.

Sin embargo, nosotras mismas nos distraemos cuando deberíamos estar alertas para captar los mensajes que los demás nos transmiten, de manera que dejamos pasar la frase que justamente necesitamos, que bien podría ser la solución a uno de nuestros problemas. Nuestra mente suele vagar de aquí para allá en busca de claridad, y aunque no lo sepa, también de paz, la serenidad que nos ha sido prometida como consecuencia de los Doce Pasos.

Nuestro poder superior, nuestro Dios, nos concede la gracia de vivir intensamente el presente, de absorber todas las respuestas de la vida en la que en este momento estamos inmersas. El sólo hecho de estar conscientemente en un lugar es ya una conversación con Dios ¿Cómo podríamos saber lo que Dios quiere que sepamos si no estamos atentas a sus muchos mensajes? A cada momento del día se nos está ofreciendo información, información divina. Siempre que pensamos exclusivamente en nosotras mismas, perdemos la oportunidad de desarrollarnos.

Cada vez que me reúna con mis amigas y mi familia, recordaré que debo estar atenta al mensaje de Dios. Si escucho con cuidado, me enteraré de lo que necesito saber.

> Quiero hacer esto simplemente porque así lo deseo. Al igual que los hombres, las mujeres también debemos intentar hacer muchas cosas. Si ellos fracasan, su error debe ser un reto para los demás.
>
> AMELIA EARHART

El miedo al fracaso se apodera de muchas mujeres, no sólo de aquellas que han tenido problemas con los medicamentos, el alcohol o la comida. Incluso quienes estamos participando de este programa de recuperación estamos expuestas al temor al fracaso. Haber abandonado nuestra adicción no resuelve por sí todos nuestros problemas, pero nos permite evaluar con realismo nuestras cualidades. Conocer y aceptar nuestros valores nos proporciona la confianza en nosotras mismas que necesitamos para poner en marcha un proyecto, para esforzarnos a alcanzar nuestras metas.

Otra de las ventajas de este programa de recuperación es que mediante la formación de grupos y la revelación de nuestro poder superior, pone a nuestro alcance una ayuda preciosa, pues en cuanto comprendemos que no estamos solas, todo nos resulta posible. Si nos decidimos, seremos impulsadas por la energía que resulta del solo hecho de ver cómo otras mujeres se esfuerzan y triunfan, o vuelven a efectuar nuevos esfuerzos sin darse por vencidas, en caso de que los primeros no hayan sido fructíferos. El bienestar que nos producen los logros de los demás es sumamente estimulante.

Hoy prestaré particular atención a los logros de otras muje-

res, tanto de las que me rodean como de aquellas que no conozco pero de cuyos éxitos puedo enterarme a través de la conversación o la lectura. Seguiré su ejemplo, guiada por la nueva fuerza que me han transmitido.

De cuántos problemas y padecimientos se libra una mujer
cuando sabe ser el médico de su propio cuerpo y alma.
ELIZABETH CADY STANTON

Si nos tomáramos la molestia de escucharnos a nosotras mismas, de captar la voz más profunda de nuestro espíritu, nos enteraríamos de que somos dueñas de
la fuerza que necesitamos para sanarnos. La autocura-
ción empieza con el hecho de tomar nuestras propias
decisiones —qué ropa usar, qué actividades realizar,
cómo ser nosotras mismas— y de decidir ser honestas
con nuestro propio ser. Con el auxilio de nuestra guía
espiritual venceremos las tentaciones de traicionarnos,
las cuales no son producto sino del temor de que no
podamos ser nuestra "propia doctora".

Renunciar a nuestras capacidades nos limita y nos
hace sufrir. Conservemos nuestra fuerza, pero no por
ello dejemos de recurrir a los demás en busca de ayuda.

---

*Hoy y todos los días oraré para que me sean concedidas tanto
la sabiduría de elegir buenos consejeros como la fuerza para
amarme y curarme.*

Si te atas a una persona, tu relación con ella será insana.
SHIRLEY MCLAINE

Necesitar de la gente es saludable, humano y normal. Necesitar de una sola persona a la cual amar profundamente es también algo que contribuye al bienestar de nuestro espíritu. Sin embargo, amor y adhesión no son sinónimos sino casi contrarios. Si nos "adherimos" a los demás, cancelaremos todas nuestras posibilidades de actuar como individuos. La adhesión implica dependencia, lo que a su vez significa dejar el control de nuestros movimientos a aquella persona a la que estamos "atadas". Depender de tranquilizantes o estimulantes, de los alimentos o de las personas se traduce en la imposibilidad de manejar nuestra propia vida. Aunque nos hemos abstenido de beber, muchas de quienes nos hemos incorporado a este programa de recuperación seguimos luchando contra nuestra dependencia de cierta persona o de cierto amigo o amiga.

Las herramientas que estamos aprendiendo a utilizar pueden aplicarse en todos los casos de dependencia. Ahora estamos empeñadas en conquistar una razonable independencia, asumiendo la responsabilidad sobre nuestra vida y tomando las decisiones adecuadas para nosotras. Amar a los demás significa permitirles tomar sus propias decisiones sin el daño que les provocaría nuestra "adhesión".

¿Mis relaciones con los demás son ataduras o están basadas en el amor? Las analizaré el día de hoy.

Mi filosofía es muy sencilla: llenar lo que está vacío, vaciar lo que está lleno y rascar donde se siente comezón.

ALICE ROOSEVELT LONGWORTH

Todas por igual poseemos la lamentable manía de complicarnos la existencia. A veces nos preocupamos y obsesionamos tanto por cosas sin importancia, que terminamos por entorpecer nuestro avance. "¿Qué pasaría si...?", "¿Querrá ella...?", "¿No debería yo...?", "¿Qué opinas?" En cambio, rara vez nos detenemos a pensar en qué hacer y dónde o cómo superar una dificultad, hasta que alguien viene a recordarnos que las cosas "nunca han dejado de ser sencillas".

Una y otra vez nos ha ocurrido que hallamos la solución a un problema justo cuando dejamos de buscarla. Obtenemos las indicaciones que necesitamos para resolver una dificultad, ya sea grande o pequeña, únicamente cuando nos concentramos en desplazar las barreras que nos las ocultan, y la mayor de ellas es la que erigen nuestros desesperados esfuerzos por resolver solas nuestros problemas. Nos ofuscamos; oramos para pedir una respuesta, pero no somos capaces de serenarnos lo suficiente durante un tiempo prolongado para determinar la dirección a seguir y los pasos a dar, que sin embargo no han dejado de estar frente a nuestros ojos.

Todos nuestros problemas y dificultades llevan en sí mismos su propia solución. Quizá una de las mayores enseñanzas de la vida es que no debemos complicar las cosas, sino comprender más bien que ningún problema puede detenernos, porque siempre hallaremos la solución después de meditarla serena y razonablemente.

─────────────

Todos los días se me ofrecen oportunidades de apaciguar mi mente. Los mensajes que espero llegan entonces a ella en forma casi imperceptible. Ahora mismo las soluciones que busco están en mi interior.

Igual que la caspa, también la salud mental aparece cuando menos se la espera.

ROBIN WORTHINGTON

Somos responsables de nuestros esfuerzos, pero no de sus consecuencias. A menudo nos sentiremos abatidas por tantos problemas, y aun por uno solo. Quizá creamos que estamos locas, que somos incapaces de enfrentarnos a la realidad y que por consiguiente este periodo de recuperación no nos ha servido de nada, porque no hemos progresado ni un milímetro. Sin embargo, lo cierto es que sí hemos avanzado. Cada día en que renovamos nuestra decisión de permanecer sobrias y de abstenernos de ingerir pastillas y alimentos en exceso, nos desplazamos con mayor seguridad hacia nuestra salud mental y su consolidación.

Tal vez nos sentimos fuertes y seguras respecto de muchas de las cosas que hicimos la semana pasada, o ayer; quizá mañana nos sentiremos igual, e incluso el día de hoy. Cuando menos lo esperemos, nuestros esfuerzos fructificarán; calladamente, quizá imperceptiblemente, o tal vez en forma ruidosa; puede ser que una satisfecha carcajada nos dé indicio de que hemos conquistado nuestra salud mental.

Sin embargo, tengamos en cuenta que la salud mental absoluta no existe. Nuestra esencia como seres humanos está hecha de dudas y temores que no obstante van matizándose conforme aumenta nuestra fe, tal como nos ocurrirá mediante el seguimiento de los Doce

Pasos. Así, nuestros días afortunados serán cada vez más abundantes.

———————————

Cuando menos lo espere podré reunirme con una amiga, pedir ayuda o resolver un conflicto con mi pareja o con otra persona sin mayor dificultad. El día de hoy pondré mi mejor esfuerzo en mirar confiadamente hacia adelante y dejar de voltear hacia atrás.

Dios suele cerrarnos algunas puertas en las narices para de inmediato abrirnos aquélla por la que teníamos que pasar
CATHERINE MARSHALL

Muchas veces nos hemos empeñado en controlar los acontecimientos de nuestra vida, y en ocasiones hasta los que ocurren en la vida de los demás; de ahí que sea tan frecuente que nuestros deseos entren en conflicto con la voluntad de Dios, lo que nos hace sentirnos derrotadas. Nuestra dirección es incierta, pero, bien mirado, siempre hay frente a nosotras una puerta abierta, un camino mejor. ¡Qué testarudas somos! Nuestra vida sería mucho más plena y sencilla si todos los días pusiéramos nuestra voluntad y nuestra existencia en las manos de Dios, quien no cesa de ofrecernos auxilio y consejo para todos los hechos de nuestra vida. Taparnos los oídos sería tanto como pretender localizar un asiento en un cine en penumbras, sin la ayuda de la acomodadora.

Todas nuestras experiencias dejarán de sernos angustiosas si las vivimos en compañía de nuestro poder superior. Nuestras batallas pasadas y nuestros temores presentes no nos dejarán olvidar que es absurdo desear hacer las cosas por nuestra cuenta. A menudo pretendemos marchar solas, pero poco más adelante nos topamos con un obstáculo insalvable. Aun así, no es preciso que tomemos un atajo; ninguna puerta se cierra sin que otra se abra. El orden divino se impondrá siempre.

Hoy no tendré motivo de desgastarme inútilmente. Respiraré con intensidad y le pediré a mi poder superior que esté a mi lado, dondequiera que yo vaya. Se me abrirán tantas nuevas puertas que mi vista se perderá en la lejanía.

La alegría nos lanza a la eternidad y el dolor nos devuelve al presente. El deseo y el temor nos enlazan al tiempo, pero la despreocupación rompe ese vínculo.

SIMONE WEIL

Vivimos simultáneamente en el espacio material y en el espiritual. En nuestra dimensión material buscamos satisfacciones materiales, a las que el sufrimiento es inherente.

Nuestras emociones humanas están relacionadas con nuestros apegos materiales, de manera que entre ellas no se encuentren el gozo en todo su esplendor. La verdadera alegría se halla tanto fuera de la dimensión material como en la plenitud de nuestra vida interior, en el pequeño, secreto y oscuro lugar en el que siempre sabemos que todo es positivo.

Somos viajeras en el camino de la vida. Nuestro recorrido nos acerca cada vez más al descubrimiento absoluto del gozo en medio de las circunstancias más tristes.

Conocemos la alegría cuando nos hacemos un solo ser con Dios, cuando hacemos nuestra su voluntad. Sabemos entonces que todo es bueno para nosotras. Nada malo puede ocurrirnos.

Cada una de las circunstancias de nuestro espacio material no es otra cosa que una oportunidad que se nos brinda para ponernos en contacto con nuestro espacio espiritual, en el que siempre hallaremos consejo, seguridad y comprensión.

Cuando nos decidamos a sumergirnos en nosotras

mismas, en nuestra naturaleza espiritual, conoceremos la verdadera alegría.

———

Cada situación de cada día me da la oportunidad de descubrir la verdadera felicidad, porque la dicha está cerca de mí, presta a responder a mi llamado.

Mientras más vivo, me convenzo de que la vida y sus dones nunca están tan injustamente distribuidos como cuando creemos estar sufriendo mucho más de lo que realmente sufrimos.

MARY TODD LINCOLN

La autocompasión es un parásito que se alimenta de sí mismo. Muchas de nosotras estamos propensas a su contagio, de manera que no permitimos que las naturales desdichas de la vida tengan cierto equilibrio. En la vida hay tantos momentos malos como buenos, y todos, sin excepción, siguen su camino.

La actitud que nos lleva a preguntarnos constantemente "¿Por qué esto tenía que sucederme a mí?" no indica otra cosa sino la poca compasión que sentimos por los sufrimientos de los demás. Nuestra empatía con las demás personas e incluso nuestra conciencia de que ellas también sufren son generalmente mínimas, pues tendemos a pensar exclusivamente en nosotras mismas.

Si nos ocupáramos menos de nuestros asuntos, nos percataríamos de que todos los seres humanos somos objeto de cantidades similares tanto de dichas como de tragedias, y de que existen personas que reaccionan en forma ecuánime ante las primeras y no se lamentan demasiado de las segundas, ejemplo que haríamos bien en seguir.

Nuestra recuperación significa que debemos aprender a reaccionar de nuevas maneras ante las situaciones de la vida, a sentir y a actuar en forma más sana. No

seamos víctimas de la autocompasión; cuando las oigamos acercarse, dejémosla pasar sin hacer caso de ella.

_____

*Quizá en algún momento de este día desee compadecerme de
mí misma, pero por fortuna sé que dispongo de muchas otras
opciones.*

> Quizá el silencio sea privilegio de los fuertes, porque para quienes somos débiles entraña un gran peligro. Las cosas que me apresuraba a callar, casi siempre las que me avergonzaban, eran las que más necesitaba exponer.
>
> JOANNA FIELD

Hay un dicho que reza: "Somos tan enfermos como nuestros secretos". Nuestra salud emocional como mujeres en proceso de recuperación se deteriora, hasta el grado de correr grave peligro, cada vez que guardamos en nuestro interior algo que deberíamos comunicar a los demás.

Si damos a conocer nuestros temores, heridas y resentimientos, mantendremos siempre abierto el canal que nos pone en contacto con Dios. Los secretos obstruyen nuestra mente e impiden que se instale en nosotras la tranquilidad, justamente el ambiente en el que nuestras plegarias suelen hallar respuesta. Los secretos nos mantienen varadas. Nuestra salud, tanto emocional como espiritual, depende de nuestra disposición a compartir con los demás nuestras experiencias.

Cuando le revelamos nuestros secretos a alguien, también a esta persona le damos la oportunidad de ser ella misma y de madurar. Darles paso a los demás a nuestro interior nos permite liberarnos de nuestra vergüenza y atraer hacia nosotras el perdón del que siempre estamos necesitadas.

Los pasos cuarto y quinto nos facilitan el proceso de compartir aquellos secretos que entorpecen nuestro camino hacia Dios y hacia los demás. Si guardáramos indefinidamente nuestros secretos, nunca conoceríamos la paz. La verdad limpia nuestra alma y nos llena de vida.

_____

Estaré pendiente de las oportunidades para compartir mi interior con los demás, y gozaré de la libertad que obtenga de ello.

JULIO

Es bastante molesto ser adolescente a la edad de 32 años.
PEGGY CAHN

Nuestra vida siempre se encuentra en proceso, es decir, todo el tiempo está cambiando. A medida que adquirimos nuevos conocimientos, vamos descartando los viejos hábitos. Pero hay algunas de nuestras conductas que no desechamos tan fácilmente. Son como unos zapatos cómodos: puede ser que ya estén muy gastados y que probablemente nos avergüencen cuando estamos con cierta compañía, pero aun así nos los ponemos. Entonces, cuando nos damos cuenta es demasiado tarde. La madurez es inicialmente una conducta "como si". El crecimiento de nuestro desarrollo emocional ha sido influido por la fuerza de nuestra conducta adictiva. Así, a menudo respondemos a las situaciones como adolescentes. Si aplicamos el principio de "como si" tendremos nuevas actitudes personales y nuevas participaciones de otras personas, que serán bienvenidas. Si actuamos como personas capaces, fuertes, confiadas o serenas, después de un tiempo estas conductas se convertirán en reales. Si creemos en nosotras y en nuestra habilidad para convertirnos en las mujeres que queremos ser, podemos avanzar confiadamente.

Cuando mi conducta me avergüence, aceptaré la responsabilidad de cambiarla. Cambiarla me ofrece una recompensa inmediata: la gente a mi alrededor reaccionará en forma estimulante, y yo me sentiré más llena de vida.

> El humor es un arma muy poderosa y una respuesta con-
> movedora. Las mujeres deben bromear y reírse de sí mis-
> mas, pues no tienen nada que perder.
>
> AGNES VARDA

La risa puede curar una condición física, así como también, de manera positiva, ayuda a un mal emocional. La risa nos guía hacia una nueva perspectiva que cambia las actitudes. Y nuestra *actitud* frente a cualquier situación o individuo es poderosa. Una actitud negativa ante nuestra situación financiera, nuestras enfermedades, nuestro jefe, nuestra pareja o hijos determina cómo nos sentimos a cada momento. De igual manera, si levantamos nuestra vista y miramos al mundo con luz en nuestros corazones, en espera de disfrutar del día, de la gente, de cada actividad, entonces tendremos éxito.

Si buscamos el humor en cada situación, no sucumbiremos ante sentimientos de impotencia. Para muchas de nosotras fue fácil sentirnos impotentes y considerarnos víctimas antes de escoger este programa y sus Doce Pasos para vivir. Al escoger una respuesta humorística y al optar por reír ante nuestra situación, a cualquier hora, mantenemos nuestro poder personal en el sitio donde pertenece: con nosotras.

Mi salud emocional depende de mi compromiso de decidir quién soy ahora. Si decido reír en vez de gruñir, esto me proporcionará un estímulo emocional inesperado.

Nadie puede erigir su seguridad sobre la nobleza de otra persona.

WILLA CATHER

¿Dónde buscamos nuestra seguridad? ¿Miramos a nuestros esposos o amantes? ¿Miramos a nuestros hijos o a un padre? Tal vez buscamos nuestra seguridad en nuestros trabajos. Cada una de nosotras hemos descubierto que ninguno de estos senderos, así como tampoco las pastillas, el alcohol, o quizá la comida, nos han dado alegría ni proporcionado seguridad.

Nacemos con la seguridad del espíritu, sólo que no hemos llegado hasta el origen. Quizá ni siquiera sepamos donde está ese origen, pero siempre ha estado con nosotras, esperando que nos demos cuenta.

Nunca damos un paso solas. Cada vez que respiramos, estamos en compañía del origen eterno de la fuerza y la seguridad. Tenemos la oportunidad de aceptar esta compañía cuando queramos. Y esta garantía de seguridad en todas las cosas y todo el tiempo es el regalo de la libertad.

Nuestro deseo de obtener seguridad nos lo proporciona Dios. Esa seguridad también nos la da Dios. Estamos seguras hoy y todos los días.

Cada paso que doy está en armonía con mi poder más alto. No necesito experimentar nada sola. Ahora puedo respirar y aprovechar la abundante fuente de poder que me está esperando.

Uno no reconoce en su vida los momentos realmente importantes hasta que es demasiado tarde.

AGATHA CHRISTIE

Cada momento es especial y nos ofrece una oportunidad de, por ejemplo, vivir una experiencia que nos cambie de manera importante, invitar a otra persona a nuestra vida, o nutrir a la creciente y cambiante mujer dentro de nosotras. Los acontecimientos de la vida suceden tan rápido, que pocas veces los saboreamos individualmente; pero cada día estos momentos vierten pequeños regalos divinamente diseñados para nuestro bienestar.

La mujer que sonrió en la tienda ayer, o el hombre agradecido en el autobús la semana pasada, fueron especiales. Y también a nosotras se nos ablandó el corazón al percatarnos de nuestra expresión. Nosotras cambiamos, y lo hacemos también con nuestro mundo cuando nos damos cuenta de la presencia de otra persona en él.

La maravillosa realidad es que estamos en el mundo de otro por las cualidades especiales que cada una de nosotras tenemos, y que somos capaces de compartir con los demás.

Para muchas de nosotras, en tiempos pasados, ningún momento era importante. Los días eran simplemente largos y dolorosos. Pero ahora, podemos hasta saborear la pena del pasado por lo que nos ha enseñado. Ahora sabemos que podemos ver este día frente a nosotras con esperanza. Podemos estar conscientes en todo momento, agradecidas de cada experiencia y de cada persona que nos encontremos.

————————————————

En este juego de vida interior, yo comparto el espacio, y tendré mi turno para servir. Para vivir en realidad, debo participar completamente.

> Realmente hay sólo dos maneras de alcanzar la vida: como víctima o como un valiente luchador; y tú debes decidir si quieres actuar o reaccionar, repartir tus propias cartas o jugar con una baraja llena de trampas. Y si no decides cómo quieres jugar con la vida, de cualquier forma ella siempre jugará contigo.
>
> MERLE SHAIN

Para muchas de nosotras, ser, o haber sido la víctima, resulta desagradablemente familiar. Tal vez algunas de nosotras apenas ahora nos estamos dando cuenta de que tenemos opciones, de que necesitamos no permitir que la vida pase sobre nosotras. Podemos volvernos responsables con nosotras mismas al elegir un comportamiento, creencias, amigos y actividades que nos satisfagan, aunque sean desconocidas al principio; pronto nos regocijarán. Mientras más elecciones hagamos, más vivas nos sentiremos, y mientras más vivas nos sintamos, más sanas serán nuestras opciones.

Nuestro objetivo es la recuperación. Recuperación significa participar en nuestras vidas; significa autovaloración y autodirección; confiar todo el tiempo en ir hacia adelante, paso por paso, opción por opción, con la certeza de que ninguna situación grave nos va a afligir.

Muchas oportunidades de elección se nos presentarán hoy. Las decisiones que tome me satisfarán; me ayudarán en mi objetivo de recuperación.

> La paz, ella suponía, era un accidente en contra de cierta
> disposición del alma; una disposición para recibir el regalo
> que sólo separándose de una misma, lo hizo posible.
>
> ELIZABETH GOUDGE

El egocentrismo y el egoísmo son muy comunes para la mayoría de nosotras. Nos hemos atado a él o a ella o a una situación, igual que un ancla a un bote. La mayoría de nosotras aprendimos a captar desde muy pequeñas el comportamiento de los demás, y de acuerdo con esto determinamos nuestro propio valor.

Como mujeres adultas seguimos luchando, tratamos de ver las acciones de los demás, con la esperanza de que nos acepten. Esto significa que somos vulnerables al exponer nuestra personalidad a los caprichos de otras personalidades igualmente vulnerables. Lo que buscamos es paz y seguridad. Pensamos que si otros nos aman y nos aceptan estaremos en paz, conoceremos la serenidad. Una cosa importante que debemos aprender en esta vida es que la paz la tenemos asegurada si nos anclamos en Dios. La paz, el bienestar, la serenidad y la alegría acompañarán cada paso que demos cuando expongamos nuestra vulnerable personalidad ante la protección de Dios y sólo la protección de Dios. No necesitamos preocuparnos más por la personalidad que tratamos de proteger. Será tratada con cariño.

La paz me espera hoy. Veré a Dios y sólo a Él para saber que todo está bien, que yo soy todo lo que necesito ser.

...eso significa aprender. De pronto entiendes algo que habías entendido toda tu vida, pero de una manera diferente.
DORIS LESSING

Así como cambiamos con nuestras experiencias, lo que sabemos también cambia. Nuestras experiencias alimentan nuestro crecimiento y nuestra cultura, y toda conciencia proporciona nuevas formas de entendimiento. Somos para siempre estudiantes de la vida, bendecidas con lecciones particulares diseñadas exclusivamente para nosotras. Encontramos alegría al saber que el aprendizaje no tiene fin y que cada día nos ofrece una oportunidad de acercarnos más a llegar a ser las personas que debemos ser.

Para entender algo más profundamente, es necesario que nos abramos a las ideas de otros, separándolas de nuestras opiniones actuales. El programa nos ofrece muchas oportunidades para negociar los entendimientos que hemos superado. Durante nuestra recuperación, hemos descubierto nuevas interpretaciones de viejas ideas, y continuaremos expandiendo nuestro entendimiento.

Cada situación, cada persona, cada sentimiento, tienen un matiz ligeramente diferente según la ocasión en que los experimentamos. Esto es maravilloso pues así la vida está enriquecida para siempre, fresca para siempre.

Cada momento me ofrece la oportunidad de conocer mejor

quién soy y de entender completamente mi verdadera contri-
bución a esta vida. Permitiré que anticipar mis ideas de
cambio me emocione.

A las mujeres les gusta sentarse con los problemas como si fueran a ponerse a tejer.

ELLEN GLASGOW

¡Cuán a menudo convertimos los pequeños desafíos en barreras monumentales, al darles excesiva atención y olvidar que dentro de cualquier problema está la solución! Sin embargo, el centro de nuestra atención debe estar fuera del meollo del problema para poder encontrar la solución. El mejor remedio para este dilema es la Oración de la Serenidad.

No podemos cambiar a nuestros hijos, esposo o compañero, ni tampoco a los mejores amigos que sabemos que nos aman; pero, con la ayuda de Dios, sí podemos cambiar la actitud que nos ha bloqueado hasta este momento. Con una actitud diferente, con un trato más dócil hacia nosotras mismas, sin esperar tanto de los demás, abriremos la puerta al tipo de relaciones que buscamos, encontraremos los días suaves y fluidos que anhelamos.

Necesitamos no tomar la vida tan en serio. De hecho no deberíamos tomarla en serio. Podemos medir nuestra salud emocional al notar cuán sinceramente nos reímos con los demás y de nosotras mismas. Las próximas 24 horas que se nos van a presentar, en este momento nos prometen muchas alternativas: podemos preocuparnos, enojarnos, deprimirnos o frustrarnos, o podemos confiar en el poder más alto para atravesar cualquier situación, con lo cual nos podremos relajar.

Es nuestra decisión, la única decisión que nos permite mostrarnos poderosos.

———————————————

Hoy estaré en control de mi actitud. Puedo tener el tipo de día que anhelo.

Por supuesto, la fortuna tiene que ver en las cuestiones humanas, pero la conducta es realmente más importante.

JEANNE DETOURBY

No es raro que nos encontremos frente a un dilema: ¿Cuál es la mejor acción a realizar ante cierta situación? Podemos ser guiadas correctamente, en todas las situaciones, si al menos vemos hacia dentro y permitimos que nuestra conciencia dirija nuestro comportamiento. En las juntas hemos oído constantemente que cuando anhelamos un mensaje de Dios, lo oiremos ya sea a través de nuestra conciencia o en las palabras de nuestros amigos; por tanto, realmente nunca podemos dudar; nuestra conducta puede estar siempre sobre los reproches si al menos tratamos de escuchar.

Una conducta adecuada lleva a oportunidades afortunadas a aquellos que las buscan. Los comportamientos que nos enorgullecen atraen bendiciones a nuestras vidas. La buena fortuna es otorgada por Dios en proporción con la buena voluntad que se muestra hacia los demás en toda situación. Simplemente, lo que se da se recibe. Nuestro comportamiento vuelve hacia nosotros. En nuestro encuentro con los demás, hoy tendremos numerosas ocasiones para decidir qué actitud tomar ante una circunstancia particular. No debemos olvidar que nuestra conducta provoca las respuestas que nosotros recibimos.

Hoy derrocharé bendiciones.

Nadie puede hacerte sentir inferior sin tu consentimiento.

ELEANOR ROOSEVELT

Somos mujeres competentes. Tomamos una sabia decisión al recobrarnos. Cada día que continuemos trabajando en este programa nuestros espíritus se fortalecerán y nuestros dones se multiplicarán.

Sentirse inferior puede llegar a ser un hábito. Ser pasiva y sentirse menos van de la mano y nos preparan para la dependencia del alcohol, pastillas, comida y otras personas. Instintivamente no entendimos que sólo somos lo que debemos ser. Crecimos con la creencia de que no éramos lo suficientemente inteligentes, lo suficientemente bonitas, lo suficientemente capaces. Crecimos muy distantes del origen de nuestra verdadera fuerza.

¡Qué maravilloso que hayamos encontrado el programa! ¡Qué suerte contar con la fuerza que siempre necesitaremos para enfrentar cualquier situación, para manejar cualquier problema, para resolver cualquier conflicto personal!

Sentirse inferior puede ser sólo un mal recuerdo. La elección es nuestra. El programa nos promete una vida mejor. Los Pasos prometen la fuerza para avanzar. Nuestros amigos nos ofrecen sus brazos abiertos.

Esperaré los desafíos de hoy con esperanza, con fuerza, y con la convicción de que soy capaz de enfrentarlos.

He escuchado al reino del Espíritu. He escuchado la voz de mi propia alma, y entonces he recordado que el amor es el camino completo y unificador de la existencia.

MARY CASEY

El acto de amar a alguien nos mantiene juntas, cierra cualquier brecha que exista entre nosotras; entra al mundo de otras personas, y enriquece al mundo que llamamos nuestro. El amor es el gran compensador.

Ya no deseamos conquistar o dominar a los que amamos. Amar a alguien incrementa nuestra capacidad de amar a otros. El amor cura a otros, y a nosotras mismas, al dar y recibir.

El amor de alguien más reconoce nuestra existencia al asegurarnos que nosotras contamos con alguien más que valora nuestra presencia. Es humano necesitar estos recordatorios, estas seguridades; pero nuestra necesidad disminuye cada vez que aceptamos a otra persona entre nosotras.

Donde no hay amor, la gente —aun en una muchedumbre— se siente sola, olvidada, sin importancia. No hay duda de que nosotras podemos recordar momentos de gran desesperación, momentos de soledad. Debemos bucar a alguien y enviarle pensamientos de amor cuando necesite sentirse recordado. Nuestros pensamientos amorosos hacia personas cercanas y lejanas siempre alcanzarán su destino. Ellos nos unifican.

El amor es poderoso; puede cambiar el aspecto del universo. Cambiará la dirección de mi vida.

> ...aquellos interesados en perpetuar las condiciones del presente siempre están llorando por el maravilloso pasado que está a punto de desaparecer, sin tener una sonrisa para el joven futuro.

SIMONE DE BEAUVOIR

Aferrarse a cualquier momento, una vez que se ha ido, no nos permite enfrentar las alegrías y lecciones del presente. Debemos aprender a dejarlos ir, dejar ir a personas, situaciones dolorosas, incluso hasta experiencias muy significativas. La vida sigue y la lección más fructífera ante nosotras es haber aprendido a movernos con las vibraciones, a estar a tono con ellas.

Estar abiertas al presente es nuestra única oportunidad para crecer. Las experiencias adquiridas el día de hoy en nuestra vida nos conducen al camino que ha sido creado para nosotras. Hoy no se nos ha garantizado solamente alegría, también se nos ha prometido seguridad.

Puede que no estemos libres de arrebatos de temor o de confusión, pero podemos aprender a confiar, incluso hasta en medio de la adversidad. Podemos recordar que siempre existe ese poder más grande que nosotras, cuando sea y donde sea que nuestros pasos sean inseguros.

Mantenernos, como tendemos a hacerlo, en nuestra negativa, o en nuestros rechazos, provoca críticas posteriores. Pero tampoco debemos permanecer en las alegrías pasadas. Poner atención a las personas, *aquí y ahora*, es la única respuesta totalmente correcta para la vida. No estar aquí ahora provoca la huida de otros, tal como nosotros nos hemos ido.

———————————

Celebraré la emoción del presente; exprimiré los momentos de hoy, y confiaré el resultado a Dios.

El problema no es que nunca seamos felices, es que la felicidad es muy episódica.

RUTH BENEDICT

La felicidad es nuestro derecho de nacimiento. La decisión de ser felices es nuestra todos los días, cuando nos enfrentamos a cualquier experiencia. Muchas de nosotras crecimos con la creencia de que la vida necesitaba ser de cierta manera para poder ser felices. Buscamos al amante correcto; el trabajo correcto; quisimos encontrar fuera de nosotras mismas la llave de la felicidad. A su tiempo, también la buscamos en el alcohol, las drogas, la comida en exceso; todo en vano.

La felicidad se encuentra en nuestro interior; debemos alentarla a surgir. Pero primero debemos creer que la felicidad está completamente en nuestro poder; confiar en que ni la circunstancia más difícil nos la va a quitar, pues ya hemos descubierto donde está su origen.

La vida es un don que se nos otorga momento a momento. Admiremos su grandiosidad y luego gocémosla. Podemos maravillarnos por la creación y darnos cuenta de cuán especiales somos al ser partícipes de ella. La felicidad triunfará si lo permitimos. Mostremos gratitud por lo maravilloso de este regalo con una sonrisa para nosotras y para los demás.

El que esté yo aquí es un maravilloso misterio cuya respuesta natural es la alegría; no es un accidente.

A través de la espontaneidad nos reformamos. Libre de cualquier marco de referencia, la espontaneidad se convierte en un momento de libertad personal cuando nos enfrentamos a la realidad, la exploramos y actuamos de acuerdo con ella.

VIOLA SPOLIN

Vivir el aquí y el ahora nos brinda posibilidades nunca antes mencionadas para un nuevo crecimiento. Nuestro interior es conducido hacia nuevas direcciones cuando nuestra atención está en el presente. Cuando nuestras mentes todavía se encuentran en la discusión de anoche, o en la junta de consejo de mañana, usamos tapaojos para la actividad del momento. Y Dios, como nuestro maestro y protector, reside en *esa* experiencia, en los corazones de *esas* personas presentes.

Cada momento tiene algo para nosotras. Tal vez un poco de información que pueda ayudarnos a resolver un problema que nos había estado rompiendo la cabeza. Tal vez la oportunidad de hacer un nuevo amigo que va a estar presente cuando lo necesitemos.

Dejar que el ayer se vaya nos libera. No necesitamos que sea una carga. Se ha ido. Nuestras vidas podrían facilitarse tanto si mantuviéramos nuestra atención en las experiencias presentes, donde los problemas a los que nos enfrentamos siempre tienen solución.

Hoy recibiré, con saltos y sonrisas, lista para las respuestas, a las verdades, las instrucciones hechas sólo para mí. Las maravillas de hoy me bendecirán.

> Si puedo evitar que un corazón se rompa, no viviré en vano;
> si puedo evitar el dolor a una vida, o aliviar una pena, o
> ayudar a un desfalleciente petirrojo a volver a su nido, no
> viviré en vano.

EMILY DICKINSON

El regalo de poner atención el uno al otro significa seguir adelante con el amor de Dios. Para que podamos sentir amor, tenemos que darlo. Conoceremos el amor cuando lo brindemos.

Nuestro vínculo con el mundo, la sensación de pertenecer, que la mayoría de nosotras buscamos por mucho tiempo antes de la recuperación, nos espera, salta a la vista aun cuando estemos buscando a alguien más. Cuando permitimos que otros sepan que no están solos, tampoco nosotras nos sentimos solas, ni asustadas, ni enajenadas. Podemos curarnos unos a otros. El programa nos muestra el camino de nuestra curación. Diariamente cada una de nosotras puede aminorar la pena de un amigo, de un compañero de trabajo, de un niño. La belleza del programa, la belleza del plan de Dios para todas nosotras, es que nuestras penas se ven aliviadas en cuanto tratamos de aminorar las penas de otros. El amor es el bálsamo. Amar a otros da utilidad a nuestras vidas.

Ningún día lo he vivido en vano, si he amado la presencia de alguien más.

He empezado a creer en el "Sacramento del Momento", que
presupone confianza en la máxima bondad de mi creador.

RUTH CASEY

El momento, hecho realidad, es como un capullo en
flor. El día pasa y mientras transcurre vivimos experiencias que son sólo para nosotras, en lugar y tiempo
exactos. Nuestra resistencia a ciertas experiencias y a
algunas personas en particular, crea la barrera que bloquea lo bueno que nos puede llegar a suceder.

Podemos descansar con la plena seguridad de que
nuestro poder más alto nos cuida; cada vez que respiramos nos llenamos de su espíritu. El plan para nuestra
vida es una acumulación de experiencias necesarias
que nos ayudan a crecer y a desarrollar nuestros talentos especiales. Lo que a menudo se nos olvida es que los
periodos difíciles de nuestra vida nos desperezan, nos
enriquecen, nos ayudan a estar listas para ser las mujeres que queremos llegar a ser.

Este momento es sagrado; todos los momentos lo
son; no regresarán nunca. Pero lo que este momento
nos ofrece para crecer no se nos volverá a ofrecer exactamente de igual forma. Nuestro poder más alto conoce
nuestras necesidades y las está tomando en cuenta.
Podemos confiar en la bondad de este día.

Creeré en la bondad de cualquier situación que enfrente hoy.
Es buena para mí. Puede que mi paciencia crezca y que no me
provoque risa, pero en este momento eso es benéfico para mí.

El problema no es simplemente la mujer y su carrera, la mujer y su hogar, la mujer y su independencia. Es mucho más simple: cómo permanecer íntegra en medio de las distracciones de la vida; cómo permanecer equilibrada sin importar qué fuerzas centrífugas tiendan a expulsarme del centro; cómo permanecer fuerte a pesar de las fuerzas de choque que entran en la periferia intentando romper el eje de la rueda.

ANNE MORROW LINDBERGH

Antes de entrar al programa de recuperación, muchas de nosotras no podíamos hacer frente a las distracciones de la vida, sólo lo lográbamos con la ayuda de nuestra adicción.

No teníamos en realidad conciencia de nuestra integridad y rebotábamos en forma constante de una crisis a otra.

Puede que todavía nos sintamos atadas. Las crisis todavía nos pueden hacer tropezar, pero tenemos un centro que estamos comenzando a entender y con el que siempre podemos contar. Ese centro es nuestro espíritu interior.

Entrar poco a poco a nuestro centro, y escuchar los mensajes que ahí se encuentran, resuelve nuestros problemas, tranquiliza las olas de la tormenta.

La fuerza para continuar nos espera.

Podemos amortiguar las golpes que "rompen el eje de la rueda" y enriquecernos con ello. Continuamente estamos tejiendo nuestro bordado de vida, y cada experiencia le da color a nuestro diseño. Nuestras penas, tristezas y alegrías nos dan la profundidad que algún día nos ayudará a decir "ya veo; ya entiendo".

———————————————

Agradeceré las experiencias que den belleza a mi bordado.

Ten el coraje de actuar en vez de reaccionar.
DARLENE LARSON JENKS

Tomar el tiempo suficiente para meditar nuestras respuestas ante las situaciones que nos encontremos, nos ofrece libertad para hacer elecciones correctas para nosotras. Una conducta impulsiva puede pertenecer a nuestro pasado si así lo queremos, pues rara vez actuar así fue la mejor respuesta para nuestro bienestar.

Tomar decisiones nos levanta la moral; nos da la oportunidad de ejercitar nuestro poder personal, este ejercicio es obligatorio para el sano desarrollo de nuestro ego. Necesitamos realizar nuestras elecciones con cuidado y meditación, pues en el futuro ellas definirán nuestro carácter. Cada acción que llevemos a cabo claramente indicará la clase de personas en que nos estamos convirtiendo. Cuando hemos optado por algo concienzuda y deliberadamente, porque es lo mejor para nosotras, estaremos entonces transformándonos en las personas que escogimos ser.

Nuestras acciones revelan quiénes somos, ante nosotros y ante los demás. No necesitamos nunca transmitir una imagen errónea de nosotras mismas. Sólo necesitamos tomar nuestro tiempo y arriesgar el coraje necesario para comportarnos exactamente como lo elegimos. Conoceremos una nueva libertad cuando lo hayamos logrado.

Ejercitaré mi poder de actuar y sentiré la integridad de mi ser.

> A los quince años la vida me enseñó que indudablemente
> rendirse es tan honorable como resistirse a hacerlo, espe-
> cialmente si uno no tiene alternativa.
>
> MAYA ANGELOU

Tuvimos que rendirnos ante un poder más fuerte que nosotras para llegar a donde estamos ahora. Y cada día debemos acercarnos a ese poder para que nos guíe y nos dé fuerza. Para nosotras, resistir significa pelear, pelear contra los demás, así como contra nosotras mismas.

La serenidad y la batalla son incompatibles. No podemos controlar fuerzas que están fuera de nosotras; no podemos controlar las acciones de nuestras familias y de nuestros compañeros de trabajo; pero sí podemos controlar nuestras respuestas hacia ellos. Cuando decidamos ceder ante nuestros intentos de controlar, encontraremos paz y serenidad.

Aquellos que aborrecemos, tememos, o que queremos conquistar, parecen de pronto desaparecer cuando decidimos no resistir más, no asediarlos más.

Las realidades de la vida vienen a nosotras de maneras misteriosas. Luchamos muy fuerte, y sólo para aprender que lo que necesitamos nunca será nuestro hasta que abandonemos la batalla. Rendirse proporciona conocimientos.

Las lecciones de la vida son simples una vez que he renunciado a la batalla.

> Es irónico que lo único que todas las religiones reconocen que nos separa de nuestro creador y de nuestra propia conciencia es también lo único que nos separa de nuestros hermanos.
>
> ANNIE DILLARD

Si salimos de nosotras mismas y vamos más allá de nuestros egos, abriremos la puerta para una verdadera comunicación con la gente que hoy encontraremos. Tenemos que aprender a mirar con amor el alma de la persona o del niño que tengamos ante nosotros; aprender a ver sus necesidades antes que las nuestras, y a través del tiempo esa preocupación será genuina. La separación que existe entre nosotros dejará de existir.

Esa separación de los demás, la barrera que nos aparta, viene de nuestras propias inseguridades. Crecimos con la costumbre de compararnos inmediatamente con aquellos que conocemos. Los consideramos ya sea inferiores o superiores, y así también nos determinamos a nosotras mismas. Cualquier regalo que tenemos para ofrecernos el uno al otro se queda sin desenvolver, al menos por ahora.

Vayamos juntas, realmente juntas, hacia alguien que hemos rechazado hasta ahora. Podemos confiar en que la gente que ha entrado en nuestras vidas se halla ahí por un designio. Somos iguales a ellas y ellas a nosotras. Necesitamos lo que ellas tienen para dar, de la misma manera que su crecimiento necesita de nuestros regalos.

Hoy apreciaré el designio de mi vida. Me apegaré más a cada momento.

Cada mañana me despierto con la emoción del anhelo y la
alegría de estar realmente viva. Y estoy agradecida por ese
día.

ANGELA L. WOZNIAK

Abrirse ante todo lo que el día nos depara y buscar
las experiencias positivas que se nos presentan, se convierten en hábitos sólo después de habernos hecho el
compromiso firme de hacerlos con dedicada práctica.
El día de hoy es especial para cada una de nosotras.

Las próximas 24 horas van a ser diferentes de todas
las demás, y nosotras no seremos las personas que
éramos, ni siquiera el día de ayer. Observar todos los
acontecimientos del día, con la seguridad de que, cada
detalle, estará bajo el cuidado de nuestro poder más
alto, nos dará libertad de provocar la mayoría de las
cosas que nos pasan.

Se nos ha dado el regalo de la vida. Somos sobrevivientes. Las profecías en contra de nuestra sobreviven-
cia del pasado dejan claro que todavía tenemos un
trabajo que hacer y que se nos está brindando la ayuda
para hacerlo. La confianza titubea en todas nosotras,
pero debemos estar seguras de que nos será dada la
fuerza que necesitemos.

---

*En este día puedo estar segura de que tendré muchas oportu-
nidades para crecer, para ser amable con los demás, para
desarrollar la confianza dentro de mí. Meditaré en mis acciones porque son especiales y no se repetirán nunca más.*

La maneras como yo me relacione con mi interior influirá en mis relaciones con los demás. La satisfacción que tenga conmigo misma y la satisfacción con los demás, son directamente proporcionales.

SUE ATCHLEY EBAUGH

La actitud de odio hacia los demás, de resistirse ante las sugerencias de alguien, de sentir celos del atractivo o habilidades de otra mujer, son síntomas que indican cómo está la salud de nuestros programas espirituales. Nuestra seguridad descansa en Dios. Cuando esa relación se nutre, las recompensas son muchas y grandes las satisfacciones.

Nuestro interior necesita que se le mime y se le premie. Sin duda ha sufrido por muchos años el abuso de la negligencia. De muchas maneras nos hemos regañado a nosotras mismas; tal vez nos hemos avergonzado de nuestra persona. Aprender a amar nuestro interior, reconocer el valor inherente a nuestra existencia, nos da fuerza, paciencia, y nos compromete, ventajas que sólo ahora, mediante este programa de recuperación podemos desarrollar.

Nuestro interior es el hogar de nuestro espíritu, en donde radica nuestro vínculo con toda fuerza, todo coraje, toda autoestima, toda serenidad. Nuestro espíritu es uno con el poder más alto. Debemos acreditar su presencia y utilizar el alivio que nos ofrece.

Mis relaciones con los demás son tan sanas y completas como lo es mi comunicación con Dios.

> Porque eso es sabiduría: vivir, tomar el destino como venga,
> o lo que los dioses nos den.
>
> LAURENCE HOPE

No podemos controlar los acontecimientos de nuestra vida, pero sí tenemos dominio sobre nuestras actitudes. Hoy tendremos muchas oportunidades para reaccionar negativa o positivamente ante circunstancias en las que nos veamos envueltas. Podemos considerar que cada circunstancia tiene en sí algo especial para nosotras.

Los resultados positivos que van de acuerdo con lo que hemos planeado, así como las actividades espontáneas del día, influirán en el flujo de actividades, nuestra participación y nuestras interacciones con la gente involucrada. Una actitud positiva engendra experiencias positivas, atraemos a nuestra vida lo que esperamos. ¿Cuántas veces nos hemos levantado enojadas, sintiendo que estamos retrasadas cuando el día apenas comienza; de mal genio con nuestros hijos; "listas" para un día duro en el trabajo? Y generalmente lo encontramos.

La Oración de la Serenidad nos ofrece todos los conocimientos y toda la sabiduría que necesitamos. Podemos aceptar lo que tiene que ser, cambiar lo que podemos cambiar, y no confundirnos entre estas dos cosas. Podemos inventariar nuestras actitudes. ¿Nos estamos haciendo cargo de ellas? Nuestra actitud es algo que podemos cambiar.

No me dejaré atrapar por una actitud negativa. Aceptaré el reto de modificar este día a mi favor.

La idea de que las mujeres frecuentemente han estado en desventaja, no sólo por el miedo al fracaso —situación tampoco ignorada por los hombres—, sino también por el temor al éxito, ha ganado aceptación.

SONYA RUDIKOFF

Antes de llegar a este programa, nuestra práctica era comer, tomar y fumar para alejar nuestros temores. De lo que además nos dimos cuenta, profundamente, es de que los miedos tampoco desaparecían, aun bajo el efecto de nuestra adicción.

Este programa nos está ayudando a entender que los temores son humanos, normales, y que podemos sobrevivir cuando permitimos que Dios y nuestros amigos en el programa nos proporcionen ayuda.

Las drogas y el alcohol distorsionan nuestras percepciones; nuestros miedos, grandes o pequeños, estaban distorsionados. E incluso en ocasiones continuamos distorsionando nuestros miedos, porque nos escapamos continuamente de la realidad espiritual de nuestra vida.

Recuerden, no hay ninguna situación, por grande que sea, que no podamos manejar, ninguna experiencia, por difícil que sea, para la que no estemos preparadas, si recurrimos al gran poder que el programa nos ofrece.

No podemos fallar en lo que intentemos hoy. El resultado de cualquier tarea que tratemos de realizar será simplemente como debe ser.

Y sea como fuere que triunfemos hoy, nos serán

demostrados los pasos, en el momento justo, para festejar ese éxito.

No tendré miedo al fracaso o al éxito. Tampoco estoy sola experimentándolos; ambos son piedras en el camino de mi vida.

Tengo una clara opción entre la vida y la muerte, entre la realidad y la fantasía, entre la salud y la enfermedad. Tengo que volverme responsable; responsable tanto de mis errores como de mis logros.

EILEEN MAYHEW

Elegir participar en nuestra propia vida a veces termina en alegría y a veces en temor. Se nos ha proporcionado energía a cada paso de nuestro creciente involucramiento; tomar decisiones difíciles eleva nuestro sentimiento de bienestar. Habrá ocasiones en que podamos sentir un gran fracaso, así como las habrá en que podamos sentir un éxito arrollador.

No todos los días quisiéramos aceptar el reto de responsabilizarnos de nuestra vida, pero lo tenemos que hacer. A veces sólo buscamos los brazos amorosos de alguien que nos cuide. Lo bello de la vida, en estos momentos, es que sí existe ese alguien a nuestro alcance y que ha demostrado repetidamente su interés por nuestra seguridad, por ayudarnos a enfrentar el reto.

Nuestra llegada al programa muestra claramente nuestra decisión de actuar responsablemente. Y cada día que deseemos vivir y dar lo mejor de nuestras habilidades, se nos brindará ayuda para concluir correctamente la tarea.

Todo lo que tengo que hacer es tomar las decisiones correctas. Sabré exactamente cuáles son, siempre que solicite ser guiada.

> Queremos que los hechos se ajusten a los conceptos. Cuando esto no sucede, es más fácil ignorar los hechos que cambiar los conceptos.
>
> JESSAMYN WEST

Para vivir íntegra y creativamente, para contribuir con lo que es sólo nuestro, es necesario que seamos totalmente receptivas ante los impactos de cada momento. Incluso anticiparnos a lo que puede llegar a suceder puede crearnos prejuicios en nuestro nivel de conciencia. Los prejuicios nublan nuestros sentidos, nos predisponen ante una situación que no entendemos del todo; y es sólo en el *ahora* cuando, momento a momento, sentimos que hemos encontrado las pistas para seguir en el camino que hemos elegido.

Mientras más nos adecuemos al paso tres y ofrezcamos nuestra vida y voluntades al cuidado de Dios, más claramente veremos cómo nuestras experiencias se vuelven más recompensables. Veremos también cómo crecen nuestras contribuciones. Los prejuicios frente a cualquier situación, persona o experiencia opacan la magia, la profundidad del momento. Sólo cuando estemos de acuerdo con lo que el momento ofrece nos entregaremos íntegramente. Nuestra relación con Dios vive ahora, mientras vamos avanzando.

Observaré cada momento con ojos de niño. Encontraré alegría y satisfacción.

Para mantener una lámpara encendida es necesario seguir poniéndole petróleo.

MADRE TERESA

Debemos nutrir nuestra naturaleza espiritual. La oración y la meditación hechas con amor, encienden la flama que nos guía en nuestro interior. Pero como somos humanos, a menudo dejamos que dicha flama disminuya, y tal vez hasta que se extinga; es entonces cuando sentimos esa soledad tan temida. Afortunadamente, después de un tiempo, quizá sólo unos momentos de silenciosa comunión con Dios enciendan nuevamente la llama.

Para la mayoría de nosotras, por muchos años la flama fue muy pequeña o tal vez no existía. El desvanecimiento que podamos sentir hoy o mañana no durará, así que podemos guardar nuestros temores. Quizás oigamos la voz de nuestro poder más alto en otros, o mientras llevamos nuestro mensaje; la oración siempre está a nuestro alrededor. Podemos alimentar nuestra llama interior al recibir el mensaje de otros, o dejar que nuestro espíritu surja hacia adelante; dejémosle iluminar nuestros corazones y los corazones de otros.

Hoy ayudaré, y de esta forma también me ayudaré a mí, a una amiga cuya flama sepa que se está desvaneciendo. Una flama firme puede encender otra que se esté apagando.

Lo bello de amar a alguien es el sentimiento de plenitud que se experimenta. La necesidad de tener a alguien en mi vida; el sentir que "soy parte de ti y eres parte de mí", conecta a dos personas y convierte a una en complemento de la otra.

KATHLEEN ANDRUS

Todo lo que nos pide el Creador es que nos amemos los unos a los otros. Si en algún lugar el amor no fluye fácilmente, entonces tal vez solamente decidamos no lastimar a nadie. Si todos evitáramos lastimar a alguien, aunque sea por un día, se transformarían todas las vidas; veríamos al mundo con una nueva perspectiva.

Mientras más amemos a otros, a quien sea, más profundo será nuestro amor hacia todos los demás. El amor enaltece nuestros corazones y aligera nuestras cargas. Las tribulaciones diarias se convierten en triunfos cuando albergamos amor en nuestros corazones. El amor nos llena, y mientras más lo compartimos, más satisfacciones sentimos.

Cada una de nosotras está conectada con todos los demás, y es necesario que contribuyamos a que exista esta plenitud. Con nuestra presencia lograremos que dicha plenitud se complete de manera perfecta.

Hoy, cuando pase junto a una amiga, le agradeceré su contribución a mi plenitud.

La armonía existe tanto en la diferencia como en la igualdad; si tan sólo la misma nota gobernara las dos partes.

MARGARET FULLER

Ciertamente la armonía existe en todas partes, como una entidad de sí misma. Nuestras actitudes personales son las que traen la inarmonía a alguna situación. Una actitud de amor puede bendecir a todas las situaciones y a toda la gente; pero lo contrario es igualmente cierto.

Todos deseamos armonía en nuestras relaciones, y la encontraremos cada vez que tengamos una actitud de honesto agradecimiento ante alguna situación. La manera como nos sintamos hoy, con esta persona o frente a aquel acontecimiento, reflejará, la fuerza de nuestra relación con Dios. Cuando vivamos en compañía de nuestro poder más alto dejaremos que la vida fluya. Entonces observaremos armonía, incluso en medio de la adversidad.

Todos los elementos de la vida se acercan hacia un estado de armonía perfecta y total. No necesitamos temer. Podemos confiar en la compañía de nuestro poder más alto y entender que cada situación, no importa cuán adversa sea su apariencia, está contribuyendo a que exista la armonía, siempre y cuando tengamos confianza.

La armonía es parte de todo; la celebraré. Confiaré en el presente; confiaré en el futuro.

El potencial creativo, en los seres humanos, es la imagen de Dios.

MARY DALE

La presencia de Dios está dentro de nosotras, ahora y siempre, aun cuando nos sintamos solas, enajenadas, asustadas y olvidadas durante gran parte del tiempo. A menudo no sentimos la presencia de Dios porque no la reconocemos. Nuestros talentos, nuestros deseos y nuestras metas son toda la evidencia que necesitaremos para entender que Dios está presente dentro y alrededor de nosotras todo el tiempo.

Muchas de nosotras no hemos descubierto nuestra creatividad, quizás por la rígida definición que tenemos de esta palabra. Somos creativas, todas lo somos; debemos serlo porque Dios está con nosotras aquí, ahora. Cuando escogemos que Él nos guíe, somos capaces de ofrecer nuestros propios y únicos dones a los amigos que tenemos alrededor de nosotras. Si alentamos nuestra creatividad y la de alguien más, tal vez estemos rompiendo con viejos hábitos, lo que significa salir de nuestra forma y también entregarnos completamente a la experiencia del momento, con la confianza de que la presencia de Dios ha provocado la entrega de nuestro don especial.

Dios vive cada momento con nosotras. Soy creativa en este momento; bendecida con dones como ninguna otra. Me quedaré en este momento y ofreceré esos dones guiada por mi interior.

El amor no está ahí, nada más, como una piedra; es necesario elaborarlo, como un ladrillo; rehacerlo todo el tiempo y volverlo a hacer.

URSULA K. LEGUIN

Queremos que nos quieran; queremos que nos abracen, queremos que nos acaricien. También nos gusta que nos demuestren cariño. Y nos gusta saber que nos hacen caso. Los amigos, nuestros esposos, los niños con quienes compartimos la vida desean lo mismo de nosotras. Así como un jardín necesita agua, sol, nutrientes para mantenerse bello, construir el amor requiere de cuidados equivalentes. Para ser mujeres completas y saludables necesitamos nutrirnos de ternura. Y también necesitamos irradiar aquello que recibimos. Así nuestro alimento espiritual bendecirá nuestro crecimiento.

El amor es dinámico, no estático. Siempre se transforma y transforma todo aquello que toca. Desde que iniciamos este programa en el que se aprende a compartirse uno mismo y a expresar abiertamente el amor, es absolutamente evidente que cada una de nosotras ha cambiado. Y nuestra presencia transforma a los demás. Hemos aprendido a aceptar y a dar amor. Pero mejor aún, hemos aprendido que somos merecedoras de amor.

Hoy voy a estar atenta a mi entorno, a quienes me rodean, y voy a recordar que mi crecimiento depende de amar y ser amada. Voy a lograrlo. Puedo construir el amor de nuevo.

AGOSTO

> El secreto de ver es poder navegar veloz sobre el viento
> solar. Pule y extiende tu espíritu hasta que tú mismo seas
> un velero, dinámico, traslúcido, sensible a la más sutil brisa.
>
> ANNIE DILLARD

Nuestro avance, y ciertamente nuestra serenidad, serán ensanchados por nuestra voluntad de aceptar todo lo que nos bendiga en este día. Pero no sólo la voluntad de aceptar, sino también la de celebrar, con la confianza en que estos acontecimientos nos llevarán hacia nuestro destino especial.

Dejarse llevar por las curvas y vueltas de nuestra vida, más que resistirse a ellas, nos garantiza una navegación suave, pues nos ayuda a aprovechar al máximo nuestras oportunidades, al tiempo que aumenta nuestra serenidad. Si aceptamos nuestra impotencia sobre todas las cosas, excepto sobre nuestra actitud, habremos dado el primer paso hacia la serenidad.

La resistencia, ya sea ante una persona o ante una situación, aumentará la problemática en nuestra vida. Podemos creer en las ventajas que toda experiencia ofrece al crecimiento; navegar con nuestras experiencias; abrirnos a ellas de manera que nos lleven a nuestro destino; o confiar, simplemente confiar, en que todo está correcto y a nuestro favor, en cada momento.

Hoy mi serenidad está bajo mi control. Miraré este día con confianza y gratitud, y mi espíritu se elevará.

Aunque estemos enfermos y cansados y desfallecientes y
acabados, ¡mirad, todas las cargas se pueden llevar!

ELIZABETH CHASE AKERS

¿Qué fue lo que más nos molestó hace un año? ¿Hace
un mes? ¿Incluso hace una semana? Es probable que
eso, lo que fuera, se nos haya convertido en una obsesión; estábamos seguras de que nuestro futuro estaba
arruinado, que no había ninguna solución razonable. Es
probable también que simplemente temiéramos no poder sobrevivir a la complejidad de la situación. Pero
lo hicimos. Y siempre seremos capaces de sobrevivir
a todas las dificultades. Nunca, absolutamente nunca,
se nos da más de lo que podamos manejar. De hecho, se
nos da exactamente lo que necesitamos, en cualquier
momento.

Tenemos muchas lecciones que aprender. Afortunadamente, también tenemos la estructura de los Doce
Pasos para guiarnos a través de las lecciones. Necesitamos, principalmente, recordar que somos impotentes,
que hay un poder más grande que nosotras y que la
vida se volverá más sencilla; no necesitamos de tareas
extra si recurrimos a la proteción de Dios.

Cualquiera que sea mi problema hoy, se lo dejaré a Dios.
Encontraré la solución tan pronto como surja el problema.

Todo lo necesario para hacer de este mundo un lugar mejor para vivir, es amar; amar como Cristo amó, como Buda amó.

ISADORA DUNCAN

Ser amadas incondicionalmente es nuestro derecho de nacimiento, y así nos ama Dios.

Deseamos ese amor cada una de nosotras, y, sin duda, nos lo merecemos; de cualquier forma, buscar amor antes de darlo es una cualidad humana; así es como muchas de nosotras buscamos ansiosamente signos de amor.

Amar realmente a otra persona significa dejar ir todo anhelo; significa aceptación total; incluso la celebración de la personalidad de otro.

No es fácil, pero si recompensable tanto para nosotras como para la persona que es el objeto de nuestro amor.

El amor es el bálsamo que cura. El amor aligera nuestras cargas cualesquiera que éstas sean; incita siempre a que nuestra alegría interior surja. Pero, sobre todo, nos conecta con otros seres.

La soledad se aleja; ya no estamos enajenadas con nuestras circunstancias.

El amor es el mortero que contiene unida toda la estructura humana; sin la expresión del amor, esta estructura se derrumba.

El programa de recuperación nos ha ofrecido un plan para amar a otros, así como a nosotras mismas. El amor vendrá a nosotras en la misma medida en que nosotras lo brindemos.

———————————

Todas y cada una de las expresiones de amor que ofrezca hoy harán más ligeros los subsiguientes pasos que tome en esta vida.

Déjenme decirles, el tiempo es un preciadísimo don de Dios; tan preciado que sólo se nos brinda momento a momento.

AMELIA BARR

¿Dónde están nuestras mentes ahora? ¿Estamos dedicadas por completo a esta meditación? ¿Están nuestras mentes vagando entre los acontecimientos programados para más tarde, o tal vez para mañana? La única verdad es que *este momento* es todo lo que Dios ha permitido hasta ahora. Es designio suyo que vivamos cada momento de la manera como venga. Ahí yace la riqueza de nuestras vidas. Cada momento contribuye al patrón total que es nuestro y es único.

No debemos perdernos el placer potencial de cada experiencia por tener nuestras ideas en otro lugar. No sabemos qué momento particular, o qué situación, pueda ser una puerta para nuestro futuro. Lo que sí sabemos es que Dios tiene que trabajar duro para obtener nuestra atención; tal vez en algún momento permita que haya muchos obstáculos para después hacernos regresar a nuestro objetivo. Aceptar ahora sus designios nos garantiza una línea directa de comunicación con Él. También nos garantiza una vida completa y sencilla. Nuestro propósito se aclara cuando confiamos nuestros pasos a Dios. ¡Qué terriblemente complicada hacemos nuestra vida cuando tratamos de vivir en el pasado, presente y muchos futuros al mismo tiempo!

Un paso, un momento; después otro paso y otro momento. ¡De qué manera tan sencilla proporciona libertad la vida!

> El punto es que yo doy la última palabra en cuanto a mi propio bienestar, mi propia felicidad. Las elecciones que haga y decisiones que tome, con respecto a mi vida, influirán directamente en la calidad de mis días.
>
> KATHLEEN ANDRUS

No debemos culpar a otros por lo que hacemos de nuestra vida. Lo que somos es una combinación de acciones, actitudes, elecciones y decisiones que hemos tomado hasta ahora. Para muchas de nosotras, haber decidido no actuar ante una buena oportunidad pudo habernos puesto en un predicamento; pero esto fue lo que decidimos y por lo que debemos asumir responsabilidad.

No forzosamente tenemos que sentirnos impotentes y desamparadas por los acontecimientos de nuestra vida. Es cierto que no podemos controlar a los demás, y que no podemos atrapar el momento de una situación, pero sí podemos escoger nuestra propia respuesta para ambos. Estas respuestas ensalzarán nuestra personalidad y sensación de bienestar, e incluso pueden influir positivamente en la calidad del día.

Aceptaré con responsabilidad mis acciones, pero no porque pueda haber consecuencias; es todo lo que se pide de mí; es una de las asignaturas de la vida, y la tarea está por venir.

Los que se aburren de la calma son los que conocieron la tormenta.

DOROTHY PARKER

La variedad de experiencias es necesaria para nuestro continuo crecimiento. Erróneamente pensamos que la vida "sin problemas" será siempre bienvenida; pero son las olas profundas de la vida las que nos enseñan a ser mejores nadadoras.

No podemos apreciar la calma sin la existencia de una tormenta que nos lleve a conocer nuevos límites de nosotras mismas. La calma que sigue a la tormenta nos ofrece el tiempo necesario para disfrutar nuestro nuevo crecimiento. Estamos continuamente cambiando, redefiniendo nuestros valores, caminando con extremo cuidado por territorios desconocidos. Debemos estar siempre en armonía con estos nuevos territorios, no lo olvidemos.

Incluso en medio de la calma añoramos un desafío que nos bendiga. Nuestro interior entiende la travesía: es un viaje destinado a llevarnos a nuevos horizontes; un viaje que promete muchas temporadas de tempestades. Y es que para alcanzar nuestro destino, debemos estar dispuestas a soportar las tormentas. Son desafíos escogidos para nosotras, diseñados para ayudarnos a lograr todo lo que necesitamos ser en esta vida terrenal.

La mezcla de calma y tormenta no es una coincidencia; todo lo contrario. Mi crecimiento está en el centro de cada una. Confiaré en sus mensajes.

> Tener nuestra individualidad completamente ignorada es como ser empujado totalmente fuera de la vida. Es apagarse como la flama de una vela.
>
> EVELYN SCOTT

Necesitamos saber que somos importantes en esta vida, que los demás están conscientes de nuestra presencia; así podremos estar seguras de que ellos necesitan de nosotras la misma atención. Por tanto, si ponemos atención en otra alma nos ayudaremos también a encontrar nuestra propia necesidad de atención.

El respetuoso reconocimiento de la presencia de alguna otra persona la bendice, lo mismo que a nosotras y a Dios. Y una a la otra nos ayudamos a crecer, de manera importante, cada vez que reconocemos nuestra existencia.

A veces no estamos seguras de lo que tenemos para ofrecer a nuestras amigas, familia o compañeros de trabajo. El porqué nos encontramos en ciertas circunstancias nos puede confundir, pero es muy probable que la gente con la que convivimos regularmente necesite algo que le podemos dar; de la misma manera que nosotros necesitamos lo que ella nos puede brindar. Así que podemos empezar por poner mucha atención a la gente que se encuentra en nuestro camino. Para poder sentir el mensaje de un alma que se dirige a la nuestra se necesita escucharlo cuidadosamente y observarla con atención.

Estaré consciente de la gente a mi alrededor. La reconoceré y estaré agradecida por todo lo que me ofrece.

> Soy una mujer muy afortunada y agradecida. Afortunada y agradecida por cada mañana que despierto. Por tres maravillosas hijas y un hijo. Por un comprensivo y muy amable esposo con el que he compartido 52 benditos años, todos con buena salud.
>
> THELMA ELLIOTT

Agradecer lo que se nos ha ofrecido en nuestras vidas suaviza las amargas actitudes que en ocasiones adoptamos. La vida se nos presenta con varias bendiciones; algunas nos traen alegría inmediata; algunas más acarrean lágrimas; otras nos invaden de temor. Lo que necesitamos entender es que todas las experiencias están hechas para nuestro bien, que todas nos bendicen de alguna manera. Si somos capaces de aceptar esta verdad afrontaremos todas las situaciones, grandes o pequeñas, con un corazón agradecido.

Es muy fácil desear acabar con nuestras vidas al no encontrar satisfacción en nuestras familias, nuestros trabajos, nuestros amigos. Mientras más fallas le busquemos a la vida, más fallas le encontraremos. Las actitudes negativas atraen experiencias negativas, mientras que las actitudes positivas aligeran la carga de algo que estemos aprendiendo.

Los años pasan muy rápido. Nuestras oportunidades de disfrutar la vida también pasan rápido. Podemos tomar lo que se nos depara en nuestro camino y estar agradecidas. Nunca estaremos seguras si esta experiencia de ahora pueda ser la última.

El despertar de cada mañana es la bendición número uno.

Para mí, dejar de fumar no era una cuestión de fuerza de voluntad, sino de falta de voluntad.

JOAN GILBERTSON

La mayoría de nosotras ha luchado, con mucha voluntad, contra un sinnúmero de adicciones: licor, pastillas, azúcar, chocolate, cigarros, hombres. Mientras mayor era nuestra determinación de controlar la adicción, o de abstenernos, más fuerte era la compulsión por un trago, una mordida, una fumada. La clave era renunciar completamente.

Este programa de recuperación, una vez que humildemente aceptamos nuestra impotencia y lo solicitamos, nos ayuda a cada una de nosotras a encontrar el alivio a nuestra principal adicción. Durante todos los días, puede ayudarnos de manera igualmente efectiva con otros problemas que realmente estemos tratando de controlar.

¿Algún miembro de la familia nos está causando dolor? ¿Algún compañero de trabajo nos está creando ansiedad? ¿Se ha alejado un amigo cercano? ¡Gastamos tanta energía en tratar de manejar el porvenir! En la mayoría de los casos nuestro intento de controlar provoca aún más resistencia.

El programa nos ofrece la manera de salir de una situación frustrante. Podemos estar conscientes de nuestra impotencia y aprovechar las oportunidades ofrecidas por nuestro poder más alto, o podemos volcarle a Dios cualquier problema y, calladamente, en forma confiada, esperar la resolución. Esto está garantizado.

Será mucho más fácil encontrar las experiencias de la vida si no actúo de manera voluntariosa. La respuesta correcta, en todos los casos, emergerá más rápidamente.

> ... el crecimiento de la comprensión sigue un camino en espiral más que una línea recta.
>
> JOANNA FIELD

Cada una de nosotras está viajando en su propio y muy especial camino de la vida. Algunas veces nuestros caminos corren paralelos, e incluso llegan a cruzarse, porque todas tenemos un destino común: conocer el significado de la vida. Y llegaremos a este conocimiento cuando lleguemos a la cima de la montaña, separadas, pero aún así, juntas.

En este viaje, nuestra subida por la montaña no es en línea recta. La rodeamos despacio, cuidadosamente; a veces perdemos el paso; a veces caminamos hacia atrás porque nos hemos topado con un gran obstáculo. Muchas veces nos hemos tropezado, pero mientras avancemos en el entendimiento y confiemos más y más en nuestra fuerza interior, disponible en todo momento, nuestros pasos se harán más seguros.

En este viaje nunca hemos necesitado caminar solas. Nuestros problemas en el pasado eran complicados porque no lo sabíamos, pero ahora lo sabemos. Nuestra vida es para nuestro poder más alto; si nos apegamos a esto, cada paso de nuestro camino será seguro. La tierra bajo nosotros permanecerá estable.

Estoy en un sendero que me llevará al entendimiento. Estoy aprendiendo a confiar en la vida que me ofrece el programa, Dios y mis amigos. Mientras aprendo, mis pasos son menos titubeantes, más seguros.

> La imaginación siempre ha tenido poderes de resurrección
> que ninguna ciencia puede igualar.
>
> INGRID BENGIS

En la imaginación hay mensajes trasmitidos por Dios para nosotros. La inspiración y los sueños nacen ahí. Ambos le dan vida a las metas que nos llevan hacia adelante, que nos invitan a honrar esta vida que se nos ha dado como ningún otro obsequio.

Nuestra imaginación nos ofrece ideas que debemos considerar, ideas específicas para nuestro desarrollo. Nos da valor para caminar en nuestro tiempo, en nuestro lugar; para dar nuestros regalos al mundo. Podemos estar alertas a esta especial "voz interior" y dejar que ella guíe nuestras decisiones. Podemos confiar en sus peticiones. Su cometido es servirnos, pero sólo si nos decidimos a "escucharla".

La imaginación nos da otra herramienta: creer en nosotras mismas. Y la magia de creer nos ofrece fuerza y capacidad, incluso más allá de nuestros más queridos anhelos. Nos prepara para el esfuerzo que necesitamos hacer y para manejar cualquier designio de Dios.

Mi imaginación me servirá hoy; me otorgará las ideas y el valor que necesito para seguir adelante.

Cuando una mujer tiene amor, ya no se encuentra a merced de fuerzas más poderosas que ella, pues ella misma se convierte en fuerza poderosa.

VERONICA CASEY

La necesidad de amor es universal. Cada una de nosotras anhela sentirse necesitada, apreciada, deseada, pues estas actitudes nos fortalecen; pero cuando no las hay, a veces vacilamos.

Con madurez emocional y espiritual podemos entender que somos amadas incondicionalmente por Dios. Y la conciencia de ese amor, la conciencia de su fuerte presencia, nos alentará cuando no haya ninguna otra señal de amor. La mayoría de nosotras, sin embargo, todavía perdemos nuestra conexión con Dios omnipresente. Así, nuestra capacidad de sostenernos se vuelve inestable.

Mientras no estemos seguras de nuestro valor, de la presencia del amor de Dios, necesitaremos practicar la autoafirmación. Pero aprender cómo alimentarnos, cómo ser amables y cariñosas con la mujer que llevamos dentro, puede ser muy trabajoso. La paciencia puede suavizar el proceso. Amarnos incondicionalmente a nosotras mismas se convertirá en algo natural a su tiempo. De hecho, sentiremos a nuestra persona interior crecer, cambiar. Nuestra integridad se volverá aparente tanto para otras personas como para nosotras mismas.

El amor engendra amor. Lo vertiré sobre mí y sobre otros, y saborearé la sensación de crecimiento que emergerá.

> Cualquier cosa que se trate de conseguir por la fuerza a través de la voluntad personal, será siempre algo "insano" y un "eterno fracaso".
>
> FLORENCE SCOVEL SHINN

La clave para lograr nuestra recuperación es aceptar la voluntad de Dios y no luchar más para imponer la nuestra. El dolor que hemos sentido en años anteriores frecuentemente fue propiciado por nosotras mismas. Hemos controlado las situaciones al grado de forzarlas para conseguir lo que deseábamos y sólo para darnos cuenta de que esto no nos proporcionaba la felicidad. Después de tanta lucha, solamente conseguíamos un final amargo. Si queremos que algo o alguien juegue bajo nuestras propias reglas, podemos encontrarnos con barreras. Y cuando estas barreras no ceden con un leve empujón, debemos considerarlo como una pista de que estamos fuera de curso. Cuando queremos lo que Dios desea para nosotras, esas barreras, si es que las hay, se derrumban fácilmente.

Lo que Dios quiere para nosotras, en todo momento, es crecimiento y felicidad. Cuando salgamos de nuestro ego y desarrollemos una actitud no egoísta ante la vida, encontraremos serenidad en medio de cualquier torbellino. La paz y la serenidad son la promesa de Dios.

Conoceré la voluntad de Dios si escucho a mi voz interior. Haré lo que crea que está bien hecho y la paz será mi recompensa.

> Cada vez que hemos sido rudas y fuertes hemos tenido miedo. Se necesita mucho valor para permitirnos ser vulnerables, para ser dóciles.
>
> DUDLEY MARTINEAU

Hemos desarrollado defensas para protegernos, pues hemos sentido la necesidad de hacerlo ante los abusos de otros: nuestros padres, jefes, cónyuge; incluso los extraños, y en ciertas ocasiones dichas defensas nos sirvieron bien; sin embargo, han cobrado su tarifa. Al escondernos detrás de ellas por mucho tiempo, las hemos convertido en habituales y nos hemos alejado más y más de nuestro centro, de la mujer que cada una de nosotras quiere y necesita ser.

Si mostramos al mundo quiénes somos en realidad, provocaremos juicios, a veces rechazos y otras muchas incredulidades. Es un terrible riesgo que debemos tomar, y las recompensas son rara vez inmediatas. Pero con el tiempo los demás nos respetarán por nuestra vulnerabilidad y comenzarán a imitar nuestro ejemplo. Nuestra integridad funcionará bien a su debido tiempo.

Dejar que otros vean quiénes somos realmente provoca menos confusión, a ellos y a nosotras mismas. Ya no necesitamos decidir quiénes debemos ser; simplemente somos quienes somos. Nuestras elecciones se vuelven más sencillas. Sólo hay una actitud apropiada ante cada situación: la de ser honesta.

Si soy honesta, las recompensas vendrán después.

> La vida no necesita mutilarse a sí misma para llegar a ser pura.
>
> SIMONE WEIL

Cuán terriblemente complicada escogemos la manera de hacernos las muchas preguntas de la vida. ¿Debemos llamar a una amiga para disculparnos, o esperar a que ella nos llame? ¿Están los niños recibiendo el cuidado que requieren en este momento? El que nosotras "hayamos llegado a creer en un poder más fuerte que nosotras" muchas veces se encuentra lejos de nuestro pensamiento cuando más lo necesitamos.

Nuestra necesidad de hacer las cosas perfectas, de saber todas las respuestas, de controlar todo dentro de nuestro alcance, crea problemas donde realmente no existen. Y mientras más nos enfocamos al problema que hemos creado, más crecerá éste. No poner atención alivia la tensión. Los problemas de la semana pasada rara vez pueden ser recordados en ésta. El problema que está ocupando toda nuestra atención lo podemos dejar ir en este momento. Y así, de pronto, el torbellino que hemos estado sintiendo también se irá.

El programa nos proporciona una nueva forma de acercarnos a la vida. Nosotras no necesitamos mutilarla. Podemos aprender a aceptar las cosas que no podemos cambiar, y cambiar las cosas que sí podemos... con práctica.

Hoy rezaré para tener sabiduría. Esperaré sabiduría, no problemas, y el día fluirá suavemente.

El amor es una fuerza. No es un resultado, es la causa. No es un producto; produce. Es un poder, como el dinero, o el vapor, o la electricidad. Es invaluable, a menos que puedas dar algo más a través de él.

ANNE MORROW LINDBERGH

Amar y sentirnos amadas ¡Cuántas veces ambas cosas nos eluden! Sin embargo, ya hemos dado el primer paso. Debemos estar agradecidas por nuestra recuperación; esto es un acto de amor. Hemos escogido amarnos a nosotras mismas, y el programa nos abre el camino para amar a otros. El amor y amar son bálsamos para la enfermedad del alma que experimentamos. Nos estamos curando. Nos curamos la una a la otra.

Amar a otros significa ir, en un momento, más alla de nuestros egoísmos, y poner en primer plano los asuntos de los demás. El resultado es que los demás sienten nuestro amor; sienten un cuidado que les cura. Y nuestras naturalezas espirituales también se recuperan.

Si tocamos nuestras almas mutuamente, encontraremos a Dios y a nosotras mismas. Nuestro don más especial es ser amadas y dar amor. Cada momento que pasamos con otra persona es como un intercambio de regalos.

Cada día será una fiesta de intercambio de regalos, si así lo queremos.

> La vida no siempre es lo que uno quisiera que fuera, pero sacar provecho de ella, así como es, es la única manera de ser feliz.
>
> JENNIE JEROME CHURCHILL

Generalmente estamos muy seguras de lo que sabemos que es bueno para nosotras, y también a menudo pensamos que lo que creemos que es mejor nos garantizará felicidad. Quizás deberíamos reflexionar en todas las anteriores veces que nuestros deseos no se hicieron realidad, afortunadamente.

¿Alguna de ustedes se imaginaba que hoy iba a estar haciendo lo que está haciendo? Tal vez deseábamos tener hijos, un tipo particular de hogar, una cierta carrera, pero, ¿realmente esperábamos todo lo que la vida nos ha dado? La adicción, y después su recuperación, no eran algo que hubiésemos querido, pero sí se encontraron dentro del marco general de nuestra vida. La felicidad que hoy experimentamos probablemente no sea de la forma en que la esperábamos hace algunos años; pero se nos da de acuerdo con nuestras necesidades. La elección de ser feliz por lo que pasa es nuestra a cada momento.

Puedo tomar la vida como es, y confiar en que es lo correcto. Esto me garantiza felicidad duradera. Las experiencias de hoy me acercarán más a esa felicidad.

> El hoy era como una sombra; acechaba detrás de mí. Ahora se fue para siempre. ¿Por qué es tan difícil convertir al tiempo en tu amigo?
>
> MARY CASEY

Cada minuto que pasa es lo único de lo que podemos estar seguras que tenemos. La elección consiste en estar siempre presente para saborear el momento, juntar todos sus beneficios y saber que se nos otorga exactamente lo que necesitamos cada día de nuestra vida. No debemos rechazar lo que hoy se nos ofrezca.

El tiempo nos acompaña como un amigo, aunque a veces lo ignoremos o lo neguemos. No podemos rescatar lo que ayer se nos brindó. Se ha ido. Todo lo que queda es el aquí, el ahora.

Podemos nutrir al momento y saber que el dolor y los placeres que vivimos a cada instante son nuestros amigos, son los maestros que nuestro interior espera. Y podemos estar seguras de que este día, esta combinación de sucesos y de gente, no vendrá otra vez. Son el regalo del presente; agradezcámoselo.

Dejamos pasar las oportunidades del día porque no reconocemos a las experiencias como las lecciones diseñadas para pasar a nuestro siguiente estado de desarrollo. Lo que cada momento nos ofrece es necesario, y es afín a nuestro crecimiento espiritual.

Tomaré el hoy en mis brazos y lo amaré. Amaré todo lo que me ofrece; es un amigo cargado de regalos.

... tener una crisis y actuar contra ella es una cosa. Vivir en crisis perpetua es otra.

BARBARA GRIZZUTI HARRISON

Para muchas de nosotras, exagerar el elemento negativo de nuestra vida es una conducta familiar. Decidamos si queremos esta obsesión. Podemos detenernos en cualquier momento; dejar que suceda cualquier situación que no podemos controlar, dejársela a Dios y ser libres para buscar al frente las posibilidades de ser feliz.

Quizás, en primer lugar, podamos aprender a aceptar una situación difícil en nuestra vida como una oportunidad especial para crecer, pero más bien la debemos considerar como una oportunidad para que Dios trabaje en nuestra vida. Si volcamos a Dios nuestros problemas, aprenderemos a confiar. Si tenemos paciencia, veremos que habrá buenos resultados, y voltearemos hacia Dios más fácilmente la próxima vez. La disminución de las crisis, en número y gravedad, es proporcional al desarrollo de nuestra asociación con nuestro poder más alto. Mientras más fuerte sea nuestra dependencia de ese poder, más grande será nuestra libertad para obtener todas las respuestas, en todas las direcciones y situaciones. La serenidad es el regalo prometido cuando dejamos que Dios maneje nuestra vida. No necesitamos que ninguna crisis nos preocupe. La solución está sólo a una oración de distancia.

Actuaré en contra de cualquier crisis que enfrente. Miraré hacia Dios. Cada crisis es una invitación a la serenidad.

> Todo lo que realmente aceptamos de la vida supone un cambio. Así, el sufrimiento debe convertirse en amor. Ése es el misterio.
>
> KATHERINE MANSFIELD

Cuando aceptamos aquellas condiciones que a veces nos atormentan puede que no sólo esas condiciones cambien, sino que también nos cambien a nosotras en el proceso. Tal vez este último cambio sea crucial. Cuando cada una cambia, cuando todas cambiamos para ser mujeres más tolerantes, la lucha de la vida se suaviza. Cuando aceptamos todas las circunstancias que no podemos cambiar nos volvemos más pacíficas; podemos sonreír más fácilmente.

Pareciera ser que la lección eterna de la vida es la aceptación, y que con ella vienen las bendiciones.

Cada día me ofrece muchas oportunidades para crecer en la tolerancia y, por tanto, en bendiciones. Hoy puedo aceptar cualquier situación y entenderla como una oportunidad para dar otro paso hacia la serenidad, eterna y total.

> Con cada nuevo día desecho el pasado y descubro los
> nuevos comienzos que se me han dado.
>
> ANGELA L. WOZNIAK

No podemos volver a vivir lo que ya pasó. Y los minutos u horas que utilizamos en lo que sucedió o debió de haber sucedido lo único que hacen es robar del presente lo que sí existe. El día de hoy, que se extiende ante nosotros, promete triunfos. Las oportunidades para crear están garantizadas, como también lo está la ayuda espiritual para manejar cualquier situación que se nos presente.

Si el día de hoy nos ofrece un desafío, debemos estar agradecidas. Nuestros desafíos son regalos; significan que estamos listas para avanzar hacia una nueva conciencia, hacia una nueva sensación de ser mujeres. Los retos nos fuerzan a pensar creativamente, nos obligan a mirar hacia otros, nos demandan que cambiemos. Sin ellos nos estancaríamos; disfrutaríamos poco la vida, pues no tendríamos nada que ofrecerle.

Cada una de nosotras está haciendo una contribución especial, una que sólo nosotras podemos hacer cada vez que enfrentamos con valor una situación; cada vez que nos atrevemos a abrir una nueva puerta. Lo que necesitamos hacer hoy es cerrar la puerta del ayer. Entonces podremos estar listas y con voluntad para ir hacia adelante.

Este día espera mi absoluta presencia. Seré receptora de sus regalos.

Estamos tan enfermas como los secretos que guardamos.

SUE ATCHLEY EBAUGH

Si retenemos en nuestra mente parte de nuestro propio ser, y tememos a lo que otros pudieran pensar si la conocieran, al mismo tiempo creamos las barreras que nos mantienen aisladas, que nos hacen sentir diferentes, seguras de nuestra incapacidad.

Los secretos son cargas muy pesadas sobre nosotras. Guardarlos hace imposible lograr la serenidad por la que hemos luchado cada día. La abstinencia sola no es suficiente.

El programa de recuperación ofrece confianza en uno mismo, felicidad, bienestar espiritual, pero también trabajo que hacer, muchos pasos que dar, uno de los cuales es abrirnos totalmente. Es arriesgado, quizás humillante, pero necesario.

Cuando decimos a otros quiénes somos realmente, les abrimos una puerta que ellos comparten con nosotras. Y cuando lo hacen, nos unimos todos. Aceptamos sus imperfecciones y los amamos con ellas, así como ellos nos aman con las nuestras: con nuestra lucha para ser perfectas, con nuestra autodenigración, porque no somos tan imperfectas; los secretos que nos mantienen enfermas agrandan esos defectos. La parte opaca de nosotras es amable; los secretos se convierten en grandes consuelos cuando los compartimos.

Hoy se me presentarán oportunidades de compartir mis secretos. Seré valiente.

> Si nuestro conocimiento de las relaciones humanas fuera
> cien veces más confiable de como es ahora, aun así sería
> tonto buscar, en el índice de un libro, soluciones "listas para
> usarse" a los problemas de la vida.
>
> MIRRA KOMAROVSKY

Los problemas que cada una de nosotras experimentamos, tienen las soluciones más apropiadas dentro de sus propios parámetros. Cada una de nosotras debe descubrir esas soluciones, comprender sus propiedades y absorberlas dentro del cuerpo de información que define quiénes somos y en quiénes nos estamos convirtiendo.

Aprendemos empíricamente porque sólo con las experiencias nuestra realidad se ve afectada significativamente. Las experiencias de otros son útiles para nuestro crecimiento y nos ayudan a reconocer cuán similar es nuestro dolor; pero cada una de nosotras debe hacer sus propios caminos, actuar responsablemente por propio interés.

¡Qué afortunadas somos ahora que estamos en posición de tomar sanas decisiones en nuestras relaciones! Ya no somos las víctimas y tenemos el poder personal de escoger cómo queremos pasar el tiempo y con quién. A través de la participación activa en todas nuestras relaciones, podemos descubrir muchos de los elementos escondidos en nuestra propia naturaleza y desarrollar más enteramente las características que son únicas de nuestra personalidad. Nuestro crecimiento como mujeres en recuperación se va engrandeciendo en proporción a nuestro sincero involucramiento con las relaciones que hemos escogido.

Puedo informarme acerca de quién soy dentro de mis relaciones. Allí yacen las soluciones a mis problemas.

Había muchas maneras de romper un corazón. Las historias estaban llenas de corazones rotos por el amor; pero lo que realmente rompía un corazón era quitarle su sueño, cualquiera que éste fuera.

PEARL S. BUCK

Ninguna puerta nueva se abre sin la urgencia interior de crecimiento. Los sueños nos guían, nos dan valor, nos llevan a nuevas alturas, y momentáneamente, cuando alguien nos los arranca, nos dejan vacías.

La recuperación nos ha dado la cualidad de restaurarnos, además de una multitud de razones para vivir. Hemos llegado a entender que si un sueño no nos sirve más es porque está abriendo paso a otro aún mejor. Nuestros sueños son nuestros maestros. Cuando el estudiante está listo, un nuevo sueño aparece. Los sueños de nuestros primeros años a menudo no se hicieron realidad. No pudieron captar nuestra atención tan efectivamente como la autocompasión. El camino que nos ofrecieron estaba perdido. Y cada vez que miramos hacia adelante con una actitud positiva, mandamos a los naufragios del pasado más lejos de nuestras mentes.

Nuestros sueños son como las áreas de descanso en un viaje a campo traviesa: nos refrescan, nos ayudan a valorar la distancia que hemos avanzado y nos dan una oportunidad para considerar nuestro destino.

Los sueños y las experiencias de hoy son puntos en el mapa que conforma la carretera de mi vida. No los dejaré pasar.

El acto de estar solo, como otras actividades, es mucho más fácil empezarlo que terminarlo.

AMELIA EARHART

La indecisión nos atormenta a todas, a una hora u otra. No obstante, cualquier actividad que amerite nuestro esfuerzo debe ser abordada en todas sus partes, una por día. Nos abrumamos fácilmente cuando sólo ponemos nuestra vista en la meta. En lugar de eso enfoquemos los elementos, y sólo un elemento en cada ocasión. Un libro es escrito palabra por palabra; una casa es construida ladrillo por ladrillo.

Cuando llegamos a este programa, la mayoría de nosotras había acumulado un pasado con altas y bajas, y queríamos negar u olvidar muchas partes de él, con el subsecuente peligro de hacer que el peso de nuestro pasado se interpusiera en nuestro camino, actualmente lleno de posibilidades. Nuestro pasado no debe determinar lo que debemos hacer en el presente. Sin embargo, debemos ser realistas: no podemos cambiar un patrón de conducta de la noche a la mañana; pero sí podemos empezar el proceso. Podemos decidirnos por un objetivo razonable para este periodo de 24 horas. Si ocupamos los días que sean necesarios para lograr pequeños objetivos, obtendremos cualquier meta.

Puedo terminar cualquier tarea que tenga en la mira, si la continúo día con día. Hoy avanzaré un poco más en la que tengo pendiente.

> Una mujer que no tiene forma de expresarse, ni de realizarse como ser humano, no tiene otra cosa que hacer más que poseer cosas materiales.
>
> ENRIQUETA LONGEAUX Y VÁSQUEZ

Cada una de nosotras que luchamos con la ayuda de los Doce Pasos estamos encontrando nuestra propia expresión y definición. La introspección unida a la autorrevelación, a través de la convivencia con la gente, nos permite conocer qué tanto nos parecemos a los demás, qué tan humanas somos, y qué recibimos de las personas en respuesta a nuestra vulnerabilidad, lo cual disminuye nuestra necesidad de algunas "cosas" para llenar nuestra vida.

El amor que recibimos de un amigo que confía en nosotros y a quien le importamos llena los lugares vacíos de nuestra alma, los lugares que solíamos llenar con alcohol, o con galletas, o con sexo. Quizá ropa nueva, un nuevo hogar o trabajo, también nos ayudaban a llenar esos espacios, pero nada de esto tuvo éxito por mucho tiempo. Fue entonces cuando el programa nos encontró.

El programa es el único que puede llenar esos vacíos todo el tiempo; de eso podamos estar seguras. El tiempo disminuirá cualquier duda que podamos tener. Todo lo que se pide de nosotras es apertura, honestidad y atención a las necesidades nuestras y de los demás.

Puedo compartir mi similitud y saborear cualquier diferencia que pueda surgir. La cadena de amistad que he creado me hace sentir orgullosa de mi integridad. Soy una mujer de éxito que enfrenta con valor y autoconocimiento su carretera de la vida.

Aceptación no es sumisión; es el reconocimiento de los hechos de una situación, y después decidir qué se va a hacer al respecto.

KATHLEEN CASEY THEISEN

La recuperación nos ofrece valor para tomar decisiones sobre los acontecimientos de nuestra vida.

Una actitud pasiva ante cualquier tipo de suceso no tiene por qué dominar nuevamente nuestro patrón de conducta.

Observar con impotencia cómo pasaba nuestra vida fue algo muy común para muchas de nosotras. Mientras más ociosas éramos, más avanzaba nuestra sensación de impotencia.

Hoy buscamos una actitud meditada como respuesta a las situaciones que reclaman nuestra atención. El más grande don de la recuperación es el valor para actuar, para tomar decisiones importantes que nos beneficien no solamente a nosotras sino también a nuestra gente cercana.

Gracias a ese valor avanzamos espiritualmente; ese valor que sirve para aceptar lo que no podemos cambiar, con la certeza de que no habrá afectación; para cambiar en nosotras lo que sí podemos controlar.

Una parte de la felicidad de la vida se acompaña de acciones. El hechizo que la ociosidad provoca sobre nosotras se rompe, y las acciones subsecuentes son aún más fáciles de realizar. Tomar una decisión y actuar de acuerdo con ella es saludable.

El programa nos ha dado las herramientas para lograr ambas cosas.

Hoy será necesario tomar algunas decisiones. Meditaré y seré paciente conmigo misma. Escucharé cuidadosamente el consejo de los que están a mi alrededor.

> Existen sonidos para las diferentes temporadas. Hay sonidos para los lugares y hay sonidos para cada momento en la vida de una mujer.
>
> ALISON WYRLEY BIRCH

La vida es rica y está llena. Tu vida, mi vida. Aun cuando el día se sienta flojo o vacío, siempre hay una riqueza que escapa de nuestra atención. Solamente vemos lo que queremos ver; también oímos selectivamente. Nuestros prejuicios nos impiden obtener los efectos totales de una experiencia. Algunos días sólo oímos el tambor de la monotonía.

Pero mientras más grande es nuestra fe en el programa y en Dios que nos ama, más claras se vuelven nuestras percepciones. Nos percataremos más de los sucesos del día; creceremos en el entendimiento de nuestro desenvolvimiento, y percibiremos con claridad el papel que otros juegan en nuestra vida.

Podemos ver nuestra vida como un concierto que sucede mientras trascendemos nuestra corta visión y apreciamos la variedad de personas y situaciones, todas dirigidas hacia el mismo fin.

Mientras más entonadas estemos con la actividad espiritual alrededor de nosotras, más armoniosamente capaces seremos de interpretar nuestra parte.

Escucharé la música de hoy. Me afinaré y estaré en ritmo. Soy indispensable para la belleza del concierto.

La vida, o es una aventura excitante o no es nada.

HELEN KELLER

Las próximas 24 horas con seguridad serán excitantes, propias para llevarnos a nuevos niveles de entendimiento, para vivir situaciones con otros donde podamos ofrecer nuestras contribuciones especiales. Todo lo que se nos pide es voluntad para confiar en que se nos dará exactamente lo que necesitamos en cada momento.

Podemos atrevernos a vivir plenamente sólo por hoy. Podemos también apreciar lo extraordinario de cada respiro que tomamos, de cada desafío que se nos presenta. Dentro de cada experiencia está la invitación al crecimiento, para llegar a otros de manera cariñosa, para descubrir más plenamente, en nosotras, las mujeres que somos capaces de ser. No debemos dejar pasar inadvertido ningún momento.

Cuando nos retiramos de la vida, atrofiamos nuestro crecimiento. Necesitamos involucrarnos con otros, esta injerencia nos perturba, nos da humor, incluso nos irrita. Podremos llegar a controlar nuestros recursos interiores sólo cuando hayamos sido empujadas hasta nuestros límites y nuestra participación en la vida nos premie, a diario, con ese empujón. ¡Qué necesario es ese empujón!

Ninguna de nosotras pasará por aquí otra vez. Lo que vemos, sentimos y decimos hoy, se irá, para siempre. Tenemos tanto que reprocharnos cuando dejamos

que las cosas se nos escapen, cuando no las percibimos
o no las apreciamos.

_____

*Una serie especial de sucesos ha sido planeada para mí el día
de hoy. No me la perderé.*

Me agrada mi amiga por lo que hay en su corazón, no por
la forma en que hace las cosas.

SANDRA K. LAMBERSON

Encontramos lo bueno en situaciones, experiencias y
gente, cuando lo buscamos. Generalmente encontramos lo que esperamos encontrar. Es raro que unamos el
poder a nuestras actitudes. A veces nos inmoviliza, y
muy pocas veces es positivo.

Cada una de nosotras convierte lo que las rodea en
lo que nuestra alma llama hogar; esto significa que en
cada momento podemos cambiar nuestra perspectiva
de vida, nuestra respuesta a cualquier experiencia y,
sobre todo, de nuestros sentimientos hacia nosotras
mismas. Así como encontramos lo bueno en otros cuando decidimos buscarlo, también lo encontraremos en
nosotras mismas.

Todas nosotras somos mujeres muy especiales, y queremos alegría en nuestros corazones. Lo que el programa
nos ofrece es la conciencia de ser creadoras de la alegría
de nuestros corazones. Podemos renunciar al pasado y
sus penas, y dejarle a Dios nuestro futuro. Hoy el presente es lo más importante para nosotras.

---

*Por lo general la conducta revela actitudes de la mente que
con frecuencia están en conflicto con el corazón. Lucharé por
la congruencia. Dejaré que mi corazón guíe mi camino. No
sólo encontraré lo bueno que hay en otros, sino que también
lo imitaré.*

Las lágrimas son como la lluvia: aflojan nuestra tierra para que podamos crecer en diferentes direcciones.

VIRGINIA CASEY

Saber expresarnos suaviza nuestro ser, mientras que el temor nos convierte en personas frágiles. Nuestra integridad se engrandece cada vez que reconocemos abiertamente nuestros sentimientos y compartimos con los demás nuestros innumerables secretos. Las lágrimas que generalmente acompañan la apertura, autovaloración, o frustración de estar "atoradas", podrían quitar los obstáculos que hayamos puesto en nuestro camino.

En cada época de nuestra vida, nos preparamos para otra. Nuestros patrones de crecimiento variarán, primero en una dirección y luego en otra. No es fácil cambiar de dirección, pero es necesario. Podemos volvernos vulnerables, aceptar la guía espiritual que otros nos ofrecen y que se encuentra dentro de nosotras mismas, y la transición de época a época será tranquila. Las lágrimas derramadas pueden bloquear nuestro camino. Pero también es necesario dejar que esas lágrimas limpien lo que ha oscurecido nuestra vista. Las lágrimas nos pueden ayudar a saber si estamos dispuestas a mirar hacia adelante, clara y abiertamente, y con la esperanza de un mejor panorama.

Las lágrimas nutren mi interior; ablandan las raíces de mi antiguo comportamiento; disminuyen mi resistencia a un nuevo crecimiento.

SEPTIEMBRE

> El éxito sólo se puede medir en términos de la distancia avanzada.
>
> MAVIS GALLANT

Siempre estamos saltando de una experiencia a otra, de un desafío a otro, de una relación a otra. Nuestra habilidad para manejar con confianza todo encuentro es un don del programa, y nos acompaña todo el día, proveyéndonos de una humilde gratitud por él. Si somos agradecidas, tendremos éxito.

No estamos inmóviles. No importa cuán carentes de acontecimientos parezca estar nuestra vida, estamos viajando a nuestro destino, y todas nuestras lágrimas, alegrías y penas están contribuyendo al éxito de nuestro viaje. Cada día, con cada paso, estamos teniendo éxito.

Podemos vernos reflejadas en el ayer, o mejor aún, en la semana pasada o hasta en el año pasado. ¿Cuáles fueron nuestros problemas? Es dudoso que los recordemos, pues hemos puesto distancia entre ellos y nosotros. Los manejamos de alguna manera. Hemos tenido éxito al liberarnos de ellos. Hemos tenido éxito al alejarnos de ellos. ¡Qué lejos hemos llegado! Y mantendremos este camino hacia adelante. Mientras nos apeguemos al programa tendremos asegurado el éxito.

Puedo hacer con éxito cualquier cosa que necesite hacer hoy, si humildemente acepto los dones del programa.

> Si tuviera que calificar algo como divino, sería lo que pasa entre la gente cuando realmente se une. Hay una especie de chispa que hace que todo valga la pena. Cuando sientes esa chispa, te llenas de un sentimiento profundo y bueno en tus entrañas.
>
> JUNE L. TAPP

Qué afortunadas somos al poder experimentar entre nosotras esa chispa divina, y esto extensivo a todas las mujeres en recuperación. El programa nos ofrece la oportunidad, en cada momento de nuestra vida, de hoy en adelante, de experimentar la divinidad. Todo lo que se pide de nosotras es estar ahí, unas con otras, para compartir totalmente lo que somos. La vulnerabilidad disminuye si aprendemos que podemos confiar unas en otras, que podemos compartir el dolor, que está bien jalar y empujar y seguir, primero tú, después yo y luego ella. ¡Qué emocionante es dejar atrás la competencia! El programa nos une, y esa unión nos fortalecerá a cada una de nosotras, pero también pudiera ser que nos eluda. Esto sucede cuando olvidamos estar una al lado de la otra, en el momento que llega la oportunidad.

Necesito la emoción de ser una con los demás, para nutrir mi crecimiento, de manera individual y colectivamente. Hoy seré parte de una experiencia divina .

... la satisfacción es algo bajo; qué límpida es la alegría.
MARIANNE MOORE

Nuestro perfeccionismo generalmente nos arranca toda esperanza de autosatisfacción; sin embargo, el programa está aquí para mostrarnos que realmente sí podemos progresar. Podemos aprender a creer que estamos haciendo cualquier tarea tan bien como necesita hacerse. Nuestro trabajo consiste en el esfuerzo. El resultado es parte de un plan más grande, un plan que involucra más que sólo a nosotras.

Encontraremos alegría cuando nos aceptemos a nosotras mismas, a nuestros esfuerzos y a la creencia de que somos seres espirituales cuyas vidas tienen un propósito y una dirección específicos.

La sabiduría que acompaña al crecimiento espiritual nos ofrece seguridad, aquella seguridad que hemos estado buscando a lo largo de muchos caminos. Cuando la sentimos, comprendemos que los retos a los que nos enfrentamos tienen propósitos: son para nuestro propio beneficio.

Un día a la vez, una pequeña oración a la vez, nos llevará a estar cada vez más cerca de nuestra seguridad espiritual.

Podemos mirar con alegría las muchas responsabilidades y actividades que tendremos el día de hoy; son éstas oportunidades para obtener nuestra seguridad espiritual.

Podemos confiar en nuestros crecientes recursos in-

ternos si simplemente pedimos ayuda y la esperamos
con paciencia. Ella nos encontrará.

---

*Debo ejercitar mis oraciones si quiero encontrar la seguridad
espiritual que me puede proporcionar la alegría. Pediré orientación en cada actividad del día de hoy.*

En el proceso de llegar a ser, por toda la tristeza que provoca una clausura, hay una nueva y regocijante apertura.

MARY CASEY

Debemos dejar ir a la gente, lugares, recuerdos, y avanzar hacia nuevas experiencias. Las puertas del pasado deben estar cerradas, antes de que podamos entrar a las que hoy se nos abren. Sin embargo ninguna experiencia se va para siempre; todas están entretejidas y una a una contribuyen en los acontecimientos que ahora claman nuestra atención.

La recuperación nos ha ofrecido la oportunidad de estar conscientes de nuestro proceso de llegar a ser. Con cada día, cada experiencia, cada nuevo entendimiento, estamos avanzando en el camino de nuestro crecimiento personal. Recordemos que cada una de nosotras tiene su sendero particular, como ningún otro; así, nuestras experiencias son sólo nuestras. No debemos envidiar lo que le sucede a alguien más.

La vida se nos está revelando. Puede ser que el dolor del presente sea necesario para el placer del futuro. Podemos aceptar ese descubrimiento. Nuestro interior tiene una meta: las experiencias del pasado deben permanecer en el pasado; y las experiencias que se encuentran al alcance de la mano nos guiarán hoy a nuestro destino.

Me muevo, cambio y crezco al paso correcto. Puedo confiar en el proceso. Lo que me es benéfico llegará a mí. Dejaré que la alegría de ser alguien me reconforte.

La compasión es el sentimiento más mortífero que se le puede ofrecer a una mujer.

VICKI BAUM

Debemos avanzar con confianza, seguras de que se nos proporcionará la fuerza que necesitemos si tenemos fe en nuestros anhelos.

No es necesario que los problemas nos hagan desfallecer. Más bien nos pueden motivar a realizar una actividad más creadora. Ellos desafían nuestra capacidad; insisten en que no estemos inmóviles.

La compasión de otros provoca inactividad, y la pasividad causa la muerte del alma. En lugar de eso, nuestra voluntad de vivir se verá acelerada si contamos con el apoyo de los demás. Todo lo demás humedece la voluntad. El sentimiento de lástima alimenta la autocompasión, y esto hace sonar la campana de la muerte.

Podemos dar pasos donde sea, y saber que estamos ayudando a alguien a vivir. Cada vez que apoyamos a alguien estamos respirando una nueva vida dentro de nosotras, la nueva vida que mantiene a raya a la autocompasión que pudiese aparecer.

Podemos servirnos de la mejor manera la una a la otra, sin sentir lástima o tristeza, sino más bien celebrando los desafíos que la vida nos brinda. Ellos nos ofrecen las oportunidades necesarias para nuestro continuo desarrollo.

Alguien necesita de mí una palabra de apoyo. Aclararé su visión del futuro.

> Podemos construir sobre cualquier lugar si los cimientos
> están bien y firmemente colocados.
>
> IVY COMPTON-BURNETT

La recuperación es un proceso; es algo que reconstruye nuestras vidas; los Doce Pasos nos proveen de los cimientos que habrán de sostener nuestro desarrollo como mujeres productivas y saludables; pero cada Paso debe trabajarse cuidadosa y honestamente, o todo cimiento se debilitará.

Qué afortunadas somos al haber encontrado el programa y los argumentos que nos ofrece. En el pasado, buscamos esos argumentos quizá por años, corriendo de una panacea a otra, esperando encontrarnos a nosotras mismas. El alcohol, las pastillas, los amantes y demás, nada nos dio la seguridad que anhelábamos porque no nos habíamos definido. Al menos ya hemos llegado a casa. La autodefinición es la garantía que el programa nos brinda. Hoy no sólo podemos descubrir quiénes somos, sino que también podemos cambiar, alimentar esas cualidades que nos favorecen y disminuir aquellas actitudes que nos acarrean problemas.

Mis acciones de hoy son la clave; ellas me dirán quién soy en este momento. En lo que me convierta depende de mí. Daré un paso y reflexionaré antes de seguir avanzando; de esto depende la fuerza de mis cimientos.

Despierta tus buenos recuerdos, pero vive para el hoy, y mantén los recuerdos detrás de ti.

JODI K. ELLIOTT

Lo que hemos llegado a ser incluye el contenido de nuestros recuerdos. Cada remembranza es como un ingrediente más puesto en una olla de guisado caliente. El sabor de nuestras vidas va aumentando con cada nueva experiencia, ya sea regocijante o dolorosa.

Nuestras experiencias tienen una forma de unirse, de agruparse a sí mismas, tal vez hasta de recortarse, para proveernos del mejor beneficio. Es tan humana nuestra tendencia a mentener las ideas del pasado, que fracasamos al tratar de tomar ventaja, al tratar de estar completamente presentes en este momento que seguramente está colaborando en la elaboración del panorama general de nuestra vida.

¿Quiénes somos para juzgar el valor de cualquier experiencia?

En lo que debemos confiar es en la manera como están mezcladas todas las experiencias. Podemos estar seguras, en retrospectiva, que todas esas situaciones que alguna vez crearon un torbellino interior, también nos ayudaron a convertirnos en mujeres en desarrollo.

Las experiencias de las próximas 24 horas serán significativas porque serán únicas. Las querré por la contribución que le están haciendo a mi personalidad.

> ¡Es sorprendente cómo en este mundo las cosas no salen como una espera que salgan!
>
> AGATHA CHRISTIE

Es probable que en cada día de nuestra vida un plan salga mal. A menudo contamos con un buen resultado de algo en particular; y por lo general asumimos que tenemos todas las cosas bajo control y que sabemos exactamente lo que es mejor para nosotras y para todos los demás. Pero tal no es el caso. Hay un cuadro más grande que el que vemos. Lo que existe fuera de ese cuadro está lejos de nuestras manos.

Nuestra visión es limitada, así como también es divina. Sin embargo, hoy somos capaces de ver todo lo que necesitamos ver. Y lo más importante, si podemos confiar en nuestra voz interior respecto de los acontecimientos de hoy, veremos cómo cada día va llenando con un nuevo matiz el cuadro más grande de nuestra vida. En retrospectiva podemos ver cómo todos los sucesos han contribuido, de manera importante, para que lleguemos a ser las mujeres en las que nos estamos convirtiendo. No podemos saber a donde nos lleva lo que hoy está sucediendo, pero podemos confiar en el plan divino.

Veré con fe lo que hoy se me ofrezca. Todas las experiencias me llevarán hacia adelante para satisfacer mi meta en la vida. Estaré alerta para recibir el aviso.

No quiero morir... hasta que haya sacado el mejor provecho de mi talento y cultivado la semilla que fue colocada en mí; hasta que la última plantita haya crecido.

KÄTHE KOLLWITZ

Hay tanto que hacer antes de descansar... tanto que hacer. Cada una de nosotras está dotada de talentos, algunos similares a otros, pero todos únicos si consideramos la manera como los usamos. ¿Nos damos cuenta de nuestros talentos? Necesitamos sólo atrevernos a ensoñar, y ellos aparecerán.

Es tan fácil caer en la trampa de la autocompasión, pensar que no tenemos objetivos, temer que no llegaremos a ningún lado, horrorizarnos ante lo que los demás esperan de nosotras.

Pero podemos cambiar de manera de pensar en cualquier momento; la elección es nuestra. Simplemente tenemos la decisión de descubrir nuestros talentos y de nutrirlos, y así enriquecer la vida de otros. Los beneficios serán muchos, así como también las alegrías.

Tenemos un papel muy importante que representar, hoy, en las vidas que tocamos. Podemos esperar una aventura y encontrarla, o podemos buscar nuestro propósito; está al alcance. Recordemos que no estamos solas, que estamos en sociedad todo el tiempo. Nuestros talentos nos los otorga Dios, y saber usarlos correctamente es uno de ellos.

Tendré un ensueño hoy. En mi ensueño se encontrarán mis instrucciones.

> No es para el momento que te golpean cuando necesitas del valor, sino para la larga escalada que implica el regreso a la cordura, fe y seguridad.
>
> ANNE MORROW LINDBERGH

En este momento la mayoría de nosotras está ante una cuesta muy difícil.

Es una subida que estamos haciendo juntas, pero que no la podemos hacer por otras. Puedo extenderte mi mano, y como respuesta tú puedes tomarla, pero mis pasos son míos, e igual que tú, sólo puedo dar un paso a la vez.

Por breves periodos podemos saltar y hasta correr por la pendiente. Las rocas y los obstáculos ocasionales quizá nos hagan tropezar momentáneamente. Necesitamos paciencia y confianza en que aún podemos alcanzar la cima. Podemos enseñarnos mutuamente cómo tener paciencia; recordarnos que debemos confiar.

Recordemos épocas que nos devastaron hace mucho tiempo, y luego miremos el lugar en el que ahora estamos. Hemos ascendido. Ahora somos más fuertes, cuerdas, seguras. Cada paso que damos hace más fácil el siguiente; cada paso nos coloca en terreno más sólido.

Tal vez hoy me encuentre frente a una roca u otro obstáculo. Los he esquivado en el pasado; puedo hacerlo otra vez.

> Solía pensar en que nunca sabría la diferencia entre sereni-
> dad y depresión, porque la depresión me controlaba.
>
> S.H.

La depresión es algo familiar para todas nosotras, pero ahora es menos frustrante de lo que solía ser. Hemos progresado; podemos estar seguras de ello. "Esto también pasará" no es una frase vacía.

Cada una de nosotras puede recordar muy fácilmente una época que creímos no sobrevivir. Tal vez nuestro problema estaba relacionado con la familia, con una ruda situación de trabajo; o tal vez nos sentimos incapaces e impotentes para afrontar todas las situaciones. Pero las manejamos. Aquí estamos hoy a cargo de nuestra vida y con pasos firmes hacia adelante, en busca de la serenidad.

Sin duda alguna la serenidad se nos escapa una y otra vez durante todo el día. Dejemos descansar nuestras mentes y a nuestras ideas flotar en el viento; así la serenidad nos encontrará. La paz de la serenidad nos nutre, nos fortalece para soportar cualquier torbellino que pudiera venir. Siempre habrá un torbellino; es ahí donde se encuentran las lecciones de la vida. La ironía es que la vida sin problemas carece de oportunidades que debemos tener si queremos crecer.

Dejaré que me empapen los momentos de serenidad. Los amaré. Ellos me harán dócil. Así los golpes de la tormenta se debilitarán.

Ninguna persona es tu enemigo, ninguna persona es tu amigo; cada persona es tu maestro.

FLORENCE SCOVEL SHINN

Hoy podemos abrirnos a las oportunidades. Ellas abundan en nuestra vida. Ninguna circunstancia es perjudicial para nuestro progreso; ninguna relación, en el trabajo o en casa, es superflua para nuestro desarrollo. Los maestros están en todas partes, y si nos preparamos para una nueva lección, lo más probable es que uno de ellos aparecerá.

Además podemos maravillarnos de nuestra vida; reflexionar sobre nuestro pasado y agradecer las lecciones que nos enseñó. Podemos mirar con esperanza los próximos días, todos ellos regalos para nosotros. Estamos en una travesía, con un propósito en particular únicamente nuestro. Ninguna barrera, ni persona impertinente, ni tiempo tormentoso están diseñados para interrumpir nuestro progreso. Todas las experiencias sirven, simplemente, para enseñarnos lo que aún tenemos que aprender.

Si confiamos en la bondad de toda la gente, y en las situaciones, todos los caminos del progreso nos ayudarán a desechar nuestros temores, y nos liberarán para poder avanzar con un paso más ligero y una seguridad que simplificará todos los momentos.

Los Doce Pasos nos ayudan a reconocer a los maestros de nuestra vida. Nos ayudan a limpiar el equipaje del pasado y nos liberan para aceptar y confiar en la voluntad de Dios, que llega a nosotras a través de los maestros que aparecen en nuestra vida.

———————————————

Soy una estudiante de la vida. Puedo aprender sólo si abro mi mente a mis maestros.

Nadie me dijo nunca cuán duro y solitario es cambiar.
JOAN GILBERTSON

El dolor, experimentado repetidamente, indica una necesidad de autovaloración, un inventario de nuestra conducta.

La autoestima bien puede necesitar un cambio: tal vez un cambio de actitud, un cambio en alguna conducta específica, en algunos casos, o tal vez un cambio de dirección. Ocasionalmente nos salimos del camino correcto, pero continuamos caminando felizmente hasta que surgen las barreras o se cierran las puertas, y las experiencias se vuelven dolorosas.

La mayoría de nosotras, gustosamente nos revolcamos en el dolor por un rato, pero no porque nos guste, sino, más bien, porque su familiaridad nos ofrece seguridad.

Encontramos comodidad en nuestro dolor, porque al menos no tiene sorpresas.

Cuando nuestra confianza en Dios es muy grande, entonces tenemos mayor voluntad de cambiar, y nos abrimos a las indicaciones para movernos en una nueva dirección.

Cada una debe encontrar su propia voluntad; cada una debe desarrollar su atención a los signos que repetidamente nos invitan a tener cambios en nuestra conducta.

Pero más que nada, cada una debe viajar por el camino del cambio. Debemos encontrar valor para lograr que nuestros cambios nunca sean iguales a los cambios de los demás.

───────────────────

El valor para cambiar se acompaña de la fe. Mis temores me dicen que mire hacia adentro, a la fuente espiritual de fuerza, que siempre está presente pero que a veces olvidamos.

Qué extraños patrones pueden llegar a tejer la vida.
FRANCES MARION

Es completamente insuficiente nuestro juicio para calificar las experiencias que podamos tener hoy, pues nunca sabremos con claridad a dónde nos pueden guiar hasta que hayamos llegado a nuestro destino. Pero de una cosa sí podemos estar seguras: las experiencias de este día, junto con las de ayer y las de antes, se combinarán para tejer un complicado diseño de vida, único, lleno de propósitos para nuestro propio bien.

No es necesario que sintamos remordimientos por haber perdido oportunidades o por alguna conducta improductiva en el pasado. Nuestro destino es el mismo, y nuestra llegada a él está garantizada. Nuestras acciones y decisiones nunca están mal. Nos podemos desviar del curso por un tiempo, pero el diseño de nuestra vida nos pondrá otra vez en curso.

El programa es parte del diseño de nuestra vida; nos ayuda a permanecer en curso. De hecho, cuando trabajamos con los pasos nos dirigimos suavemente a nuestra dirección, y confiamos los resultados de nuestros esfuerzos al poder del programa. Hoy enriqueceremos el diseño de nuestra vida, tal como lo hemos hecho antes. Podemos esperar estas experiencias con el corazón excitado.

Algo especial sucederá hoy en mi vida. Le daré a todos y a cada acontecimiento toda mi atención.

> Cuando nuestros mitos, sueños e ideales son destruidos,
> nuestro mundo se derrumba.
>
> KATHLEEN CASEY THIESEN

El acto de "llegar a ser" derriba nuestro mundo, y eso es correcto.

Hemos superado los ideales de ayer, y hemos empezado a darnos cuenta, en nuestro desenvolvimiento, de los sueños pasados. En este momento, sueños nuevos nos llaman; la recuperación ha derribado nuestro mundo. ¡Aleluya!

En nuestra abstinencia, cada día nos ofrece frescas oportunidades para "crear" realidades nuevas que habrán de remplazar a las viejas y así superar los mitos pasados. Pero para dejar ir lo viejo se necesita paciencia, persistencia, fuerza. Lo viejo nos reconfortó cuando hubo escasez de otra cosa.

Tal vez necesitamos que alguien nos recuerde que si no fuera por los mitos destrozados del año pasado o de la semana pasada no estaríamos progresando, desenvolviéndonos, tanto como el gran cuadro de nuestra vida nos lo pide.

Tenemos un papel que desempeñar en esta vida, como nuestros hermanos, hijos y amigos. Algunos nuevos sueños e ideales nos guiarán en nuestro camino. Los viejos sueños nos sirvieron ayer, y el pasado se ha ido. No puede dirigir nuestro presente.

Miraré con emoción el derrumbamiento de mi mundo, pues

su caída significa crecimiento intelectual, emocional y espiritual. Los viejos ideales me comprometerán; me atreveré a tener nuevos sueños e iré confiado a donde me guíen.

> Anhelo poder hablar de la intensa inspiración que recibo de las experiencias de mujeres fuertes.
>
> RUTH BENEDICT

Cada día que elegimos reflexivamente nuestro comportamiento y nuestras actitudes, nos ofrecemos como ejemplos a otras; ejemplos de fuerza.

Como mujeres en vías de recuperación, encontramos apoyo en los logros de unas y de otras. Ninguna de nosotras tuvo un encuentro muy exitoso con sus experiencias antes de descubrir este programa. En la mayoría de los casos, carecíamos de la estructura que complementa a los Pasos. Nuestra vida no poseía dirección. Pasivamente rebotábamos de un hombre a otro, de un trabajo a otro, ebriedad tras ebriedad.

Mientras trabajemos con los Pasos, nunca existirán dudas sobre cómo proceder en cada situación. Los Pasos nos proveen de los parámetros que aseguran nuestro crecimiento; nos ayudan a ver quiénes hemos sido, y nos empujan hacia las metas que llenan nuestros sueños.

Hemos cambiado; continuaremos creciendo. El pasado no necesita aparecérsenos más. Podemos enfrentar el futuro con confianza. Cualquier fuerza que sea necesaria para llevar a cabo nuestros destinos nos encontrará, y los avances que hagamos serán para facilitarle el camino a las mujeres que vienen detrás.

¡Qué gran bendición son estos Pasos! Contestan todas las preguntas que hago. Satisfacen todas mis necesidades.

Anhelar y desear son los látigos de Dios.

ANNA WICKHAM

Nuestros sueños y deseos nos inspiran para ir más allá de nuestra posición actual. Aquello que podemos lograr captará nuestra atención y, con seguridad, tendremos a algún compañero para darle forma a los pasos que nos ayudarán a realizar nuestra meta.

Antes de conocer los Doce Pasos, experimentábamos deseos y teníamos muchas metas. Algunas de ellas las logramos.

De lo que a menudo carecíamos era de confianza, y por tanto nuestro compromiso se tambaleaba. El programa nos está ayudando a darnos cuenta de que todos los deseos puros son alcanzables si incluimos en nuestra planeación diaria a la estructura del programa. Nuestra vida se encuentra llena de propósitos. Cada una de nosotras está llevando a cabo su papel. Los anhelos que tenemos, que no nos dañan a nosotras ni a otras, nos empujan a alcanzar nuestro potencial en su totalidad.

El valor y la fuerza, la habilidad y los recursos, nunca estarán ausentes sí seguimos a nuestro guía interior y confiamos en su dirección. Toda la sabiduría necesaria para tener éxito en cualquier tarea, lograr cualquier meta, satisfacer un deseo, está tan cerca como nuestra atención lo esté con respecto a Dios.

Hoy pondré atención a mis deseos. Oraré por adquirir la

sabiduría para satisfacerlos. Todas las puertas se abrirán y mis pasos serán guiados cuando el deseo sea espiritualmente escuchado.

El futuro está hecho de lo mismo que el presente.

SIMONE WEIL

El momento es eterno; es infinito. Cuando nos movemos con él, experimentamos todo lo que la vida nos puede ofrecer. Si nos mostramos completamente receptivas al "ahora", tenemos garantizado el éxtasis, aun cuando haya dolor, porque sabemos que estamos evolucionando y nos emocionamos al saberlo. Somos uno con todo lo que sucede a nuestro alrededor. Nuestra existencia, que es parte del total de la creación, está llena de propósitos, entre los cuales podemos percibir los nuestros.

Nada existe además del ahora. Cuando revivimos lo que fue o lo que pudo ser somos arrancadas de la vida; virtualmente nos morimos. La única realidad es el presente, y es sólo en el presente donde estamos invitadas a hacer nuestra contribución especial a la vida; tal vez, en este momento, nuestra contribución especial sea alcanzar a otra persona, un acto que cambiará dos vidas: la nuestra y la de esa persona.

Tenemos que estar en el presente o nos perderemos la invitación para crecer, tal vez para ayudar a una amiga, para ser parte de la única realidad que existe. El presente tiene todo lo que necesitamos para satisfacer nuestra vida; nos provee de toda oportunidad para nuestra felicidad, la única felicidad que existe.

La abstinencia me ofrece el regalo del presente. La amaré, la saborearé; estaré agradecida.

...la preocupación debería conducirnos hacia la acción y no hacia la depresión.

KAREN HORNEY

El papel de víctima es muy familiar para muchas de nosotras. La vida nos hizo injusticias, pensábamos, y pasivamente esperábamos a que las circunstancias cambiaran. Esperábamos con la botella, o tal vez con las pequeñas pastillas blancas. Nada era nuestra culpa. El hecho de que voluntariamente éramos mártires es algo difícil de aceptar, pero cierto.

Ya no somos víctimas, ahora somos partícipes de un programa con el cual nos comprometimos; tenemos un director listo, disponible y capaz para nuestro papel en la vida. Cada suceso provoca una reacción, y nosotras hemos optado por una vida responsable.

Hoy la depresión puede estar en los límites de nuestra conciencia, pero no necesita convertirse en nuestro estado mental. El antídoto es, y siempre será, la acción, una acción responsable. Cada asunto, cada experiencia, requiere de nuestra atención, de nuestra atención activa.

El día se extiende enigmático ante mí. Las inquietudes me abrumarán, pero el consejo para actuar correctamente siempre estará disponible para mí.

> ¿Qué importancia tiene cómo me trate la vida? Mi verdadera vida está dentro de mí.
>
> ANGELA L. WOZNIAK

Se ha dicho que enseñamos a la gente cómo tratarnos. La manera como tratemos a otros invita a recibir de ellos un trato igual. Nuestra respuesta a las condiciones externas de nuestra vida puede alterarse fuertemente, dependiendo de la manera como percibamos esas condiciones. Tenemos control sobre esa percepción. Ninguna experiencia nos puede desmoralizar, pues cada situación puede ser ubicada según su contribución, a largo plazo, a nuestro crecimiento como mujeres felices y seguras.

Ninguna circunstancia externa nos ofrecerá seguridad todo el tiempo, como anhelamos todas. De la misma manera, ninguna intervendrá en contra de nuestro bienestar, más que temporalmente y en ocasiones.

El programa nos dice que la seguridad, felicidad y bienestar residen adentro de nosotras mismas. Los momentos cumbres de nuestra vida pueden aumentar nuestra seguridad, pero no nos pueden garantizar que durará, pues sólo la relación que tenemos con nosotras mismas y con Dios pueden cumplirlo.

Los pequeños deslizamientos del día son recordatorios para que me dirija hacia mi interior.

> Los elogios y una actitud de gratitud son estimulantes invencibles... exageramos cualquier cosa cuando la alabamos.
> SYLVIA STITT EDWARDS

¿Qué óptica estamos utilizando para el día que está por venir? ¿Nos estamos sintiendo temerosas por las circunstancias que enfrentaremos? ¿Tememos a una cita planeada? ¿Estamos preocupadas por el bien de una amiga o de un amante? Cualquiera que sea nuestra percepción vista, su poder sobre los resultados es profundo. Nuestra actitud con respecto a cualquier situación influye en el resultado. A veces a nuestro favor, a veces en contra si nuestra actitud es negativa.

El dar gracias a la vida asegura las recompensas que deseamos, que muy a menudo buscamos y no encontramos por adoptar una actitud de desagradecimiento. El sentimiento de gratitud es extraño para muchas de nosotras. Llegamos a este programa sintiéndonos sin valor, a veces rechazadas y deprimidas. Parecía que la vida nos había colmado de problemas, y así había sido. Mientras más nos lamentábamos de que la vida nos había "abandonado" más razones teníamos para lamentarnos. Obtuvimos justo lo que esperábamos. Aún hoy conseguimos sólo lo que esperamos. La diferencia es que el programa nos ha ofrecido la llave para encontrar mayores esperanzas. La gratitud por lo bueno en nuestra vida garantiza su permanencia.

Tengo el poder personal para influir en mi día. Haré que sea benéfico.

La ira conquista cuando no la afrontamos.

ANÓNIMO

Las emociones —miedo, angustia, celos, ira— necesitan reconocimiento, pero no sólo eso, también necesitan que las aceptemos como poderosas muestras de nuestra capacidad de actuación. Su influencia sobre nosotras puede ser inmensa. No obstante, si les damos una atención respetuosa y las aceptamos voluntariamente, eliminaremos sus punzadas.

La actuación de nuestras emociones es como la de un niño que llora y se porta cada vez más mal hasta que gana nuestra atención o en su caso, hasta que dejamos de negar su existencia.

En realidad nuestras emociones nos bendicen; enriquecen nuestras experiencias; son como señales precautorias en la carretera por la que viajamos. Según como sentimos en cualquier momento, actúa el nivel de nuestra seguridad; y de éste depende qué tan cerca estamos de nuestro poder más alto, el nivel de nuestro compromiso. Ellas nos sirven bien cuando las reconocemos; pero, por otro lado, cuando las ignoramos o negamos nos pueden inmovilizar en el momento, incluso hasta vencernos definitivamente.

Mis sentimientos frecuentan a mi ser, siempre. Ellos manejan mi conducta; sugieren mi cercanía a Dios.

> ¿Quién seré hoy? ¿La mujer "cosmopolita", la niña peque-
> ña, la estudiosa o la madre? ¿Quién seré para responder a
> las necesidades de otros y aun responder a las propias?
>
> DREIDA SARAULT

Usamos muchos sombreros. Un aspecto de nuestra madurez es nuestra habilidad para balancear nuestros papeles en la vida. A menudo es muy difícil hacerlo; sin embargo, el programa nos ofrece muchos elementos para actuar con equilibrio. Llenar algunas de las necesidades significativas de otros en nuestra vida, nos trae felicidad. Y aunque a nuestras propias necesidades hay que darles prioridad, no podemos dar lo que no tenemos, y no tenemos nada, a menos que nos demos since-ra atención y amor a nosotras mismas.

En los años anteriores, puede que no hayamos pues-to mucha atención a los demás, o que hayamos exage-rado en hacerlo. En cualquier caso, nos negamos a nosotras mismas. La mayoría de nosotras estábamos hambrientas espiritualmente, muchas emocionalmen-te, otras más, físicamente. Todas éramos, a menudo, mujeres de "todo o nada".

Hoy estamos conscientes de nuestras elecciones; he-mos hechos varias de ellas últimamente: somos abste-mias. Estamos viviendo con los Pasos, y estamos esco-giendo cómo pasar nuestro tiempo, qué hacer con nuestra vida. Pero ninguna elección saldrá muy bien si no tenemos cuidado de nosotras mismas.

Me centraré en mí. Nutriré a la mujer que madura dentro de mí y luego avanzaré.

> La mujer no debe ser atemorizada por lo que se ha construido alrededor de ella, más bien debe reverenciar a la mujer que lleva dentro, que lucha por la expresión.
>
> MARGARET SANGER

No nos sofoquemos más. Atrevámonos a soñar y a realizar esos sueños, a tomar riesgos, teniendo fe en que avanzar, implica tomar riesgos. Tenemos el apoyo del programa y unas a otras para amortiguarnos la caída, si llegara a suceder. Pero lo más importante, tenemos nuestros ejemplos para inspirarnos, mientras analizamos nuestra propia agenda de autoexpresión.

Muchas de nosotras, por mucho tiempo, observamos avanzar pasivamente a otras. Ya no debemos seguir siendo observadoras pasivas; familiarizarnos con la inactividad, con la no elección y la irresponsabilidad pueden volvérsenos costumbre. Debemos reavivar nuestras elecciones responsables, porque sólo ellas harán posible nuestras contribuciones especiales.

No todos los días despertamos con la fuerza necesaria para "hacer nuestra parte". Sin embargo, la fuerza estará disponible tan pronto la llamemos. Sólo somos luchadoras; sin embargo, tenemos una comunidad lista que nos garantiza dirección, sabiduría y fuerza cuando las pedimos.

Tengo mucho que ofrecer a otras mujeres, pero aun así necesito los ejemplos de otras. Otorgaré cada expresión de mi fuerza a otra mujer, pues con ello desarrollaré la suya.

...no siempre nos gusta lo que es bueno para nosotras en este mundo.

ELEANOR ROOSEVELT

La mayoría de nosotras puede mirar atrás y recordar cómo resistió algún cambio en particular. ¡Qué seguras estábamos de que no sobreviviríamos al temporal! Quizás perdimos un amor o fuimos forzadas a abandonar el hogar, o un empleo. En retrospectiva, podemos ver lo bueno del cambio, así como la parte necesaria que cada cambio ha jugado en nuestro desarrollo como mujeres en recuperación. Hemos tenido que cambiar para poder caminar la distancia que hemos viajado. Y tendremos que continuar cambiando.

El programa y su estructura, y nuestra fe en esa estructura, pueden limar las asperezas de las consecuencias del cambio. Nuestro poder más alto sólo quiere lo mejor para nosotras, de eso podemos estar seguras. Sin embargo, lo mejor no siempre "encaja" cuando lo acomodamos por primera vez. La paciencia, la confianza y la oración son una combinación perfecta cuando nos llega el tiempo de aceptar un cambio. Sabremos cuándo viene; nuestras circunstancias presentes nos empezarán a inquietar.

El cambio significa crecimiento. Es tiempo de celebración, no de temor. Significa que estoy lista para avanzar, que he "aprobado" el examen.

> ¿Por qué la vida es tan trágica, como una pequeña saliente en un abismo? Miro hacia abajo, y me siento mareada. Me pregunto cómo es que voy a llegar al final.
>
> VIRGINIA WOOLF

Mientras vislumbramos las horas por venir, podemos estar agradecidas de que sólo necesitamos estar preocupadas por un solo día. No más. Lo que venga mañana, la decisión que será necesario tomar dentro de una semana, una gran oportunidad que vendrá el próximo año, todo será manejado con tranquilidad cuando llegue el momento.

¡Qué afortunadas somos quienes compartimos el programa para vivir! Nuestras preocupaciones por el futuro se acabaron, si así lo queremos. Sólo necesitamos dar un paso a la vez; día tras día, y siempre con el cuidado de Dios. El alivio a nuestras preocupaciones es inmediato si vivimos el axioma "déjate ir y deja a Dios hacer".

La vida se nos presenta con tragedias; aprendamos de ellas. Sin embargo no tienen por qué desviarnos. De hecho refuerzan y apoyan nuestro crecimiento personal. Ninguna experiencia será más difícil de lo que nosotras y nuestro poder más alto podamos manejar.

Hoy recurriré al programa y a todo lo que me ofrece. Sólo hoy y nada más; esta será mi preocupación.

La sabiduría de todos los tiempos y culturas hace hincapié en el enorme poder que nuestras ideas tienen sobre nuestro carácter y circunstancias.

LIANE CORDES

"Lo que pensamos es lo que somos." Se nos ha otorgado el don de meditar nuestras elecciones y así decidir quiénes somos. Nuestras acciones y elecciones se combinan para crear nuestro carácter, y nuestro carácter influye en las circunstancias de nuestra vida.

Nuestro poder mental trabajará en nuestro beneficio si pensamos positivamente. Si imaginamos que tenemos buena suerte, nos preparará para ello; si sentimos que hemos cumplido con un deber elevaremos y fortaleceremos el compromiso que adquirimos; si nos fijamos los pasos necesarios para lograr cualquier meta, evitaremos tropezar en el camino. Nuestras mentes trabajan poderosamente para nuestro bien, pero de igual manera pueden actuar en detrimento nuestro a través de los temores, que se inmiscuyen en todas nuestras ideas.

El programa me ha dado un poder personal positivo que yace en la relación que tengo con mi poder más alto. Mi visión y actitud hacia la vida revelan ese poder. Hoy trabajaré con Dios e imaginaré mi buena fortuna.

Puedo decir honestamente que nunca me afectó la duda sobre el éxito de alguna empresa. Si sentí que era lo que se debía hacer, lo hice, sin preocuparme del posible resultado.

GOLDA MEIR

Vivir una vida llena de principios es lo que nuestro interior desea; es lo que Dios desea, y es lo que además podría desear un ego saludable. Vivir bajo las bases del programa nos proporciona, a cada una de nosotras, la práctica para vivir una vida con principios, una vida libre de culpas por nuestros fracasos.

Tener principios nos asegura una dirección. No necesitamos sopesar mucho cómo proceder en alguna situación, qué decisión tomar con respecto a cualquier asunto, si nos dejamos guiar por nuestros principios. Ellos nos ofrecen plenitud; nos ayudan a definir quiénes somos y cómo actuaremos ante cualquier situación.

Como mujeres, particularmente como mujeres en recuperación, hemos luchado por la autodefinición. A menudo éramos lo que otros decían, o simplemente imitábamos a quienes teníamos cerca de nosotras. En ocasiones podremos deslizarnos hacia viejos comportamientos y perder de vista quiénes somos y cuánto queremos vivir, es entonces cuando los principios del programa llegan en nuestra ayuda.

No tengo ninguna duda acerca de cómo debo vivir hoy. Lo haré con confianza y alegría.

> Las amistades femeninas que realmente funcionan son aquellas en las que las mujeres se ayudan una a la otra, para pertenecer a sí mismas.
>
> LOUISE BERNIKOW

Si queremos dar algo realmente valioso a una amiga, debe ser parte de nosotras mismas. Pero realmente ¿está nuestro comportamiento de acuerdo con nuestras creencias? ¿No somos quizá la imagen de alguien que queremos? ¿Nuestos amigos comparten nuestros valores? Y cuando estamos juntas, ¿nos apoyamos mutuamente?

Si no nos gusta nuestra propia compañía trataremos de esconder nuestro verdadero yo, y mientras más lo escondamos más huiremos de la integridad y de la salud. Podemos autovalorarnos, calmada y amorosamente, de tal manera que podamos continuar nuestra conversión hacia las mujeres que queremos ser. Mientras más congruente sea nuestro comportamiento con nuestras creencias, más nos perteneceremos. Mientras más nos gustemos, mejores amigas seremos.

El amor y la simpatía pueden ayudar en el viaje espiritual hacia la serenidad. Hoy acompañaré a varias amistades en su viaje, y así encontraré compañía para mí.

Los pájaros cantan después de una tormenta. ¿Por qué la
gente no se puede permitir deleitarse con lo que aún posee?
ROSE FITZGERALD KENNEDY

Nosotras escogemos la vida que llevamos; elegimos
tristeza o alegría, éxito o fracaso, temor o esperanza con
emoción. Aunque no estamos conscientes de nuestras
elecciones las hacemos todo el tiempo.

Aceptar íntegramente la responsabilidad de nuestras acciones es un requerimiento de la madurez. No
siempre es lo más fácil de hacer, pero es necesario para
nuestro futuro desarrollo. Un beneficio inesperado, al
aceptar nuestra responsabilidad, es que ella eleva la
conciencia de nuestro poder personal. Nuestro bienestar está dentro de ese poder; la felicidad está dentro de
ese poder; nuestra actitud hacia cualquier situación,
presente o futura, estará dentro de ese poder, aunque
no aceptemos seguirlo.

La vida "nos estará haciendo" solamente lo que le
permitamos. Y nos favorecerá con cualquier cosa que
escojamos. Si buscamos emoción, la encontraremos. Podemos buscar lo positivo de cada experiencia. Todas las
situaciones contienen semillas de un nuevo entendimiento. Nuestra respuesta a los acontecimientos que
giran alrededor de nosotras determina los significados
que la vida ofrece. Nosotras controlamos nuestra actitud mental y ésta nuestro futuro.

*Este día es totalmente mío, para deleitarme o para atemorizar-
me; la decisión será siempre mía.*

OCTUBRE

> Las mujeres a menudo se sienten atrapadas entre conformarse con los modelos ya existentes o la definición de papeles, y explorar la promesa de nuevas alternativas.
> STANLEE PHELPS Y NANCY AUSTIN

Este es un tiempo de exploración para muchas de nosotras. La recuperación significa cambio de hábitos, cambio de conducta, cambio de actitudes. Y el cambio rara vez es fácil. Pero debemos cambiar si queremos recuperarnos exitosamente.

Para probar nuestras nuevas alternativas, contamos con el apoyo de los grupos y de nuestro poder más alto. Quizá deseemos una carrera o una educación más elevada. Quizás prefiramos desarrollar un pasatiempo o un deporte. Si compartimos ese deseo, y después buscamos apoyo, seguramente obtendremos ayuda. Este programa nos ha dado la oportunidad de comenzar desde el principio, para convertirnos en nuestro deseo interior.

Estaremos atrapadas en viejos patrones únicamente si lo permitimos. El perserverar no siempre será fácil, pero si buscamos el apoyo y la asesoría, siempre estarán disponibles.

Hoy consideraré mis alternativas. ¿Quiero hacer un cambio?

Afortunada es la gente cuyas raíces son profundas.

AGNES MEYER

Las raíces profundas proporcionan fuerza y estabilidad; nutren plenamente. Mantienen firme a quien las posee, cuando los feroces vientos soplan. A cada una de nosotras se nos ofrece como un regalo la posibilidad de poseer raíces fuertes, si nos entregamos totalmente al programa.

Nunca volveremos a enfrentar solas ninguna situación difícil después de descubrir la recuperación; no necesitaremos hacerlo. La ayuda es constante. La ayuda, a través de la compañía de otras y de nuestro contacto con Dios, siempre estará tan cerca como nuestras peticiones. El programa nos afirma; cada oración que hacemos, cada paso que damos, nutre las raíces que estamos desarrollando.

Al echar raíces en el programa, con una diaria atención a los nutrientes que necesitamos obtenemos cordura y esperanza. Descubrimos que todas las cosas pueden ser manejadas, que ninguna situación es demasiado para nosotras. Fuerza, confianza y libertad sin temor, son los beneficios obtenidos de nuestras crecientes raíces. Nuestras raíces estarán firmes si hacemos lo que necesitamos hacer: trabajar en el programa.

Hoy no ignoraré mis raíces; las nutriré para que ellas a su vez me llenen de confianza cuando tenga necesidad.

Ambigüedad significa admitir conscientemente más de una respuesta a una situación. Por ejemplo, querer y temer algo al mismo tiempo, o verlo bello y horrible a la vez.

TRISTINE RAINER

La flexibilidad es una meta que hace que valga la pena luchar. Suaviza nuestras relaciones con los demás y ensancha nuestro campo de conciencia. Dejar ir fuertes recuerdos de nuestra percepción pasada, nos asegura un mejor entendimiento de las variadas lecciones de la vida.

Estar entre dos decisiones, sentirse ambivalente ante ellas, no tiene por qué consternarnos, aunque a veces lo hace. Afortunadamene la indecisión nos motivará para orar por un buen consejo y para poder ser receptivas a él. Debemos mantener en mente que ninguna decisión es incorrecta; tal vez nos mantenga sin rumbo por un tiempo, pero también nos llevará a territorios desconocidos que nos ofrecerán muchas oportunidades para recurrir a la flexibilidad.

Las respuestas contradictorias, nuestras y de otros, nos mantienen alerta, nos otorgan un elemento emocionante a nuestra vida, y nos empujan a pensar creativamente dentro de nuestra percepción. El crecimiento y el cambio se darán por añadidura.

Hoy estaré a tono conmigo misma. Dejaré que mis percepciones me guíen.

Si amo con mi espíritu, no tengo que pensar demasiado.
PEGGY CAHN

El amor suaviza todas las imperfecciones. Todas las situaciones se calman, todas las tensiones se aflojan. La expresión de amor es un bálsamo en todas las heridas, en particular en las nuestras. Sentir amor hacia la gente en nuestra vida, el día de hoy, levantará nuestro espíritu; nuestras dificultades personales se debilitarán. Encontraremos las respuestas que hemos estado buscando si nos concentramos menos en los problemas y más en el regalo del amor que podemos dar a los viajeros que encontremos. Las soluciones a nuestros problemas rara vez se hallan en nuestras cabezas; más bien saltan desde nuestros corazones. De repente sabemos qué hacer. Tal vez las palabras de alguien más o su comportamiento dispararán la inspiración que hemos estado anhelando. Podemos dejar que nuestra preocupación de hoy esté en el momento y la experiencia. Podemos dejar que su poder nos empape, e inmediatamente encontraremos las respuestas que buscamos.

Cuando somos frágiles, frías hacia los demás, nos cerramos a cualquier mensaje dirigido a nosotras. Nuestro amor a los demás nos ablanda y hace posible que las palabras e ideas que esperamos penetren en nosotras.

Si tengo hoy un problema que requiere pronta solución, buscaré a otros con amor. En respuesta me darán la solución.

A veces pienso que soy la persona más afortunada del mundo. No hay nada como tener un trabajo que realmente me importa. A veces pienso que mi más grande problema es la carencia de confianza. Estoy asustada, y pienso que eso es saludable.

JANE FONDA

Cada una de nosotras vacila entre sentirse confiada unos días, afortunada otros, y asustada a menudo. El cambio constante de emociones es parte del proceso de vivir normalmente, estas emociones reflejan un involucramiento con el momento. Las situaciones nos tocan como deben hacerlo; ellas atraen respuestas como deben hacerlo, y nuestras respuestas revelan nuestro involucramiento emocional, como deben hacerlo. Podemos querer a nuestra variedad de emociones; ellas nos enriquecen. Pero puede que también nos creen problemas si no las revisamos antes.

Necesitamos mantener un balance. La confianza, que es ciertamente deseable, puede volverse excesiva, y de ahí pasar a la complacencia. La confianza necesita de la humildad para controlarse. El temor nos convierte en personas cautelosas, y eso es bueno; pero si somos demasiado cautelosas nos podemos inmovilizar. Si controlamos nuestras emociones, las hacemos trabajar para nosotras.

Las emociones pueden llenarme de energía y mantenerme involucrada en el momento; pero también pueden controlarme. De mí depende encargarme de ellas.

Mucha gente está viviendo en una cárcel emocional sin darse cuenta.

VIRGINIA SATIR

Cada una de nosotras ha sido bendecida con un guía interno, una fuerza capaz de dirigir nuestras acciones si tan sólo así lo reconocemos. Nunca dudamos por mucho tiempo sobre qué paso tomar; el valor para hacerlo no siempre es inmediato, y es también un regalo con el cual hemos sido bendecidas; será nuestro si lo pedimos. Tomar el camino correcto corre por nuestra cuenta.

Confiar en nuestro interior necesita práctica, después de haber puesto atención en los resultados de los riesgos que tomamos. Antes de la recuperación, muchas de nosotras esperábamos pasivamente que otras dirigieran nuestro comportamiento, nuestros sentimientos, nuestras actitudes. Caminar hacia adelante como una lidereza, con nuestro propio escrito en mano, es un gran cambio; pero sólo logramos este cambio si solicitamos diariamente asesoría correcta.

Los Pasos nos ayudan a saber quiénes somos, y más aún, nos ayudan a convertirnos en las mujeres que anhelamos ser. Pero lo más importante, nos ofrecen la fuerza espiritual para arriesgarnos a escuchar el mensaje interior, y la vitalidad para seguir adelante.

Los buenos resultados, una y otra vez los obtengo si actúo correctamente. La sabiduría para actuar así está de continuo y por siempre tan cerca como yo lo estoy de mí misma.

Hay un plan divino que se está trabajando en mi vida.
Dejaré que continúe y se desenvuelva.

RUTH P. FREEDMAN

Nunca estamos seguras de la enorme importancia o del impacto que provoca cada suceso de nuestra vida. Pero de algo sí podemos estar seguras: cada experiencia nos ofrece algo de valor para nuestro desarrollo global. No debemos marginar las experiencias adquiridas tiempo atrás; ellas contribuyeron a forjar todo lo que hemos logrado en el presente. A donde sea que el día de hoy nos lleve, influirá en lo que el mañana nos traerá.

Tal vez nuestra mayor dificultad, como mujeres en recuperación, es no confiar en que la vida es un proceso que nos promete bondad. Ese crecimiento y ese cambio están garantizados. Nuestra vida tiene un propósito, y por eso se nos ha bendecido. Confiar no es fácil. Pero podemos aprender y así descubriremos la libertad.

Si dejamos que el resultado de cada experiencia venga por sí solo, y nos enfocamos a obtener lo mejor de nuestros esfuerzos, le daremos validez a nuestra confianza en esencia de la bondad de la vida. Nuestras frustraciones disminuyen si procuramos que nuestra única preocupación sean esos esfuerzos. Cuánto más fácil transcurren nuestros días si hacemos nuestro trabajo y dejamos los resultados en donde corresponde.

Conoceré una nueva libertad cuando confíe en que "mi plan" está desenvolviéndose como debe. Haré mi parte y nada más.

El gran poder creativo lo es todo. Si dejas fuera un buen pedazo de éste, al considerar a Dios sólo masculino, tendrás que repetir el balance.

MARTHA BOESING

¡Qué bendición es ser parte de Dios! Para muchas de nosotras invocar a Dios, con un pronombre masculino, obstaculiza el camino de nuestro crecimiento espiritual. Nos sentimos fuera. Adorar algo llamado "Él" no se congració con nuestra personalidad. Cuando oramos, lo hacemos a una fuente espiritual que incluye todo, que no deja nada fuera: ambos sexos, todas las razas, todas las edades y condiciones.

Algunas de nosotras tuvimos problemas al entender que Dios es todo, no importa cómo sea invocado. Pero cualquiera que sea nuestro camino a la espiritualidad, el programa de los Doce Pasos ha enriquecido nuestra comprensión. Antes de practicar los Doce Pasos, nos habíamos permitido olvidar la fuerza y alimento que tenemos siempre a nuestro alcance, pero ahora estamos agradecidas de que se nos recuerde que Dios está con nosotras, dentro de nosotras, y que todo está bien.

Una mujer dice, "cuando me siento lejos de Dios, me pregunto: ¿Quién se movió?" Dios siempre está ahí. Hoy oraré por conservar la sabiduría para permanecer cerca de mi fuente espiritual; el Espíritu creador.

Cuando todos los remedios y armaduras retóricas han sido desechados, la ausencia de amor en nuestras vidas es lo que las hace parecer sosas e incompletas.

INGRID BENGIS

El amor suaviza, apoya, inspira; engrandece nuestra integridad, ya sea cuando lo damos o cuando lo recibimos. Sin la expresión del amor estamos arrancados de nuestra familia y amigas. Es la unión que fortalece a cada una de nosotras, y nos da el valor para atrapar lo que espera más adelante.

No debemos esperar que alguien nos exprese amor antes de ofrecer el nuestro; amar debe ser incondicional, y cumplir esto nos permite verlo regresar multiplicado por diez. El amor se atrae a sí mismo; nos cura y lima las asperezas de nuestra vida; nos prepara para recibir las bendiciones que fomente la gratitud de otros.

Lo que se nos pide es algo muy simple: amarnos las unas a las otras. El amor incondicional a nuestros hermanos, amantes e hijos rompe las barreras que se interponen en la búsqueda de nuestros logros y los de ellos. Al amar nos liberamos para disfrutar la vida; nos llenamos de energía y hacemos nuestras metas más fáciles de conseguir. Al amarnos las unas a las otras, llevamos el mensaje de Dios.

Tengo a mi cargo una única responsabilidad el día de hoy: amar a alguien, cariñosa y totalmente.

A veces es peor ganar una batalla que perderla.
BILLIE HOLIDAY

Nuestras luchas con otras personas siempre cobran su tarifa.

Generalmente nos empujan a adoptar un comportamiento que no nos enorgullece. Estas luchas pueden convertirse en vacíos irreparables. Frecuentemente aceleran nuestra caída emocional. Ninguna batalla vale la pena por el daño psicológico que casi todas nos causan. Si queremos organizar nuestras rutinas, es mejor que no nos resistamos.

Doblarnos con el viento, o flotar con la marea, facilita los pasos que debemos dar, los pasos que nos llevan a nuestra satisfacción personal. Parte de nuestro proceso de crecimiento es aprender a deslizarnos sobre las situaciones negativas que enfrentamos, y entender que estamos en esta vida para satisfacer un único propósito. Las muchas barreras que se interponen en nuestro camino pueden fortalecer nuestra confianza en Dios si las dejamos. No debemos permitir que nadie nos obstruya, ni las situaciones. Nos beneficiaremos al tomar las experiencias que aparezcan a nuestro paso. El camino por el que viajamos es aquel que nosotras escogimos. Los avances que hagamos para alcanzar nuestra meta en la vida son proporcionales a la suavidad de nuestros pasos.

Flotaré con la marea. Ésta seguramente me llevará más cerca de mi destino.

Mantente inmóvil y escucha la quietud interior.
DARLENE LARSON JENKS

Ninguna respuesta se nos escapa si recurrimos a nuestra fuente de sabiduría: la paz interior. La oración, junto con la meditación, siempre nos proveerá de las respuestas que necesitamos ante las situaciones que se nos presentan. Las respuestas, sin embargo, no están garantizadas. Debemos confiar en que recibiremos ayuda para seguir los pasos correctos. Tendremos nuestro bienestar si dejamos el control de nuestra voluntad a Dios, nuestro mensajero interno.

Qué reconfortante es saber que todas las respuestas se hallan tan cerca como nuestros momentos de quietud. Dios nunca nos quitaría esos momentos. Lo que ha sucedido, simplemente, es que hemos fracasado en mantener las ideas en la mente el tiempo suficiente para que capten nuestra atención. Nuestra mente corre obsesivamente demasiado a menudo. Brincamos de un escenario a otro, de un temor a otro, de una emoción a otra; y cada vez nuestras ideas se enfocan hacia un objetivo nuevo, y buscamos las respuestas en experiencias pasadas.

El proceso es simple, si quiero seguirlo. Las respuestas me esperan si realmente las deseo. Sólo necesito sentarme tranquilamente y pedir a Dios que me brinde el consejo que necesito.

> ...hay dos actitudes totalmente opuestas para enfrentar los problemas de la vida: una, probar y cambiar al mundo externo; la otra, probarse y cambiarse a sí misma.
>
> JOANNA FIELD

Dios nos da el valor para cambiar lo que podemos hacer nosotras solas. Qué difícil es no intervenir y no luchar para controlar y cambiar a alguien más. Cuántas veces pensamos que todo estaría mejor si alguien más cambiara. Todo lo que se necesita cambiar es una actitud: la nuestra.

Adquirir la responsabilidad de mejorar la vida que cada una vive es un paso importante hacia nuestra salud emocional. Culpar a otro por nuestras circunstancias nos mantiene estáticas y no nos ofrece ninguna esperanza para mejorar esas condiciones. El poder personal lo tenemos a la mano, de la misma manera que nuestra decisión para usarlo, y será apoyado por toda la fuerza que siempre necesitemos. La decisión de llevar nuestra vida de la mano nos alegrará. La decisión de meditar, orar, y ser completamente responsables de todo lo que hacemos cada día, nutrirá a nuestro yo, que está en desarrollo. Cada elección responsable nos lleva hacia nuestra integridad, y fortalece nuestro ser, nuestro bienestar.

Hoy sólo cambiaré a quien puedo: a mí misma.

Nunca rechaces un trabajo porque pienses que es insignificante; no sabes a dónde te puede guiar.

JULIA MORGAN

¡Qué pequeña es nuestra apreciación sobre lo lejos que cualquier invitación nos puede llevar! De lo que podemos estar seguras es de que las invitaciones nos ofrecen una oportunidad para hacer una buena elección, y eso significa que nos volvemos responsables de la persona en quien nos estamos convirtiendo. Al tomar decisiones engrandecemos nuestro crecimiento, porque reforzamos nuestra conciencia de poder personal.

Nuestra vida se desenvuelve en porciones que son tan pequeñas como se necesitan para nuestra comodidad personal. Es de dudar que, el día de hoy, podamos manejar todo lo que el futuro nos depara; sin embargo, estaremos preparadas para él, punto por punto, elección por elección, día tras día. No necesitamos temer; lo que se nos proporciona en una invitación es para nuestro beneficio. Estamos en un camino de bondad.

Al entrar a este programa, la emoción de hacer elecciones fue nueva para muchas de nosotras. Muy a menudo optábamos por la vida pasiva, y poco a poco nos fuimos volviendo más conscientes de algo que con frecuencia nos deprimía: que nuestra impotencia era autoimpuesta. ¡Libres al fin! Ahora somos libres para participar totalmente en nuestra vida.

Estaré agradecida por las muchas opciones que tengo para actuar. Cada elección que haga fortalecerá mi femineidad.

> Encontrar equilibrio entre la mente y el espíritu es difícil
> para mí, que los concibo como una grieta eterna, como dos
> entidades perfectamente conscientes y además perfecta-
> mente indispuestas a cooperar.
>
> MARY CASEY

El programa dirige nuestro crecimiento personal, un elemento humano que se ha atrofiado, si es que alguna vez ha existido, en la mayoría de nosotras antes de la abstinencia. El proceso de desarrollar nuestra naturaleza espiritual es doloroso. Vivir de nuestro ingenio o de la ferviente aplicación del "análisis transaccional", ha sido nuestra herramienta de supervivencia. Regresar, una y otra vez, a las viejas herramientas para encontrar soluciones rápidas a situaciones serias, es de segunda naturaleza. Aprender a confiar en el guía espiritual para solucionar dichas situaciones y afinar nuestro enfoque analítico, necesita paciencia y esfuerzo continuo.

Dentro de nuestro territorio espiritual encontramos nuestra conexión con Dios. Se nos ha dado la sabiduría. La confianza para avanzar y ofrecer nuestro talento especial a los demás, viene de nuestro espíritu. Somos todo lo que necesitamos ser. Nuestra mente y nuestro espíritu, en concierto, pueden enfrentar con éxito cualquier desafío.

Mi mente y mi espíritu se pueden volver entidades compatibles con el desarrollo de mi confianza en cada uno de ellos. El conocimiento más el valor pueden mover montañas. Se me han dado los dos.

El carácter contribuye a la belleza. Fortalece a una mujer cuando la juventud se va.

JACQUELINE BISSET

Qué común es para nosotras estar demasiado preocupadas por nuestra apariencia. Esto se motiva por la cultura, a través de la familia, etcétera. Muchas de nosotras nos angustiamos por eso en el pasado, y aún hoy el dolor de la juventud marchita nos persigue.

Tal vez ya sea tiempo de que tomemos nota especial de las mujeres que son dignas de admiración por sus logros. Debemos emularlas, honrarlas y celebrar su particular belleza, una belleza generalmente engrandecida por su dignidad, su perseverancia, su valor.

Podemos cultivar nuestros propios intereses. Ellos contribuirán a que obtengamos logros que aumentarán la profundidad de nuestra alma, el hogar de nuestra verdadera belleza. Las personas maduras que aceptan esta belleza son aquellas que queremos atraer a nuestra vida. ¡Qué efímera es una cara hermosa! Y lo es aún más la cara que no puede ver más allá de ella misma.

La juventud y la belleza se van. No así la belleza de un carácter en desarrollo; el tiempo lo fortalece. El programa ayuda a que el desarrollo de ese carácter no sólo sea posible, sino que también lo hace sencillo. Cada paso, cualquier paso, nos ofrece una oportunidad más de encargarnos de nuestra vida.

Recordaré lo que soy en mi interior; es lo que cuenta para la vida de los demás.

> La historia nos provee de abundantes ejemplos de... muje-
> res cuyo más grande don fue redimir, inspirar, liberar y
> nutrir los dones de los demás.
>
> SONYA RUDIKOFF

Parte de nuestro llamado a ser miembros de la comunidad humana es amar sin condición y apoyar a la
gente que emocionalmente está cerca de nosotras. Se
nos ha llamado a la unidad para lograr propósitos
maravillosos, aunque rara vez los conceptualizamos.
Necesitamos de los dones de unos y otros, compasión e
inspiración para contribuir con nuestra parte individual a ese total.

No solamente tenemos que nutrir e inspirar a otros,
también nuestro desarrollo emocional y espiritual nos
demanda que nos honremos a nosotras mismas. Necesitamos tener autoapreciación y autoaceptación para
que podamos brindar a los demás algo de valor dura-
dero. Debemos dar sin egoísmos nuestro amor y apoyo,
si en verdad los tenemos para servir, pues dar algo sin
pensar en una misma es evidencia de que tenemos
amor por nosotras mismas.

El amor sin egoísmos libera al que lo da y al que lo
recibe. Dar amor, de esa forma, pone en manifiesto
nuestra felicidad, lo que significa que somos libres para
nutrir nuestros propios dones.

---

*Dedicaré este día a motivar a alguien. Pondré el mismo
respeto también hacia mí.*

El orgullo, hijos míos, se nos ha dicho, "existe antes de una caída", y ¡oh!, el orgullo estaba ahí; por tanto la caída estaba cerca.

WILHELMINA KEMP JOHNSTONE

Solicitar ayuda; admitir que estamos equivocadas; reconocer nuestros errores, ya sean pequeños o grandes; pedir otra oportunidad, o el amor de alguien; todo es muy difícil de hacer, pero necesario si queremos crecer. El problema es nuestro orgullo, el gran ego. Pensamos que "siempre tenemos la razón. Si estamos mal, otras personas pueden pensar que somos menos capaces, y cuestionar nuestro valor". Es enfrentar el perfeccionismo contra la valoración.

Si no somos perfectas (por supuesto que no lo somos), no tenemos por qué ser despreciables. Entre estos dos puntos de la balanza está el "ser humano". Nuestro crecimiento emocional, como mujeres, es equivalente a qué tanto aceptamos nuestra humanidad, qué tan capaces somos de estar equivocadas. Con la humildad viene una tolerancia que aligera cada experiencia, cada relación. El orgullo nos hace crueles, nos mantiene firmes; aleja a los demás y nos prepara para la caída.

Hoy me permitiré a mí misma comportarme humanamente. Esto aclarará mi visión sobre la vida.

> Cuando la gente te molesta, en la forma que sea, es porque sus almas están tratando de llamar tu atención divina y tus bendiciones.
>
> CATHERINE PONDER

Estamos en constante comunicación unas con otras, y con Dios, en el terreno espiritual. No importa cuán diferente pueda parecer nuestro curso particular, él corre paralelo a muchos otros caminos. Y todos los caminos se cruzarán cuando se presente la necesidad. Llamamos punto de intersección al momento en que otra alma busca nuestra atención. Debemos ser atentas y amables con la gente que busca nuestra atención; su crecimiento y el nuestro están en juego.

Debemos estar agradecidas por nuestro involucramiento con otras vidas; percatarnos de que nuestra bendición particular no es como la de nadie más, y de que todas necesitamos de la energía de las muchas personas importantes que hay en nuestra vida. No existe en nuestro camino ningún encuentro insignificante. Cada unión con alguien más es parte del destino de los participantes.

Miraré cuidadosa y amorosamente a la gente que está a mi alrededor, y los bendeciré a todos y a cada uno. Están en mi vida porque lo necesitan. Igualmente yo los necesito.

> Una de las conclusiones a las que he llegado en mi vejez es la importancia de vivir el presente. En el pasado, muy frecuentemente me refugié en la creencia de que en alguna forma u otra el mañana sería más brillante, más feliz o más rico.
>
> RUTH CASEY

De qué manera tan fácil nuestras mentes brincan del presente a los defectos del pasado, o a los temores del futuro. Qué pocas veces están nuestras mentes en este momento y sólo en este momento.

Antes de que tomáramos este libro, ¿dónde estaban nuestros pensamientos? Tenemos que practicar con esmero cómo poner nuestras mentes en cualquier experiencia actual. Sólo se puede obtener una respuesta verdaderamente creativa a cualquier situación, si ponemos toda nuestra atención en ello.

Cada respuesta creativa inicia una experiencia posterior aún más emocionante.

Todo lo que tenemos en la vida, todo lo que ella puede ofrecernos, está aquí, ahora. Si cerramos nuestra mente al presente, este presente, lo seguiremos haciendo cuando el futuro que soñamos ahora se convierta en presente. No existe el mañana.

Dejaré en paz al pasado y al futuro. Mi única realidad está aquí y ahora. Los dones de Dios están aquí, ahora.

...Tú no podrás nunca escoger cómo vas a morir, o cuándo. Sólo puedes decidir cómo vas a vivir; ahora.

JOAN BAEZ

Qué emocionante es saber que podemos elegir cada actitud que tengamos y cada acto que realicemos. Hemos sido dotadas de una total responsabilidad para nuestro desarrollo. ¿Qué intentaremos realizar hoy? ¿Es en verdad personal la forma cómo decidamos enfrentar hoy algún asunto en particular? Nuestras opciones son limitadas sólo por nuestra visión.

Cada situación en la vida nos ofrece una importante oportunidad para tomar decisiones que necesariamente influirán en las situaciones que vendrán posteriormente. Así como somos interdependientes, y nos necesitamos e influimos, en todas las circunstancias que nos atraen la una a la otra, así nuestras decisiones nunca serán inviolables. Cada decisión es por sí misma importante, sin embargo, su impacto se multiplicará por la variedad de otras decisiones tomadas.

La elección para vivir totalmente hoy, para tomar ventaja sobre todas las oportunidades que se presenten, es nuestra. Nuestro crecimiento personal, nuestro desarrollo espiritual y emocional, están en nuestras manos. Dios nos proveerá de la orientación, y el programa nos ofrecerá las herramientas. La decisión de actuar es solamente nuestra.

Ejercitaré mi poder personal. Mis elecciones determinan mi desarrollo.

La potencia del avance determina la fuerza que se requiere para suprimirlo.

MARY JANE SHERFEY

Todas estamos luchando por tener éxito, y cada día nos enfrentamos a mayores o menores adversidades que bien pueden interferir en la obtención de nuestro éxito. De cualquier forma, dichas adversidades no tienen por qué ser un obstáculo. Por el contrario, pueden darnos fuerza si las incorporamos en nuestra vida como oportunidades para crecer.

Para muchas de nosotras la habilidad para manejar las desgracias es muy reciente, y no siempre la podemos manejar con seguridad y facilidad. Pero ya estamos empezando a creer que un poder más grande que nosotras está a nuestro alcance y nos otorgará la fuerza que lleguemos a necesitar. Si sabemos que siempre será posible actuar, no necesitamos adaptar esa aceptación pasiva a cualquier situación, pues contamos con los dones que obtenemos al vivir los Doce Pasos del programa.

Nuestro camino hacia adelante es tan cierto como nuestro compromiso con él, nuestra creencia en la fuerza del programa y nuestra fe en su estructura, incluso en tiempos difíciles. Nunca se nos prometió que nuestro nuevo tipo de vida iba a ser siempre fácil, aunque sí se nos ha ofrecido la llegada a nuestro destino si continuamos nuestro camino y dejamos a Dios ser el navegante.

El éxito está a mi alcance. Aplicaré lo que estoy aprendiendo, y así lo encontraré.

Los niños despiertan nuestro ser verdadero cuando los vemos lastimados, esforzándose, experimentando; cuando observamos sus ojos y escuchamos sus corazones. Los niños son regalos, si los aceptamos.

KATHLEEN TIERNEY CRILLY

Los niños nos miran a nosotras y a su mundo con ojos frescos, con una actitud fuera de todo cinismo, y con sus corazones abiertos. Ellos reaccionan espontáneamente a los acontecimientos de su vidas; lo que sienten es lo que son.

¡Advirtamos cuán compleja hemos hecho nuestra vida! El observar de cerca a los niños nos puede ayudar. Su honestidad sin complicaciones nos puede servir bien. Mirar al mundo una vez más, y maravillarnos con ello, es algo que podemos lograr si vivimos los principios del programa.

Muchos dones nos esperan si aceptamos el programa y sus principios. Podemos vivir sin el pasado. Podemos aprender a vivir sólo este día, y llegar a creer que hay un poder superior a nosotras que nos tiene por completo bajo su control. Los niños instintivamente confían en aquellos que los cuidan. Podemos aprender a confiar, una vez más si aplicamos los Pasos de este programa en nuestra vida.

Miraré este día con admiración y confianza. Todo está en su sitio. Estoy bajo la protección de Dios.

> ...las palabras son quizá más poderosas de lo que puede
> serlo cualquier sospecha, y una vez grabadas en la mente de
> un niño, no se erradican tan fácilmente.
>
> MAY SARTON

Qué tan agobiadas nos sentimos, cuando éramos pequeñas, con las etiquetas que nos pusieron nuestros padres, maestros e incluso compañeros de escuela. Creemos de nosotras lo que otros nos enseñaron a creer. Los mensajes no siempre fueron evidentes; pero aun hasta los más sutiles se imprimieron en nuestras mentes, y ahora, en plena edad adulta, nos recuerdan nuestros "fracasos". Aun cuando tratamos, a nuestra manera, de olvidar las críticas, los nombres permanecen en nuestros recuerdos e influyen en nuestras percepciones de adultos. Los años hicieron muy poco para poder borrar cualquier cicatriz que adquirimos cuando niños.

Nuestra relación con Dios nos ayudará a comprender que somos seres espirituales con un maravilloso propósito en la vida. Estamos tan llenas de amor y somos tan capaces y tan exitosas como nos percibimos. Nuestros propios pensamientos y palabras, nuestras propias etiquetas, pueden ser tan poderosas como las de nuestra juventud. Creer en nosotras lleva práctica; pero sí podemos romper con el pasado que nos atrapa.

Mi poder más alto me ayudará a conocer mi verdadero Yo.
Soy todo lo que siempre necesité ser; soy especial y así llegaré
a creerlo.

El deseo universal humano [es] por algo permanente, dura-
dero sin una sombra de cambio.

WILLA CATHER

El espectro del cambio nos provoca temor a la mayoría de nosotras; sentimos sus efectos en nuestra vida personal. No creemos que un cambio nos pueda beneficiar;
esto sólo el tiempo nos lo hará ver; y así siempre será,
como todo cambio que nos ha sucedido hasta ahora.

Los cambios son en realidad regalos; vienen como
distintivos de nuestros logros actuales; significan un
crecimiento exitoso. Nos demuestran nuestra capacidad para crecer. Cuánto luchamos para entender esto,
y qué rápido lo olvidamos una vez adaptadas al cambio. La lucha se repite en el momento en que un cambio
se presenta.

Anhelamos la estabilidad y creemos que ésta nos
garantiza la seguridad. No nos damos cuenta de que la
única seguridad realmente disponible para nosotras es
la que acompaña nuestra confianza en Dios, de donde
vienen todos los cambios como bendiciones para el
crecimiento que hemos alcanzado. Si experimentára-
mos una ausencia total de cambio, nos encontraríamos
muertas. La vida es un desafío, un cambio continuo,
siempre soportable, que nos motiva a seguir creciendo.
Debemos reflexionar en lo que pasó antes, y confiar en
lo que enfrentaremos hoy.

El cambio significa progreso. Sigo mi rumbo.

El amor tiene la cualidad de mantenernos al corriente en casi todo, incluso en el trabajo.

SYLVIA ASHTON WARNER

Al amar y ser amadas hemos cambiado. Debido a la presencia del amor, nuestras actitudes se ven profunda y positivamente afectadas en nuestra vida. Cada vez que respondemos con amor a un amigo, compañero de trabajo, incluso a un extraño, influimos poderosamente en la dinámica de interacción entre ellos y nosotras.

Cada respuesta que damos a alguien, al mismo tiempo que proporciona información nos cambia. Cuando tratamos a otros con desdén, los invitamos a que hagan lo mismo. Si sólo criticamos a los demás nuestra auto-valoración será igualmente negativa. Lo bello de una actitud amorosa es que llama a más amor en respuesta. Mientras más amor damos, más amor recibimos.

Cada tarea se aligera si llevamos amor en nuestros corazones. El amor es más poderoso que el temor. El amor ayuda a abrir el camino hacia Dios, asegurándonos la fuerza, el entendimiento, y la paciencia necesarios para completar cualquiera de las asignaturas que nos esperan.

Soy amada incondicionalmente por Dios. Experimentaré la realidad de ese amor mientras más lo dé. El amor quiere cambiarme, y puede hacerlo.

Mi vida ha sido un tapiz lleno de ricos y regios matices. Una visión eterna de un punto de vista siempre cambiante.

CAROLE KING

Cada acontecimiento de nuestra vida contribuye a enriquecer nuestro tapiz personal. Cada una de nosotras está tejiendo tapices únicos; pero todos ellos se complementan. Necesitamos los ricos diseños de otras para crear el nuestro.

Pocas veces tenemos la precaución de valorar desde su principio lo mejor de una circunstancia en particular; por lo regular, una ojeada posterior nos da mayor claridad. Es bueno reflexionar en las muchas aventuras que no lograron emocionarnos; en todos esos casos, ahora lo podemos ver, necesitamos de dichas aventuras. Mientras más crezca nuestra confianza en Dios y en la bondad, más rápidamente sabremos responder a nuevas situaciones, siempre con alegría. Ninguna experiencia está hecha para lastimar. Estamos aprendiendo a entender eso, incluso aunque en ocasiones lo olvidemos.

Si practicamos la gratitud, ésta nos ayudará a apreciar más lo que se nos ha ofrecido. Ser agradecidas influye en nuestra actitud, suaviza nuestro duro exterior y acaba con el temor que sentimos hacia las situaciones que están por llegar.

Si sonrío al día, contenta de estar viva, la felicidad me inundará en todas las experiencias que están aguardándome. Cada una está haciendo una contribución a mi integridad.

Los problemas tienen solamente el tamaño y el poder que tú les das.

S.H.

Nunca seremos libres de todas nuestras dificultades, actuales o de cualquier otro periodo de nuestra vida; aunque tenemos el poder personal para eliminar esa amenaza, esa punzada que sentimos con cualquier desafío. Es nuestro punto de vista sobre las circunstancias lo que les da cuerpo.

En este momento estamos definiendo nuestra experiencia; estamos etiquetando a los sucesos como buenos o malos, valiosos y sin valor, y nuestro crecimiento, particularmente de este día, se ve fuertemente influido por los juicios de valor que damos a nuestras experiencias.

Mientras crecemos emocional y espiritualmente, aprendemos que las dificultades son en realidad oportunidades para un crecimiento excepcional y para estar aún más conscientes de la verdad de nuestra existencia. Podemos ocuparnos de todas las experiencias de nuestra vida si confiamos en su intencional bendición.

Estamos compartiendo esta vida, momento a momento, con un poder más grande que nosotras. No necesitamos preocuparnos por ninguna circunstancia. Siempre habrá alguien que nos observe. No tenemos que luchar solas.

Dejemos volar a nuestros problemas. Aunque nosotras y nuestra actitud nos hemos encargado de hacer de cada situación un problema, si los dejamos flotar descubriremos las soluciones.

No haré montañas de las pequeñas elevaciones que hay en mi vida.

De todos los conocimientos, el que más nos elude es el autoconocimiento.

MIRRA KOMAROVSKY

Descubrir quiénes somos es una aventura que unas veces nos emociona y otras nos atormenta, pero que frecuentemente mantendrá ocupadas nuestras mentes. Estamos creciendo y cambiando, como resultado de nuestro compromiso con el programa. Es el proceso de ese compromiso lo que justamente eleva nuestra autoconciencia.

Descubrimos quiénes somos al escuchar a otros, al conocer cuáles son sus opiniones acerca de nosotras; y al hacer un inventario honesto y cuidadoso de nuestro propio comportamiento. Las conversaciones internas que nos persiguen mientras estamos interactuando con los demás, son una punzante guía de autoconocimiento, de autodefinición. Justo cuando pensamos que hemos comprendido quiénes somos y cómo manejar nuestros errores, un nuevo reto entra en nuestro territorio de experiencias para sacudir toda comprensión que nos haya auxiliado hasta ahora.

No es tarea fácil descubrir quiénes somos realmente; pero aún más difícil es amar y aceptar al ser que descubrimos. Durante muchos años lo hemos evitado o negado, peor aún, renunciado a la única persona que sabíamos ser. El programa nos ofrece una manera de aprender a amar a nuestra persona interior, aunque no la encontraremos fácilmente ni a diario. No obstante, hay tiempo suficiente para que el proceso facilite nuestra investigación.

Seré tierna y considerada hoy, mientras escucho a otros y a mí misma.

Deja tus lágrimas brotar. Deja que rieguen tu alma.
EILEEN MAYHEW

Bajar la guardia, o aflojar las tensiones que nos mantienen estresadas, a menudo dan lugar a nuestras lágrimas, lágrimas que a su vez nos tranquilizan, acaban con nuestra resistencia y revelan esa vulnerabilidad que nos recuerda nuestra simple condición de humanas.

El perfeccionismo puede ser la perdición de cualquiera de nosotras. Hemos aprendido a empujar más y más fuerte, y no sólo a nosotras, sino también a todos los que están alrededor nuestro. Pensamos que debemos ser mejores, y nos aferramos a ello. El programa puede enseñarnos a relajar esa tensión, si así lo queremos. Lo mágico es que cuando nos decidimos a hacerlo, en equis día, en equis actividad, con equis persona, nos encontramos con que alguien nos guía amablemente, y que aquello que queríamos controlar se muestra tranquilo y natural. La vida es una sarta de ironías.

No debemos escondernos de nuestras lágrimas. Podemos confiar en que necesitamos de ellas, e incluso que pueden ser de utilidad para alguien más. Las lágrimas motivan la compasión; tal vez nuestra tarea en este día sea ayudar a alguien más a experimentar compasión.

Hoy mis lágrimas curarán a quien lo pida. Los heridos están por todas partes.

La intuición es una facultad espiritual que no ofrece explicaciones: simplemente marca el camino.

FLORENCE SCOVEL SHINN

¿Debemos hacer tal cambio? ¿Debemos buscar otro empleo? ¿Debemos hablar con los demás de nuestros sentimientos? Rara vez sentimos que nuestras oraciones son suficientes, sobre todo cuando estamos llenas de temor e indecisión. Pensamos además que, con todo y oraciones, por lo regular no encontramos la respuesta. Nuestras preocupaciones la bloquean.

Ninguna oración dejará de obtener respuesta; de eso podemos estar seguras. Por otra parte, pudiera ser que la respuesta no sea la que esperábamos; de hecho podemos no reconocerla como la respuesta, porque estamos esperando algo muy diferente. Se necesita voluntad de nuestra parte para liberarnos de nuestros prejuicios y para aceptar cualquier contestación. Las respuestas llegan inexplicablemente, ya sea como una oportunidad en la calle, en un párrafo de algún libro o periódico, o en algún sentimiento. Dios nos habla a cada una de nosotras durante el día; por tanto, podemos estar seguras de que nuestras oraciones serán escuchadas, que nuestros problemas tendrán solución, que nuestras preocupaciones disminuirán. Pongamos atención a sus mensajes; están por todas partes.

_____

Hoy estaré atenta a todas las señales de Dios. Cualquier respuesta que busque llegará a mí.

La fórmula es sencilla: supérate, alguien podría imitarte.

DOROTHY BAKER

Nunca llegaremos a triunfar si aceptamos cualquier modelo de vida. Sin embargo, si nos superamos a partir de los modelos que Dios tiene para nosotras, entonces sí tendremos éxito. De Dios siempre recibiremos amor incondicional y aceptación.

En el pasado, muchas de nosotras temíamos que lo mejor de nosotras no fuera suficientemente bueno, con frecuencia ese miedo retrasó nuestra recuperación. Tal vez volvamos a sentir esos temores que nos inmovilizan si no llevamos a cabo, meticulosamente, el programa y sus sugerencias.

Nuestro poder más alto nos ayudará en cualquier tarea, teniendo en cuenta que, excepto para la que estamos listas, ninguna otra tarea será para nosotras. Nuestro trabajo es simplemente ir adelante y tomar a Dios como nuestro compañero y socio para poder completar esa tarea. No caeremos si recordamos dónde descansa nuestra fuerza y dónde se halla nuestra ayuda.

Nuestra autoestima es uno de los productos de un trabajo hecho con la ayuda de Dios. Otra cosa que podemos lograr con su ayuda es aprender a confiar más rápido en él, con lo que además obtenemos la fuerza necesaria para vencer al temor la próxima vez que lo sintamos y reducir el tiempo que invertimos en éste.

Hoy puedo triunfar en cada empresa que me proponga, si dejo que Dios guíe mis movimientos.

NOVIEMBRE

> Para ser mujer se deben tener derechos y obligaciones, que partan de un punto hacia todas direcciones, como los rayos de una rueda de bicicleta.
>
> ANNE MORROW LINDBERGH

A veces nos sentimos fácilmente abrumadas por nuestras obligaciones, y olvidamos que nuestros derechos se deben ajustar al esquema de nuestra vida. A esos derechos los estimula nuestra vida, pues fluyen de ella. Ellos nos rodean, nos llaman a tratar de dar lo mejor de nosotros. Nuestras obligaciones también tienen su lugar. En nuestros trabajos, con nuestra familia y amigos, tenemos responsabilidades. La gente espera que nosotras realicemos la parte que nos corresponde dentro de su esquema particular de vida.

Encontrar el equilibrio correcto entre nuestros derechos y nuestras obligaciones necesita nuestra diaria atención; ésta tal vez sea nuestra mayor lucha. Por lo regular todas las mujeres sentimos únicamente obligaciones y le damos poco valor a nuestros derechos. Es un truco familiar que nos hacemos todas. Necesitamos recordar que nuestros derechos sacarán a flote lo mejor de nosotras. Debemos relajarnos para poder llegar a ser lo que soñamos. Nuestros derechos nos llaman a vivir de acuerdo con lo que Dios espera de nosotras.

Cada día necesito prestar atención tanto a mis derechos, como a mis obligaciones. No dejaré que ningún día termine sin haber atendido un derecho.

El amor y la esperanza no son cosas que podemos aprender; son parte de la herencia de la vida.

MARÍA MONTESSORI

El amor es el regalo que nos ha dado el Creador. Nuestra existencia garantiza que lo merecemos. Así como cada vez, reconocemos más este hecho, también crece nuestro amor a nosotras mismas y nuestra capacidad para amar a los demás. Antes de encontrar este programa no teníamos una alta autoestima ni una autovaloración estable. Las buscamos en diferentes lugares que no nos llevaron a ninguna parte. Los Pasos y nuestras actuales relaciones nos proveen de la sustancia y ayuda necesarias para descubrir nuestro valor en nuestra vida.

Si hubiéramos entendido en nuestros años de juventud que alguien nos amaba, tal vez no hubiéramos sufrido tanto por nuestra enajenación. Siempre hemos estado en la mano derecha de Dios, nunca al margen, y nos ha amado y observado, pero no reconocimos las señales. Ahora las señales están en todas partes; cada Paso es un recordatorio constante; cada contacto humano es un mensaje de Dios. Cualquier deseo que ansiamos que se cumpla es una llamada de Dios para nuestro crecimiento.

Hoy buscaré las señales de mi bienhechor. Ellas existen en todas partes.

> Estamos en la calma que viene después de la tormenta.
> Siento un arcoiris donde antes hubo nubes, y mientras mi
> espíritu baila de gratitud, mi mente especula en el siguiente
> desastre: la dualidad.
>
> MARY CASEY

Nuestro crecimiento como mujeres puede o no suceder, según nuestra habilidad para fluir con las dualidades, las contradicciones inherentes a la vida de cada una. Y no sólo para fluir con ellas, sino también para saber capitalizarlas.

No se nos ha ofrecido una existencia sin dolor, aunque se nos han dado oportunidades para tener otra perspectiva de los momentos dolorosos. Esta perspectiva está amortiguada por los principios del programa. Las asperezas de la vida, las tormentas que azotan nuestro ser, son regalos con disfraz. Cuando la tormenta se ha calmado, vemos la vida de una nueva forma.

Podemos disfrutar de la calma, si eso es lo que nos rodea hoy. Merecemos los periodos de descanso, pues nos dan la oportunidad de analizar y resolver, por nosotras mismas, aquello que la tormenta nos trajo tan violentamente. Somos impotentes a la furia de la tempestad, pero podemos sacarle provecho y estar seguras de que la tormenta le da sentido a todo lo que hay en la calma.

Hoy estaré contenta por las nubes y por los arcoiris; los dos están hechos para mi bien, y sin ellos nada tiene significado.

Todo comienzo está propenso a ser ensombrecido.
RACHEL CARSON

Cuando nos embarcamos en una nueva carrera, abrimos una nueva puerta, o empezamos una relación amorosa, rara vez podemos ver y anticipar a dónde nos puede llevar esa experiencia. Lo más que podemos ver es lo que cada día nos trae. Podemos confiar, con seguridad, que nos guiará a través de las "sombras". Y que estaremos a salvo.

Para tener ganancias en esta vida, debemos ir hacia nuevos lugares, contactar nueva gente, buscar nuevas experiencias. Aunque podamos temer a lo desconocido, debemos seguir adelante. Es reconfortante recordar que nunca damos un paso solas. En nuestro destino está experimentar muchos nuevos principios. Y una dimensión del proceso de crecimiento es, precisamente desarrollar la confianza en que cada una de estas experiencias, a su tiempo, nos reconfortará y ofrecerá la sabiduría que nuestro interior espera. Sin los nuevos comienzos somos incapaces de satisfacer el propósito para el cual fuimos creadas.

Cada nuevo comienzo, aunque nunca rebasa lo que podamos manejar, es necesario para desarrollar nuestro interior, pues nos prepara para lo que pueda venir.

Miraré felizmente mis nuevos comienzos; son especiales para adquirir el crecimiento por el que me he preparado.

El futuro está hecho de lo mismo que el presente.

SIMONE WEIL

Las únicas lecciones que importan para nuestra vida, en este momento, vendrán hoy a nosotras, y mañana sucederá lo mismo. Preocuparnos por otro momento que no sea el presente, nos impedirá responder cuando "el maestro aparezca".

En los años pasados, tal vez nos estacionamos en problemas anteriores. Puede ser que todavía luchemos por quedarnos con ellos, tal vez tratamos de ver demasiado hacia adelante; pero estamos aprendiendo que hay un momento correcto para todo crecimiento; un momento correcto para todas las experiencias, aunque ese momento correcto no encaje en nuestro itinerario. Lo que no llegue a nosotras hoy, vendrá después cuando haya llegado su momento. Cada día recibimos lo que vamos a necesitar ese día; no tenemos que preocuparnos por el futuro.

Cada día hay maravillas y alegrías esperándome. El crecimiento que experimento es todo lo que necesito ahora. Soy una estudiante, y el maestro aparecerá.

> Por supuesto que la fortuna tiene que ver en los asuntos
> humanos, pero la conducta es mucho más importante.
>
> JEANNE DETOURBEY

Si nos comportamos de la forma en que, honesta y sinceramente creemos que Dios quiere que lo hagamos, eliminamos nuestra confusión. Cuando intervenimos de una manera amable en las actividades que nos involucran, llevamos el mensaje de Dios; eso es todo lo que se nos pide en esta vida.

Este programa de recuperación nos ha involucrado en los asuntos de muchas personas que en algún momento nos han necesitado para escuchar, guiar, apoyar o sugerir. Cada vez que tenemos la oportunidad de provocar un impacto en otra persona, es para nuestro beneficio y para el de ella también; es permitir que Dios dirija nuestra conducta.

Muy a menudo el mensaje de Dios se pierde debido a nuestro egoísmo, pero nunca será demasiado tarde para empezar a escucharlo. Dios está siempre a nuestro alcance y espera que lo reconozcamos. Podemos estar seguras de que la facilidad de manejar nuestra vida es directamente proporcional a ese reconocimiento. Adoptar la conducta correcta nunca será un misterio para nosotras. Tal vez no siempre la escojamos, pero nunca fracasaremos en saber qué debe hacerse.

Confiaré en mi conciencia para que sea mi guía en cada momento.

...nunca seremos victoriosos si hemos olvidado cómo aprender.

ROSA LUXEMBURGO

Llegar al lugar en el que ahora estamos, para la mayoría de nosotras significó una larga lucha, dolorosa y solitaria. Pero hemos sobrevivido y sobreviviremos. Los tiempos en que pensamos que ya no avanzaríamos, son ahora solamente vagos recuerdos. Las experiencias de las que estábamos seguras que nos destruirían, ahora caben perfectamente en nuestro libro de memorias.

Hemos sobrevivido, y el programa nos está dando los medios para continuar con nuestra supervivencia. Paso a paso estamos aprendiendo a manejar nuestros problemas, a establecer relaciones basadas en la honestidad, y adoptar un comportamiento responsable. Se nos ha prometido serenidad si seguimos los Pasos.

Podremos expresar mayor gratitud por nuestra supervivencia si trabajamos con el programa, si ponemos de ejemplo y si ayudamos a aquellas mujeres que aún no han conseguido la victoria. Debemos dar lo que hemos aprendido para lograr nuestro propio nuevo crecimiento. Habrá muchas victorias en nuestro futuro si seguimos avanzando, si abrimos nuevas puertas y si confiamos en el proceso del programa y sus promesas.

Aún estoy ansiosa por aprender; de otra manera no estaría aquí, ahora. Hay victorias en mi futuro, hoy buscaré una de ellas. Seguramente será necesario acompañar mi búsqueda con una acción responsable de mi parte.

> Tanto en el mundo físico como en el mundo espiritual, el dolor no dura "para siempre".
>
> KATHERINE MANSFIELD

Algunas más, otras menos, pero cada una de nosotras vive luchando con el dolor y sus repercusiones. A veces el dolor parece interminable, y en ocasiones nos quedamos con él demasiado tiempo, tal vez porque tememos aún más a lo que está del otro lado. Lo desconocido nos controla muy fácilmente. Justo en este momento, cada una de nosotras puede mirar atrás, a los tiempos dolorosos, y sentirse agradecida por lo que le han enseñado. Cuando aprendemos a utilizar el regalo de la perspectiva, las piezas del rompecabezas toman un significado más profundo. El dolor que sentimos ahora también cabe en el momento más grande de nuestra vida. Y pasará. Está pasando.

La sabiduría del pasado nos enseña que el dolor nos enriquece, nos prepara para servir a otras. Llegamos a saber quiénes somos y, en qué consisten nuestros dones, a través de la desesperación que a veces sentimos. Ya lo dice un viejo y sabio refrán: "nunca se nos da más de lo que podemos manejar".

Mi dolor de este día me está acercando a la mujer que debo ser. Lo recuerdo cada vez que respiro.

> En cualquier viaje antes de dar el primer paso primero debemos averiguar dónde estamos.
>
> KATHY BOEVINK

Nuestra vida, en todos los aspectos, es un viaje hacia un destino en donde caben nuestros propósitos, nuestros dones especiales, nuestras necesidades particulares como mujeres. Cada día contribuye a ese viaje y nos lleva más cerca de nuestro destino. Sin embargo, a menudo tomamos un camino sinuoso. Nos atoramos; nos sentimos atrapadas por nuestros deseos egoístas y por la intrusión de nuestro ego, que nos desea controlar.

Podemos analizar el progreso que hemos tenido en el camino hacia nuestro destino, los pasos que hemos dado y que, sin saberlo, han contribuido a nuestro viaje. Nuestros pasos más fáciles han sido aquellos que tomamos con la ayuda de Dios. En la mente de Dios está que nuestro camino tenga buena señalización.

Hoy estamos justo donde necesitamos estar. Las experiencias que vivimos son como puntos en el mapa de nuestro viaje. Algunas de ellas son puntos de descanso, otras son carreteras de alta velocidad. El viaje a nuestro destino no siempre es fácil, pero mientras más permitamos que Dios nos conduzca, más fácil será nuestro trayecto.

Hoy planearé mi viaje con la ayuda de Dios, y así mi camino será tranquilo.

Porque la sociedad así lo requiere, nosotras siempre hemos puesto una cara bonita. Las mujeres hemos sido entrenadas para acabar con el enojo.

NANCY FRIDAY

La ira es una emoción. No es mala, ni buena, simplemente existe cuando ciertas condiciones en nuestra vida no son como esperábamos. Podemos liberarnos de ella si tomamos una acción apropiada. La furia puede convertirse en una manera saludable de actuar; pero cuando no se actúa en ninguna forma, el enojo se puede ir hacia adentro y así influir negativamente en todas nuestras experiencias, como en toda interacción humana. Necesitamos hacernos amigas de todas nuestras emociones, tenemos que confiar en que todas ellas nos sirven; así aprenderemos de ellas, y podremos reaccionar en forma saludable. Nuestras emociones revelan todas las caras de nuestra alma. Todas ellas son válidas y merecen respeto y aceptación, pues representan nuestro interior.

Debido a que cuando estamos enojadas menos estamos en casa, el sentimiento se vuelve más poderoso. Cuando lo negamos él no desaparece. Surge en circunstancias inesperadas y complica nuestra vida de manera innecesaria. Podemos aprender a disfrutar de nuestra ira celebrando la acción positiva que provoca, y podemos llegar a aceptar el crecimiento que acompaña a la furia si damos los pasos necesarios.

Si uso mi furia para algo bueno, me ayudará a crecer. Este día dejaré que la ira llegue a mí.

> La vida tiene que ser vivida, es todo lo que hay al respecto.
> Yo diría que la ventaja de tener 70 años es que ya tomas la
> vida más calmadamente. Tú sabes, "¡Esto también pasará!"
>
> ELEANOR ROOSEVELT

La sabiduría viene con la edad, pero también con la madurez. Saber que todo está bien aun en medio de una tormenta. Mientras nuestra fe crezca, y confiemos cada vez más en que hay un poder más grande que nosotras, que siempre nos acompañará, podremos calmarnos, y estar seguras de que un tiempo mejor nos espera.

Podremos llegar a entender la parte que una circunstancia difícil ha interpretado en nuestra vida. Voltear hacia atrás lo hace todo más claro. El matrimonio destruido, el empleo perdido, y la soledad, han contribuido para formar lo que ahora estamos siendo. La alegría de la sabiduría que estamos adquiriendo, es poder mirar atrás de una manera más rápida. Debemos, en ocasiones, aceptar que una situación difícil puede contribuir a que alcancemos nuestra integridad, incluso dentro del torbellino.

¡Qué lejos hemos llegado! Rara vez nos sentimos realmente atrapadas por el temor a una interpretación equivocada. La vida nos enseña todo lo que necesitamos saber. Podemos tomar el camino más fácil si abrimos nuestra confianza, y si tenemos absoluta fe en que el dolor nos abrirá el camino a la serenidad del futuro.

Yo sé que esto también pasará.

> Las fantasías son más que simples sustitutos de realidades no placenteras; también son ensayos y planes. Todos los actos llevados a cabo en el mundo empiezan en la imaginación.
>
> BARBARA GRIZZUTI HARRISON

Nuestras mentes moldean lo que podemos llegar a ser. Nuestros pensamientos no sólo contribuyen a nuestros logros, también determinan la postura de nuestra vida. Qué poderosos son. Afortunadamente tenemos el poder de analizar las ideas que escogemos, lo que significa que nuestra vida se desarrollará tal y como esperamos que lo hagan.

Las semillas que plantamos en nuestra mente indican los terrenos que exploraremos durante nuestro desenvolvimiento. Nunca exploraremos áreas que no hayamos tomado en cuenta en nuestros momentos de reflexión. Debemos atrevernos a soñar extravagantemente, a tener sueños improbables si nuestra intención es encontrar una nueva dirección y los pasos necesarios para llegar a ella.

Nunca lograremos, ni controlaremos, aquello que hagamos sin haberlo planeado en nuestro mundo de sueños. Primero imaginamos, y luego concebimos, la ejecución de un plan. Nuestras mentes nos preparan para el éxito, como también nos preparan para el fracaso, si permitimos que nuestros pensamientos se vuelvan negativos.

Puedo triunfar en mis más anheladas esperanzas; pero debo creer en mi potencial para el éxito. Hoy ponderaré lo positivo.

Mi declaración de autoestima: Yo soy yo. En todo el mundo no existe nadie exactamente igual a mí. Hay personas que tienen algunas partes como las mías, pero ninguna las tiene exactamente igual a mí. Así, todo lo que sale de mí es auténticamente mío, porque yo sola lo escogí.

VIRGINIA SATIR

Sentirnos especiales, sentirnos valiosas y únicas por nuestra participación en nuestro derredor es, tal vez, un sentimiento no muy familiar para muchas de nosotras dentro de este programa de recuperación. Quizás hemos reconocido nuestras diferencias respecto de otras, pero no de una manera positiva. Quizá también nos hemos dado cuenta de que ése es nuestro problema: "Si solamente fuera un poco más como ella..." Poder celebrar lo especiales que somos, en nuestra participación singular en cada situación que vivimos, es uno de los regalos de la recuperación.

Es motivante darnos cuenta de la realidad de nuestra autenticidad. Saber que ninguna otra elección será exactamente igual a la nuestra; percatarnos de que ninguna otra contribución será como nuestra contribución. Nuestro regalo para la vida es nosotras mismas; el regalo de la vida para nosotras es hacernos saber nuestro valor.

Hoy estaré consciente de mis regalos; los ofreceré o los recibiré con gratitud.

El dolor es inevitable. El sufrimiento es opcional.

KATHLEEN CASEY THEISEN

Qué maravilloso es nuestro poder para escoger, personalmente, nuestras actitudes y nuestras respuestas a cualquier situación, a toda situación. Sólo sentiremos lo que escojamos sentir, no importa la circunstancia; la felicidad es tan libre como lo es la tristeza.

Percibir nuestros retos como oportunidades para crecer positivamente, más que como obstáculos en nuestro camino al éxito, es una elección que podemos hacer. Los que son inevitables —un asunto sobre el que no tenemos elección— son los tiempos difíciles, las experiencias dolorosas que algún día llegarán. Podemos recibirlas como huéspedes bienvenidos y celebrar las bendiciones y el poder de crecimiento que nos brindan.

Ninguna circunstancia demanda sufrimiento; cada situación tiene su parte buena. En un momento dado podemos estar por la autocompasión; en el siguiente, por la felicidad.

No siempre sentimos confianza en nuestras elecciones incluso cuando aceptamos la responsabilidad de haberlas tomado. ¡Qué afortunadas somos de que el programa nos ofrezca una solución! La oración, la meditación, y el consejo, de nuestro poder más alto, nos pueden ayudar a hacer una correcta elección cada vez que se requiera.

Saborearé mi libertad de escoger, de sentir y de actuar. Yo, y sólo yo, la puedo manejar.

El entusiasmo es el elemento que enciende los demás poderes mentales para conformar la flama de la actividad.

SYLVIA STITT EDWARDS

Cuando el entusiasmo está ausente en nuestra vida, ninguna actividad parece atractiva. De hecho, la mayoría de las situaciones nos atemorizan. Estamos muy familiarizadas con el miedo. Cuando trabajamos con el programa, éste nos alivia de todo temor. Nos ofrece entusiasmo que nos garantizará resultados positivos por todos nuestros esfuerzos, sobre todo cuando miramos hacia nuestro poder más alto para conocer la actitud correcta.

Una relación abierta, confiada, sincera, con nuestro poder más alto, atrae al entusiasmo por la vida. Pero esa relación necesita que nosotras pongamos algo de nuestra parte. Cuando hayamos hecho nuestra tarea descubriremos que no hay lección que nos moleste. La oración y la meditación hacen comprensibles todas las cosas y nos garantizan que "aprobaremos el curso" de la vida.

Empezaré este día, y cada día, pidiéndole a Dios el regalo del entusiasmo para vivir cada momento íntegramente, para dar completamente lo que tengo para dar, y para glorificarme en todo lo que reciba. Mi actitud de gratitud aumentará mi felicidad muchas veces. Esperaré con entusiasmo cada momento de este día.

Podemos prevenir la rigidez casi todo el tiempo, si el amor y la compasión nos convierten en seres humanos tolerantes.

KAETHE S. CRAWFORD

Mirar hacia afuera con amor, y ofrecer cariño a nuestros amigos y familia, hace nuestra existencia más fluida, flexible y fértil. Cada expresión de amor engendra más amor. Si mantenemos con ternura los lazos que nos unen a unas con otras, atraeremos más uniones.

Mientras más flexible sea nuestra vida, más fácilmente vendrá una oportunidad inesperada. Es posible alimentar la flexibilidad con amor. Según como nos acerquemos al mundo él nos recibirá; no somos únicamente receptoras de los juicios y tribulaciones de la vida. Sólo encontramos lo que nuestros ojos quieren ver: cuando nuestro enfoque es rígido y estrecho, también lo son nuestras oportunidades.

Los Pasos nos ayudan a ser más libres con nuestro amor, más tolerantes en nuestras expectativas. Al experimentar y expresar completamente nuestra compasión, medimos nuestra salud emocional. Las actitudes rígidas, el comportamiento inflexible y las severas expectativas de los demás disminuirán si elevamos nuestro nivel de salud emocional. Nuestro enfoque de la vida cambiará y también lo harán sus resultados.

Amar a los demás es mi única misión en la vida; lograrlo me brindará la seguridad que añoro.

Pienso que la felicidad es como la sensación de actuar frente a un auditorio: si piensas todo el tiempo en el público no conseguirás dominarte; tú debes perderte en tu parte, en tus propósitos, y dejar que el resultado sea el efecto de tu éxito.

JOANNA FIELD

La felicidad es el regalo que acompañará cada momento de nuestra vida, si vemos con gratitud cada situación, seguras de que lo que se nos brinda es especial para nuestras necesidades particulares. Las experiencias que encontramos, día a día, depuran nuestro espíritu y liman sus asperezas. Debemos estar agradecidas por esto.

Nuestro bienestar es el regalo. Decidir lo que nos hace felices, es más, lo que *debemos* tener para ser felices, nos ayuda a aprovechar el placer inesperado de la oportunidad del momento. Cuando intencionalmente buscamos lo que pensamos que podemos necesitar, tal vez nos estemos cegando a oportunidades más benéficas que Dios ha escogido para nosotras.

Nuestro egocentrismo dificulta cada respiro que damos; nos predispone a cada encuentro; atrofia nuestro potencial creativo, y más que nada, bloquea cualquier reacción espontánea hacia el momento. La espontaneidad es la tierra fértil de una vida creativa. La felicidad es el producto que cosechamos.

La felicidad es mi decisión a cada momento.

No te compares con los demás, porque eres una creación única y maravillosa. Deja tus propias huellas en la nieve.

BARBARA KIMBALL

Las comparaciones que hacemos de nosotras con otras mujeres nos destruyen mucho más de lo que nuestras mentes conscientes se dan cuenta. Si nos colocamos a nosotras o a otra persona en el "amado pedestal", nos impediremos reconocer la hermandad que ofrece a cada mujer la libertad de ser ella misma.

Las comparaciones en las que somos perdedoras oscurecen el momento, nos arrancan la esencia de ese momento. Las consecuencias pueden ser graves. Dentro de cada situación puede estar la oportunidad que hemos estado esperando, la oportunidad para alcanzar algún sueño en particular. No debemos perdernos nuestras oportunidades.

Cada vida se simboliza por un conjunto de huellas particulares sobre la nieve. Qué maravilloso y liberador es saber que cada huella ofrece algo único y nuestro. No necesitamos competir para destacar. El reconocimiento vendrá por nuestra participación en la vida, porque es algo que realizamos sólo nosotras.

La envidia nos come; interfiere en todas nuestras interacciones; posee todas nuestras ideas; nos ciega y nos niega la libertad de alcanzar lo que puede ser nuestro.

Miraré con amor a mis hermanos. Los liberaré a ellos y a mí misma para que todos seamos capaces de llegar a ser.

La experiencia es una buena maestra, pero nos cobra facturas increíbles.

MINNA ANTRIM

No es por casualidad sino por designio, que a lo largo de nuestra vida experimentamos tantas penas como alegrías; unas compensan a las otras, y su combinación nos fortalece.

Nuestro anhelo por las alegrías de la vida es humano, pero también es un disparate. Las alegrías podrían llegar a ser insípidas si fueran nuestra dieta fija. Los tiempos de alegría nos ayudan; son como descansos de las situaciones que presionan nuestro crecimiento y desarrollo como mujeres. La risa suaviza las asperezas de las lecciones que buscamos o que nos acorralan. Nos ofrece una nueva perspectiva cuando nuestra vista es corta. Para quienes estamos en recuperación, revolcarse en las sombras solía ser una conducta aceptable, aunque ya no lo es. La realidad es que cada día nos presentará situaciones de angustia y situaciones en las que podemos reír fácilmente. Ambas son valiosas; ninguna debe dominar.

La alegría y la tristeza son análogas, como el ir y venir de la marea. Son ritmos naturales; y nosotras maduraremos con su presencia si las aceptamos como algo necesario en nuestra existencia.

Cualquier dolor de hoy nos garantiza una cantidad igual de placer, si aceptamos de buena gana ambos sentimientos.

> El esfuerzo continuo, no la fuerza ni la inteligencia, es la llave que encierra nuestro potencial.
>
> LIANE CORDES

La perseverancia bien puede ser nuestro valor más grande. Si trabajamos duro sobre un proyecto, éste perderá su poder sobre nosotros. Nuestra confianza y habilidad demuestran nuestro progreso en dicho proyecto y nos preparan también para atacar al siguiente.

Tenemos algo especial, únicamente nuestro, para dar en nuestra vida, y también tenemos el potencial para ofrecer exitosamente aquello que es nuestro. Sin embargo, no siempre nos damos cuenta de ese potencial. Muchas de nosotras atrofiamos nuestro desarrollo con temores al fracaso, con una baja autoestima, o cuando asumimos que somos incapaces. El pasado no tiene por qué atormentarnos más.

Tenemos a la mano la ayuda para descubrir nuestra capacidad para alcanzar el éxito. Nuestras habilidades están listas para que las aprovechemos; las metas y proyectos esperan nuestro reconocimiento. Cualquier compromiso que hagamos con una tarea que capte nuestro interés se reforzará con el compromiso que Dios tiene con nosotras. Tenemos un compañero. Nuestros esfuerzos siempre fructificarán si realmente los hacemos.

Hoy no evitaré ningún proyecto, perseveraré y lo terminaré. Me sentiré realizada.

> ...mientras la conciencia crece, la necesidad de guardar los secretos decrece, casi proporcionalmente.
>
> CHARLOTTE PAINTER

Guardamos los secretos cuando estamos inseguras de nosotras mismas y del papel que se nos ha pedido interpretar. Escondemos los secretos de nuestro pensamiento, de nuestros sueños y aspiraciones, y de aquellas ineptitudes que nos provocan temor.

Debido a que luchamos por alcanzar la perfección asumimos que la podemos lograr, y la buscamos en todas las actividades de nuestra vida. Siempre nos persiguen nuestros temores secretos de no saber hasta dónde podemos llegar. Mientras más nos comprometamos con este programa, mejor comprenderemos lo inútil que es pensar de esta manera, y mientras más crezca nuestra conciencia, más aceptaremos nuestra fragilidad humana y menos necesitaremos esconderla. Podemos medir nuestra salud mental con la apertura que tengamos al mundo. Los secretos perjudican la salud y hacen más altas las barreras que impiden alcanzarla.

El cuarto y el quinto pasos son los antídotos para una mente no saludable, una mente que se encuentra atorada; ellos nos ayudan a abandonar nuestros secretos y nos liberan de su poder. Practicar los principios del programa nos ofrece el medio que necesitamos para alcanzar la felicidad que merecemos.

Compartiré un secreto hoy; hacerlo me liberará de su poder sobre mi vida.

> Todas las fantasías de tu vida nunca se igualarán a aquellas que una vez yo traté de tener. Ahora que soy más vieja comprendo que es más importante luchar por las metas que pueden ser posibles y convertirlas en realidad.
>
> DEIDRA SARAULT

El saber simplemente que somos criaturas importantes del universo nos ofrece muy poca seguridad a la mayoría. Si tenemos un papel que interpretar, entonces nuestros talentos se vuelven especiales y únicos para cada una de nosotras. Si los usamos de una manera bien planeada, nos beneficiaremos emocional y espiritualmente, y los demás también se beneficiarán con ellos.

También las fantasías tienen su lugar en nuestra vida. Ellas a menudo nos llevan a alturas indescriptibles. Y aunque no siempre podamos lograrlas todas, sí podemos dar los pasos necesarios para realizar las metas que ellas nos fijaron.

La recuperación nos está liberando para poder lograr esas metas que sólo soñamos o que, tal vez, temimos lograr en el pasado. Los defectos que antes escondimos están formando, con paciencia, un camino para llegar a tener un comportamiento positivo. Podemos lograr los deseos puros de nuestro corazón. Evitemos que el temor al fracaso nos atrape otra vez, como lo hizo con muchas de nosotras por mucho tiempo.

Estableceré objetivos de largo alcance y confiaré en el programa para que supervise mi progreso. Puedo lograr mis metas si doy un pequeño paso a la vez.

Cuando das amor verdadero, amor verdadero volverá a ti.
FLORENCE SCOVEL SHINN

El amor verdadero es desinteresado; no espera nada a cambio. No es condicional, ni se califica. Muy rara vez se da. Muchas de nosotras llegamos al programa lastimadas, sintiéndonos rechazadas, buscando amor desesperadamente, incapaces de amar sin egoísmos. Pero estamos aprendiendo.

Todas nosotras estamos escalando la misma montaña. Nuestros caminos particulares se cruzarán con los senderos de muchas otras antes de alcanzar la cima, donde encontraremos la sabiduría total. Cualquier camino que crucemos tiene una participación especial en nuestro propio progreso. Agradezcamos todos los caminos que se crucen por el nuestro, no importa cuán adversos parezcan en ese momento. Podemos ofrecer, a nuestras compañeras de viaje, amor verdadero, y nuestro propio viaje se beneficiará enormemente.

No tenemos por qué estar avergonzadas de nuestro deseo de amor. Ni tampoco tenemos por qué sentir vergüenza de que hayamos rogado por él. Pero sí necesitamos entender que sólo obtendremos ese amor si renunciamos a buscarlo y simplemente lo ofrecemos a toda la gente que esté en nuestro camino.

Miraré dentro de los corazones de toda la gente que encuentre hoy, y le ofreceré amor. Sé que recibiré igual respuesta.

Los "si sólo..." son solitarios.

MORGAN JENNINGS

Las circunstancias de nuestra vida rara vez llenan nuestras expectativas o deseos. Sin embargo, en cada una de ellas se nos ofrece una oportunidad de crecimiento o cambio, una oportunidad para entender más las altas y bajas de la vida. Cada vez que nos lamentamos por lo que no ha pasado, cerramos la puerta a una mejor existencia.

Simplemente no sabemos lo que es mejor para nosotras. Nuestra visión está limitada. Menos que ayer, pero todavía lo está. Las experiencias que hemos vivido han fracasado en satisfacer nuestras esperanzas, porque esperamos mucho menos de lo que Dios ha planeado para nosotras a futuro.

Se nos da lo que necesitamos, en las relaciones, aventuras, alegrías y penas, hoy y cada día. Celebrar lo que hemos conseguido, con la certeza de que hay bondad en ello, facilita cualquier situación por la que estemos pasando. Le importamos a alguien, ahora mismo flota ese amor en nuestra vida. Debemos dejar de llorar por lo que creemos que necesitamos; tenemos lo necesario; siempre lo tendremos, en el momento justo.

Respiraré profundo y me relajaré. En este momento cada necesidad está siendo atendida. Mi vida se está desenvolviendo exactamente como está planeado.

> El cambio ocurre cuando una se convierte en lo que es, no cuando trata de convertirse en lo que no es.
>
> RUTH P. FREEDMAN

La autoaceptación, y después el amarnos a nosotras mismas, son tal vez nuestros más grandes obstáculos para conseguir la salud emocional y espiritual. Afortunadamente no son tan insuperables; el programa nos ofrece la ayuda necesaria para obtenerlos. Ahora mismo, mujeres en todas partes del mundo están dando grandes pasos hacia el logro de la autoaceptación. Estamos aprendiendo a amarnos a nosotras mismas, y estamos cambiando. El apoyo que podemos dar a nuestras hermanas, y el apoyo que recibimos, multiplican muchas veces nuestra energía mental, energía que todos tenemos.

La salud emocional y espiritual son un regalo ofrecido por el programa cuando lo trabajamos. Debemos avanzar más allá de nuestro perfeccionismo y disfrutar de nuestra humanidad. Los Pasos son el camino. Debemos aprender a tener humildad y a desarrollar nuestra fe mediante los Pasos. Si aprendemos a amar todo lo que nos conforma, las cosas que nos gustan y las que nos desagradan, obtendremos una nueva libertad; una libertad que invita al cambio; una libertad que salvaguarda el bienestar espiritual y emocional por el que luchamos.

La confianza vendrá con mi sana autoaceptación.

Nos mantenemos en un solo lugar por la presión de la multitud que nos rodea. Todas tenemos que apoyarnos en otros. Aceptemos que nos apoyamos graciosa y libremente, y reconozcamos la reciprocidad.

MARGARET COLLIER GRAHAM

No vinimos solas a este mundo. Nuestra travesía por esta vida está en concierto con muchos otros trayectos: algunos nos ayudan directamente, mientras que otros parecen obstruir nuestro camino. Sin embargo, carecemos de un conocimiento completo. No podemos determinar las maneras en que se nos puede ayudar para dar los pasos correctos, incluso a través de aquellos que bloquean nuestro sendero en este momento.

De igual manera, nuestra presencia está ayudando a construir el camino de amigos y extraños que podamos encontrar hoy: en el trabajo, en la calle, quizás en una junta. A todas se nos ha dado, en esta vida, una responsabilidad similar para ayudarnos a satisfacer nuestros destinos. La impaciencia, el amor vacilante y la aceptación que cada una nos tenemos, así como la ocasional desaprobación de nuestros hermanos y hermanas, se dan porque fracasamos en comprender que la parte que interpretamos es necesaria en la vida de unas y otras.

En mi drama personal, compartiré el escenario con cada persona que encuentre. Necesito un elenco que me apoye, y necesito aplausos. Yo los daré generosamente hoy.

Expectativas limitadas producen resultados limitados.
SUSAN LAURSON WILLIG

En la escuela, los niños se comportan de acuerdo con lo que sus maestros esperan de ellos. Así también, lo que logramos como mujeres, depende en gran medida de lo que pensemos de nosotras mismas, y muchas de nosotras tenemos muy poca confianza en nosotras mismas. Tal vez se deba a que crecimos en un ambiente negativo o a que tenemos un matrimonio en el que no encontramos apoyo. Pero también nosotras contribuimos a esta situación con una autoestima negativa. Sin embargo, el aspecto positivo es que no necesitamos muchas cosas para controlarnos.

Podemos mejorar nuestro comportamiento si mejoramos nuestras expectativas, incluso aunque no contemos con el apoyo de los demás. Puede no ser fácil, pero cada una de nosotras es capaz de cambiar una autoimagen negativa en una positiva.

Uno de los propósitos del programa es, precisamente, generar una relación seria con nuestro poder superior, así como el desarrollo de lo positivo y una relación saludable con los demás.

Es cierto que no podemos controlar la acción de los demás en nuestra vida. Y no podemos controlar, de ninguna manera, los resultados de una situación en particular. Pero podemos controlar nuestras propias actitudes. Cuando empezamos a considerarnos a nosotras mismas competentes y capaces, en lugar de incapaces; paulatinamente quienes nos rodean, así como las situaciones que enfrentemos, serán cada vez menos desagradables.

———————————

Debo ser sincera conmigo. No puedo hacer lo que necesito si permanezco en donde estoy ahora. Lo único que puedo hacer es buscar apoyo en mí misma.

El concepto Dios es diferente en cada persona. La alegría de
mi recuperación fue encontrarlo dentro de mí.

ANGELA L. WOZNIAK

El programa nos promete paz. Día a día, paso a paso
nos acercamos más a ella. Cada vez que afectamos a
alguien o que alguien nos afecta, ayuda a que nos
demos cuenta de la presencia de Dios en los demás, en
nosotras mismas, en todas las experiencias. Nuestra
búsqueda de Dios se terminará tan pronto como advirtamos que su espíritu está tan cerca de nosotras como
nuestros pensamientos, nuestro aliento.

Llegar a creer en un poder más grande nos proporciona alivio en nuestra lucha diaria. Todavía, en ocasiones, queremos controlar, queremos ser nosotras las to-
dopoderosas, y sólo para darnos cuenta de que las
barreras que enfrentamos las hemos puesto nosotras
mismas. Iremos por el camino fácil tan pronto como
permitamos que Dios sea nuestro guía en toda decisión,
ya sea difícil o sencilla.

El regalo más grande del programa es el alivio a la
ansiedad que muchas veces nos llevó a beber, a tomar
pastillas o a comer en exceso. Sentimos dicho alivio
cada vez que dejamos ir el problema que nos abruma y
esperamos la tranquildad y el consejo que Dios nos ha
prometido.

---

*Contaré con la ayuda de Dios tan pronto como permita que
ella entre a mi vida. Dejaré ir a los problemas hoy.*

La fe es como el aire para un globo. Si la tienes, estás llena; si no la tienes, estás vacía.

PEGGY CAHN

Para estar llena de fe se necesita un gran esfuerzo, pero no como el que se requiere para convertirse en un buen escritor, en un buen jugador de tenis o en un buen pianista. La fe crece dentro de nuestros corazones, pero debemos dedicarle tiempo para alimentar su crecimiento. Es indispensable encontrarnos diariamente con Dios, así como lo es efectuar frecuentes periodos de silencio para oír sus mensajes. Por momentos, también son necesarios espacios como los que invertimos en la práctica de alguna actividad.

Las dificultades de la vida son menos complicadas cuando tenemos fe. La situación, que más nos asuste: una entrevista de trabajo, una reunión con nuestro jefe, una discusión inevitable, la podemos manejar con confianza, si tenemos fe; pero primero debemos trabajar para obtenerla, y continuar haciéndolo para conservarla. Como cualquier habilidad, la fe se oxida por la falta de uso.

Hoy aseguraré mis reservas. Nadie sabe nunca cuándo puede necesitarlas para dirigir cada acción. Haré un amigo de mi poder más alto; esa relación me llevará por encima de cualquier tiempo difícil.

> Una duda no presionada pronto se convierte en una duda resuelta.
>
> FRANCES RIDLEY HAVERGAL

Somos impotentes para controlar nuestras adicciones, ya sea licor, píldoras, gente, comida; para interferir en los resultados de todas las situaciones que nos involucran; y somos impotentes para intervenir en las vidas de nuestros amigos y miembros de nuestra familia. Sin embargo, no somos impotentes para adoptar nuestras propias actitudes, nuestro propio comportamiento, nuestra propia imagen, nuestras propias determinaciones, nuestro propio compromiso de vida, y para adoptar este simple programa.

Tenemos mucho poder, pero debemos ejercitarlo para conocer su fuerza. Encontraremos que todas las actividades del día, las interacciones y los planes, serán definitivamente más interesantes si ejercitamos el control sobre nuestras respuestas. No tenemos que sentir o que responder más que de la forma que nos plazca. Tenemos el control total y esto es regocijante.

Nuestra recuperación se fortalece cada vez que adoptamos el comportamiento apropiado, actuamos de modo tal que nos hace sentir bien y nos responsabilizamos de lo que nos corresponde. Los beneficios nos sorprenderán y alegrarán.

Hoy me haré cargo de mi vida.

DICIEMBRE

> Y no es lo que haces, mi bien,/ es lo que dejas de hacer,/ lo
> que te rompe el corazón/ en el ocaso.
>
> MARGARET SANGSTER

Una cualidad que todas compartimos, cualidad muy humana es esperar la perfección de nosotras mismas, esperar lo imposible en todas las tareas que hacemos. Debemos regocijarnos por el bien que hacemos. Cada vez que nos felicitamos por un trabajo bien hecho, nuestra confianza crece un poco más. Podemos saber cuánto avanza nuestra recuperación por la salud emocional y espiritual, que expresa nuestra aparente confianza en "el proceso".

Necesitamos reconocer y celebrar nuestros puntos fuertes y ellos ganarán aún más fuerza. Asimismo debemos practicar la oración y escuchar primero a nuestro guía para poder desarrollar nuestros lazos con Dios. Pero lo más importante es que seamos capaces de darnos cuenta cuándo la ayuda ya está a nuestro alcance. Con la ayuda de Dios, podemos hacer todo lo que sea necesario. El hecho de tener metas, metas realizables, para un día o para un año, es un signo de salud emocional; no vivir sin ellas, es otro signo. Un cambio de actitud es todo lo que la mayoría de nosotras necesita para poder movernos emocionalmente de donde estamos, a un mejor lugar.

Nunca habrá un mejor momento para regocijarme de lo que he hecho, que el que ahora estoy viviendo.

> La anciana en la que me convertiré es muy diferente de la mujer que ahora soy. Otro yo está naciendo...
>
> GEORGE SAND

El cambio es constante. Siempre estamos en ese proceso. Cada oportunidad, cada sentimiento, cada responsabilidad nuestra aumenta la riqueza de nuestra condición de mujer. Hoy no somos la mujer que fuimos ayer. Nuestra nueva conciencia nos ha llevado a superarla con creces, y no podemos regresar sin saber, de alguna manera, que ella ya no satisface nuestras necesidades actuales.

Podemos mirar nuestros cambios, a la anciana en la que nos estamos convirtiendo. Ella tendrá la sabiduría que aún no tenemos; ella habrá aprendido a vivir y a dejar vivir; ella habrá adquirido, a través de sus años de experiencia, la perspectiva que proporciona cordura en todas las situaciones.

Las lecciones que estamos aprendiendo hoy, el dolor que nos abruma de vez en cuando, están alimentando a esa otra mujer que se desarrolla dentro de cada una de nosotras. Si tan sólo pudiéramos aceptar las lecciones y controlarlas; si tan solo pudiéramos percatarnos de que el regalo del cambio viene con el esfuerzo.

Estoy cambiando, y con el cambio viene la paz. Puedo sentirlo hoy; sé dónde estaba yo ayer.

> Ocasionalmente dos hermanas pueden compartir el mismo sendero hacia una meta común. Una puede ayudar o traicionar a la otra. ¿Qué posibilidad tiene de triunfar o de fracasar en su intento?
>
> LOUISE BERNIKOW

Hay algunas mujeres que comparten nuestra lucha; si las tratamos como amigas, como hermanas o como compañeras peregrinas, encontraremos gran alegría, sobre todo si al hacerlo conseguimos ayudarnos mutuamente. Recemos por obtener la sabiduría que nos permita dejar ir nuestros sentimientos de inseguridad y rivalidad hacia ellas.

La rivalidad no es buena; nos lleva a olvidar nuestras propias cualidades. Cada una de nosotras es la mejor en algo: ser nosotras mismas. Si queremos competir debemos tener una perspectiva equilibrada y pensar bien de nosotras, ya sea que ganemos o que perdamos. Hagamos nuestra mejor carrera y permitamos que las demás hagan la suya. Son nuestras hermanas y ellas también procuran hacerla lo mejor que pueden.

Hoy rezaré por alcanzar la serenidad que me permita advertir cuando mis hermanas comparten conmigo el mismo sendero.

> Quiero sentirme parte de las cosas, del gran ir y venir de la vida; que no me arranquen de ella para no perderme de dichas cosas como un niño al que se le manda temprano a la cama.

JOANNA FIELD

Sentirse lejos de la acción y mirarla siempre, buscar atención y al mismo tiempo sentir temor de ser notada... No hay duda de que estos recuerdos son familiares para la mayoría de nosotras. Sin embargo, aún es posible que luchemos contra nuestras percepciones; ahora podemos celebrar que ya no tenemos esos malos humores. Relacionarnos con la gente que está cerca de nosotras, si bien es difícil, ya no es imposible si contamos con la ayuda del programa.

Hay una manera de ser parte de la acción, una manera que nunca falla y que requiere de sólo un pequeño esfuerzo: simplemente mirar con amor a alguien, día a día, y extender nuestros corazones con honestidad. Cuando hacemos que alguien se sienta especial, también nosotras nos volvemos especiales.

La recuperación nos puede ayudar a movernos más allá de los límites de nuestro ego. Confiar en que nuestras vidas están bajo la protección amorosa de Dios, como quiera que entendamos a ese dios, nos alivia de la necesidad del egocentrismo. Intentémoslo ahora que Dios está a cargo; de esta manera descubriremos que ya estamos dentro de la acción.

Abriré mi corazón y me uniré a todo aquello que está a mi alrededor.

Mi hija tuvo un gran bautismo en los mares de la humanidad. Es mejor una inmersión que vivir sin ser tocada.

TILLIE OLSEN

Todas hemos tenido días en los que preferimos escondernos en nuestros refugios y evitar la vida a toda costa. En otros tiempos, hicimos justamente eso, a veces con demasiada frecuencia. Lo que no siempre supimos, y todavía a veces se nos olvida, es que tenemos un compañero listo y lleno de voluntad que puede unírsenos en cualquier tarea.

Mientras más nos comprometamos unas con otras y con todas nuestras experiencias, más cerca estaremos de la mismísima serenidad que anhelamos. La serenidad acompaña nuestro creciente entendimiento de los misterios de la vida. Es fácil engañarnos con los premios que cualquier día nos ofrece. El temor fomenta la inactividad, con lo que nos deja aún más separadas, más solas, más temerosas. Pero tenemos una cita con la vida, y nuestra cita nos llevará al entendimiento total, el lugar donde estaremos seguras, para siempre, de que todo estará bien y de que la vida es buena.

Las citas de hoy son parte del plan más ambicioso de mi vida. Las enfrentaré, disfrutaré y cosecharé sus recompensas.

Cada día se provee de sus propios regalos.

RUTH P. FREEDMAN

Hoy tenemos aseguradas diferentes experiencias que son absolutamente correctas para nosotras. Estamos progresando a tiempo. Aun cuando nuestras esperanzas no se han logrado, se nos han dado las herramientas necesarias para poder lograr esas metas que complementan nuestros incomparables destinos.

El día de hoy está lleno de sorpresas especiales, y nosotras seremos las receptoras de aquellas que se nos envían para ayudarnos a crecer en todos los aspectos, para avanzar en nuestra continua recuperación. Puede que no consideremos cada experiencia como un regalo en algún momento; pero si miramos hacia atrás, cada una nos ayudará a entender con mayor claridad, justo como lo han hecho en muchas circunstancias pasadas.

Aunque cada día se nos presenta sólo una pequeña parte de nuestro drama personal, podemos estar seguros de que nuestra vida tiene muchas escenas, muchos actos, puntos principales y una conclusión. Cada una de nosotras posee una biografía personal muy diferente de la de todas las demás. Los próximos días nos ayudarán a contar nuestra historia. Nuestras interacciones con los demás influirán en nuestros resultados y en los de ellos. Podemos confiar en ese drama y entregarnos completamente a nuestro papel.

Hoy daré y también recibiré muchos regalos. Todos los días viviré este intercambio.

> Las promesas que te haces a ti misma son, a menudo, como el ciruelo japonés: no da frutos.
>
> FRANCES MARION

La decisión de cumplir con los compromisos que hacemos para con nosotras mismas y para con los demás no existirá hasta que aprendamos a contar con la sabiduría y la fuerza que nos otorga nuestro poder más alto, la fuerza que nos da confianza en cualquier situación, y la sabiduría que nos dirá cuáles son nuestras acciones correctas. Lo que es difícil en la soledad, siempre será fácil en sociedad.

Nos prometemos cambiar nuestro comportamiento, tener nuevos hábitos, o tal vez adoptar una actitud positiva; pero entonces nos concentramos en nuestras responsabilidades y les damos aún más poder sobre nosotras. Practiquemos nuestras habilidades y así ellas nos ayudarán a cumplir nuestras promesas.

Ya no tenemos por qué avergonzarnos de las promesas que hemos roto. Cualesquiera que sean nuestros deseos y compromisos, si son para nuestro bien y el de los demás se realizarán. Podemos pedir ayuda; podemos pedir determinación, y cada esperanza y cada promesa que no hayan sido realizadas serán cumplidas.

Si fortalezco mis cualidades a través de su uso, me ayudarán a construir el camino para recibir la ayuda de Dios. Cada promesa puede producir frutos, si la hago en comunión con Dios.

Me he dado cuenta de que sentarte en un lugar donde nunca te has sentado antes, puede llegar a inspirarte.

DODIE SMITH

Repetidamente, hoy y todos los días estaremos en nuevos escenarios con viejos amigos, y en viejos escenarios con nuevos amigos; de esta forma viviremos nuevas experiencias, no como en todas las veces anteriores. La inspiración acompañará cada momento, si sólo reconocemos lo especial que ella es.

"No pasaré por aquí otra vez", dijimos alguna vez, lo que eleva el significado de cada encuentro, de cada experiencia. Cuando sabemos que podemos ganar algo en cada paso a lo largo del camino, atraemos la inspiración.

La inspiración nos mueve hacia nuevas alturas; nos llama a ir más allá de nuestras actuales limitaciones. Tal vez lo haga hoy. En el momento en que la inspiración atrape nuestra atención, confiaremos en ella; estamos listas para el reto que nos presenta. Nuestras pequeñas expectativas personales de una experiencia, o de una nueva situación, tal vez no tienen porqué impedir nuestra apertura a todas las posibilidades dinámicas que la inspiración nos ofrece.

Estoy deseosa de que todo mi ser sea motivado, inspirado; que cada momento que experimento sea el único y capte mi atención.

No hacer nada es fracasar. Si tratas, es normal que en el intento cometas algunos errores, pero también de esos errores obtienes cambios positivos. Eso es aprender, crecer, y florecer.

DARLENE LARSON JENKS

La vida es una serie de cambios con cada uno de los cuales se nos brindan oportunidades inesperadas de crecimiento. El cambio es lo que alimenta nuestro desarrollo como mujeres. Nos motiva a arriesgarnos a adoptar un nuevo comportamiento, aunque también puede traer como resultado algunos errores. Afortunadamente ningún error puede bloquearnos seriamente; de hecho, la mayoría de los errores nos da una oportunidad más para aprender.

El lugar en donde ahora estamos está muy lejos de nuestra posición del año pasado, o incluso de la de hace una semana. Todos y cada uno de los momentos nos proporcionan una nueva energía que influye en cualquier decisión que tomemos de ahí en adelante. El proceso en el que estamos participando nos promete crecimiento, siempre y cuando estemos conscientes de nuestras oportunidades y respondamos con gusto a ellas. Podemos estar contentas de que el proceso de vida, en verdad, nunca es estático, que siempre está moviéndose, invitándonos a participar de lleno.

Hoy tendré el valor de arriesgarme aunque pueda cometer algún error. Esta es una promesa de crecimiento.

El estado mental de perdón crea un poder magnético que atrae el bien. Desde este estado mental, ninguna acción positiva puede ser evitada.

CATHERINE PONDER

El perdón alimenta la humildad, lo que a su vez invita a la gratitud. La gratitud nos bendice; pone de manifiesto una mayor felicidad. Mientras más agradecidas estemos por todos los aspectos de la vida, más grandes serán nuestras recompensas. No reconoceremos la bondad de nuestra vida hasta que practiquemos la gratitud, y la gratitud llega más fácilmente si somos indulgentes.

El perdón debería ser una práctica común; aceptarlo así facilitará nuestras relaciones con los demás y nos motivará a desarrollar nuestra autoestima. Lo primero a considerar, en nuestra lista del perdón, deberíamos ser nosotras mismas. Todos los días nos hacemos recriminaciones. Nuestra falta de autoestima bloquea nuestra capacidad de amar a los demás, lo que, también afecta nuestro trato con ellos. Hemos dado un giro de 180 grados, y el perdón está al mando: puede liberarnos; cambiar nuestra percepción de la vida; darnos mayor felicidad.

Un corazón que perdona es un corazón mágico. Toda mi vida tendrá un cambio dinámico si desarrollo un corazón indulgente.

La ocupación es algo indispensable.

VIRGINIA WOOLF

Tener deseos, marcarnos metas y lograrlas son tareas necesarias para nuestra satisfacción. Existe un propósito en nuestra vida, aun cuando no podamos verlo claramente y aun cuando dudemos de nuestra habilidad para conseguirlo. Continuemos respondiendo a las oportunidades que se nos presentan.

Muchas de nosotras hemos experimentado anteriormente épocas de inactividad... esperando, siempre esperando, con el firme deseo de ver cambiar nuestra situación, incluso rezando por ello, pero sin aceptar la responsabilidad que el hecho nos demanda. La inactividad nos acorraló. Sin embargo, se nos ha dado otra oportunidad: el programa ha cambiado nuestra vida; tenemos una razón para vivir, incluso los días que nos sentimos sin esperanza y sin valor.

Tal vez en este momento no tengamos una meta clara. Tal vez la ayuda necesaria no está captando nuestra atención. Podemos quedarnos quietas y dejar que nuestros ensueños nos den las indicaciones. Tenemos algo importante que hacer y se nos están dando las oportunidades para cumplir con esa tarea. Confiemos en nuestro valor, en nuestra necesidad de los demás.

Recordaré el programa; debe haber algo más en él que pueda hacer hoy. Buscaré las oportunidades que encuentre.

Si vivo para ser recordada, espero que sea por la honestidad que trato de demostrar, por la paciencia que trato de tener, y por la compasión que siento por los demás.

JO ANN REED

Cada una de nosotras tiene la esperanza de dejar una impresión positiva y duradera en aquellos que hacemos nuestros amigos y quizá también en aquellos que nos encontramos por casualidad. Lograr que los demás hablen bien de nosotras nos provee de las herramientas necesarias para "seguir adelante" en cuanto surgen las dificultades.

Lo que a veces olvidamos es que nosotras somos responsables de cualquier impresión duradera que dejemos. Nuestro comportamiento sí influye en la impresión que la otra persona se lleva de nosotras.

Tal vez hayamos dejado algunas impresiones desfavorables en el pasado; en ocasiones todavía lo hacemos. Sin embargo, es el progreso, no la perfección, lo que buscamos. Y cada día empezamos de nuevo; otra vez intentamos levantarnos el ánimo de tratar a los demás con amor y respeto, y de enfrentar con total honestidad todas las situaciones que nos llaman a participar.

Mientras miro hacia las horas por venir, tendré en mente que yo controlo mis acciones hacia otros. Si quiero que se me recuerde con amor, debo tratar a cada persona de igual manera.

A través de los campos puedo ver el resplandor de tu sonrisa, y sé, en mi corazón, que estás ahí. Pero la angustia que estoy sintiendo hace que la distancia sea más difícil de cruzar.

DREIDA SARAULT

Al mirar hacia el pasillo de nuestra vida, sentimos que hay muchas esquinas incómodas. Pero ahí están. Es a través de la incomodidad como viene un mejor entendimiento. La seguridad que anhelamos, descubrimos que ha estado con nosotras todo el tiempo. Todo lo que necesitábamos hacer era movernos hacia alguna esquina, con confianza.

Cuando enfrentamos solas cualquier problema, cualquier nueva tarea, cualquier ambiente no familiar, el miedo puede abrumarnos. Lo que podemos hacer, ahora y siempre, es invitar al espíritu de Dios a compartir el espacio en el que estamos. En comunión con Él ningún problema o tarea llega a ser más grande que nuestra habilidad para manejarlo.

La tranquilidad de nuestra vida es directamente proporcional a nuestra fe en que Dios está ahí, preocupándose por cada uno de nuestros asuntos, poniendo ante nosotros las experiencias que necesitamos para crecer. Podemos liberarnos de nuestra angustia, dudas y temores. Al pedirlo, el triunfo eterno será nuestro.

Procuraré que las caras sonrientes que encuentre hoy, reafirmen sus motivos para estarlo.

> Aunque parezca que hemos hecho a un lado cierto tema, él volverá; modificado, o tal vez completamente transformado, pero volverá.
>
> MURIEL RUKEYSER

Por el solo hecho de llamarse así, ninguna lucha es realmente nueva. Esa lucha que nos atormentó en el pasado, podría volver con otro matiz y hacernos tropezar una y otra vez hasta que aprendamos a dejar de luchar. Las preocupaciones en el trabajo, o el tipo de personalidades que nos irritan, siempre existirán. Pero cuando aceptemos que todas las situaciones y personas son buenas y que nos ayudan a nuestro crecimiento, sentiremos una sutil ausencia de lucha. Nos daremos cuenta de que la persona que no podíamos tolerar se ha convertido en un amigo. Así, la situación que no podíamos controlar estará resuelta para siempre.

Las lecciones que necesitamos aprender se seguirán presentando hasta que hayamos terminado la tarea. Si sentimos que hay una lucha hoy, debemos mirarla como una forma de crecimiento. Afortunadamente el programa nos ha dado un tutor, un maestro que tiene voluntad de ayudarnos. Tenemos que seguir avanzando, estar abiertas a otra asignaturas. Ningún problema será demasiado difícil como para no poder manejarlo.

Hoy disfrutaré mi papel de estudiante. Estaré agradecida por todas las oportunidades para crecer, pues ellas hacen posible mi muy especial participación en esta vida.

> La felicidad es una forma de libertad, y de toda la gente yo
> debería ser la más libre. He ganado esta felicidad y esta
> libertad.
>
> ANGELA L. WOZNIAK

Estamos progresando hermosamente. Ya no estamos abusando de nuestro cuerpo y nuestra mente con las drogas. Estamos dedicando un tiempo especial, diariamente, para buscar ayuda. Estamos trabajando cada vez mejor los Pasos del programa, así como también se han ido sumando los días de abstinencia. Nos hemos liberado de nuestro comportamiento pasado, también de nuestras actitudes negativas.

El tomar la decisión de buscar el bien en nuestras experiencias, en nuestras amigas y conocidos, nos libera de la frustración; da pie a la felicidad no sólo para nosotras, sino también para aquellos que estemos tratando con agrado. La felicidad es el producto de vivir una forma correcta de vida.

Podemos aprovechar, del día de hoy, cada vez que se presente una acción para considerar nuestra respuesta. Aquella que cuadre con nuestro interior y se sienta bien, será la correcta. La felicidad la acompañará.

La felicidad está siempre a mi alcance. Mi actitud está al mando.

Tener a alguien que le saca color a la vida y cuya mera presencia me ofrece tranquilidad y felicidad, enriquece mi ser y me hace sentir agradecida por la oportunidad de compartir.

KATHLEEN TIERNEY CRILLY

La soledad y el aislamiento son condiciones familiares para la mayoría de nosotras. A menudo nos protegimos de nuestras inseguridades escondiéndonos, creyendo que sobreviviríamos si otros ignoraban quienes éramos realmente; pero descubrimos que nuestras inseguridades se multiplicaron. El remedio está en la gente, en hablarle a la gente, exponerle nuestras inseguridades; arriesgando, arriesgar siempre.

Compartir nuestras vulnerabilidades nos ayuda a ver cuán parecidas somos unas con otras. Nuestro fracaso que más nos duele no es único, y eso trae alivio. Es tan fácil sentirse avergonzada en la soledad. Al oír a otras mujeres decir, "yo te entiendo; yo también luché contra los celos", desaparece la vergüenza, el temor, el peso del silencio. El programa nos ha enseñado que los secretos nos enferman, pero nos promete satisfacción, serenidad y logros, si compartimos nuestra vida gustosamente. Cada día podemos aligerar nuestras cargas y también ayudar a aligerar las de otras mujeres.

Estaré alerta, hoy, a las necesidades de otras personas. Arriesgaré al compartir. Seré una portadora de tranquilidad.

> Dale al mundo lo mejor que tienes, y lo mejor del mundo volverá a ti.
>
> MADELINE BRIDGE

Cosechamos, en alguna medida, en alguna ocasión, lo que sembramos. Nuestro respeto hacia los demás se convertirá en bondad. El amor que demos volverá multiplicado diez veces. La bondad con la que saludemos a otros, facilitará nuestra relación con ellos. Siempre obtendremos lo que hayamos dado; en este tiempo y lugar, o en otros, pero podemos estar seguras de que nuestros mejores esfuerzos no pasarán inadvertidos.

Un elemento importante de nuestra recuperación es el enfoque que le damos a nuestro comportamiento, la seriedad con la que hacemos nuestros inventarios. Debemos mirarnos y advertir cómo actuamos ante los demás. Ha sido un largo andar desde el punto donde estábamos antes de entrar a este programa: la mayoría de nosotras se obsesionaba con "lo que él me hizo" o "lo que ella dijo"; ahora hemos cambiado nuestras acciones en bondad. ¡Qué emocionante es saber que podemos atraer al amor si lo damos! Tenemos un gran control sobre nuestras acciones; en cualquier caso podemos controlar nuestro comportamiento; por tanto, no debemos sorprendernos de las condiciones en que pueda encontrarse nuestra vida.

Lo que se da, se recibe. Buscaré las oportunidades para ser amable y sentir los resultados.

Destrucción. Acabar con las realidades que terminan en aterrizajes forzosos. ¡Ay! Es mi corazón que se está rompiendo por eso han sido mis fantasías y mi mundo.

MARY CASEY

A menudo no se nos brinda lo que deseamos, pero siempre se nos dará lo que necesitemos en un momento determinado. Ninguna de nosotras puede ver lo que el mañana nos trae, aunque nuestras fantasías siempre estarán atadas al futuro, porque nuestras fantasías rara vez coinciden con las condiciones reales y necesarias para obtener nuestro continuo crecimiento espiritual.

Las fantasías tienen un propósito: nos proporcionan metas para luchar, direcciones hacia dónde movernos. Pero, nunca serán tan reales como los objetivos que nuestro poder más alto tiene para nosotras. Tenemos dones mucho más grandes de lo que creemos, y se nos está alentando a que los desarrollemos para que no sintamos que nuestro mundo se destruye.

Podemos amar nuestras fantasías, pero debemos dejarlas ir. Nuestro verdadero propósito en la vida supera con mucho a nuestros más queridos sueños. Los Pasos nos han dado las herramientas para hacer del plan de Dios una realidad.

Qué limitados son mi visión y mis sueños. Si hoy me arrancaran uno de ellos, tendría la certeza de que otro mejor se presentaría, si así se lo permito.

> Mi cantar es terapéutico. Durante tres horas no tengo problemas. Sé cómo se va a presentar todo.
>
> BEVERLY SILLS

En algún momento de nuestra vida, cada una de nosotras, nos hemos sentido abstraídas en alguna actividad. El egocentrismo y el estar enfocadas sólo en nosotras mismas acompañan a la enfermedad contra la que ahora estamos luchando para recuperarnos. La decisión de dejar de preocuparnos por nosotras y de acabar con nuestra propia lucha contra la vida, no es fácil de mantener; pero el tener una actividad que nos emocione y en la que periódicamente podamos concentrar nuestra atención nos da fuerza para continuar. Mientras más nos salgamos de nosotras mismas, más nos daremos cuenta de que todo "está bien".

Tal parece que por el solo hecho de ser mujeres nuestras luchas deben intensificarse. A menudo enfrentamos solas situaciones difíciles en el trabajo o con los niños, y nuestras preocupaciones personales las exageran. En ese momento el círculo vicioso nos atrapa. Sin embargo, no tenemos por qué permanecer atrapadas. Podemos buscar un pasatiempo: tomar una clase, intentar algo nuevo, etcétera. Necesitamos experimentar la libertad desde el torbellino interior, para saber que merecemos ser aún más libres.

La salud emocional está a la vuelta de la esquina. Pondré mi atención en el mundo que me rodea.

En algún momento del proceso de desarrollo descubrimos quiénes somos realmente, y es entonces cuando tomamos nuestra decisión real, de la que seremos responsables. Toma esa decisión, sobre todo por ti, porque nunca podrás vivir realmente la vida de alguien más, ni siquiera la de tu propio hijo. La influencia que tú ejerces repercute en tu propia vida y en lo que llegues a convertirte.

ELEANOR ROOSEVELT

Aceptarnos responsablemente como somos, escoger amigos, hacer planes para alcanzar objetivos personales, decidir conscientemente, día a día, a dónde queremos que vaya nuestra vida, todo esto integra una aventura como nunca nos la habíamos imaginado. Muchas de nosotras desperdiciamos varios meses e incluso años escondiéndonos pasivamente tras el alcohol, drogas, comida u otra gente; pero hoy estamos respirando una nueva vida.

La recuperación nos brinda diariamente la oportunidad de participar en la aventura de la vida; de compartir nuestros talentos, nuestros dones especiales, con quienes nos rodean.

Estamos mejorando momento a momento, al igual que nuestros amigos. El descubrimiento de qué y quiénes somos realmente, solas y con los demás, vale la pena celebrarse.

Hoy me felicitaré a mí misma y también a los demás.

> Todo el mundo hace el bien hasta donde su capacidad se lo permite, no más...
>
> GAIL HAMILTON

Se nos ha dado el regalo de la vida y nuestra recuperación confirma el hecho. Debemos expresar nuestro gusto por ese regalo con la misma integridad con la que recibimos y vivimos la vida. No tenemos por qué retroceder ante lo que nuestras experiencias nos ofrecen, pues cada una de ellas nos da una oportunidad, un poco diferente de todas las demás oportunidades, para cumplir con una parte de nuestro propósito en la vida de los demás. Se ha dicho que una vida con más oraciones es más activa. El encuentro total con cada momento demuestra nuestra confianza en el presente y en nuestro poder más alto. Si tememos a lo que puede ocurrir, o nos preocupamos por lo que ha pasado, es porque no estamos confiando en Dios. El crecimiento en el programa nos ayudará a recordar ese hecho, y ello nos permitirá participar más activamente en las circunstancias de nuestra vida.

Cuando miramos a nuestro alrededor, nos percatamos de que las personas que nos rodean necesitan lo mejor de nosotras, y de que no están allí por accidente, sino por mandato divino. Podemos ofrecerles lo mejor que tenemos: aceptación, amor, apoyo, nuestras oraciones, con la certeza de que ése es el plan de Dios para nuestra vida y la de ellos.

Hoy celebraré mis oportunidades para hacer el bien.

> Cuando una acción no te aporte beneficios, reúne información; si la información es infructuosa, duerme.
>
> URSULA K. LEGUIN

A veces necesitamos huir de aquello que nos causa problemas. Dale la vuelta, nos aconseja el tercer paso. Y es que aferrarse a una situación para la que no hay solución inmediata sólo agranda el problema. Frecuentemente se dice que la solución a cualquier problema yace dentro de él; así, darle vueltas y más vueltas sólo provoca que nos perdamos en su parte exterior, en la apariencia.

El descanso, la meditación, la atención hacia otros asuntos y otras personas abren el camino para que Dios nos dé la solución. Todos los problemas pueden ser resueltos, y ninguna respuesta tarda mucho tiempo. Sin embargo necesitamos abrirnos a ella; necesitamos alejarnos de nuestro ego, salirnos del problema, y entonces escuchar, con atención, las palabras de los amigos y las palabras que surgen de nuestro propio corazón. Pensar demasiado, analizar incesantemente, convierte un problema sencillo en un verdadero problema.

Dejaré descansar mis pensamientos. Pondré toda mi atención en el presente; ahí aparecerá la solución cuando menos me lo espere.

...El presente siempre pone en un pedestal al pasado.

SIMONE DE BEAUVOIR

Cada una de nuestras vidas es un conjunto de piezas que se van uniendo para formar un mosaico. Lo que pasó antes, lo que pasará hoy, estará relacionado siempre. El pasado ha hecho su parte y nunca se borrará. El presente siempre se ha constituido de varias partes.

En los meses y años pasados, tal vez esperábamos los días con temor. Si tememos lo peor, a menudo lo encontraremos, pues generalmente encontramos aquello que no deseamos. Pero nosotras podemos influir en el mosaico de nuestras experiencias; nuestra actuación de hoy puede hacer que nuestro mosaico suavice sus matices, que acentúe sus contrastes, o que se convierta en un diseño atrevido.

¿Qué nos espera hoy?, ¿un empleo que disfrutamos o uno al que tememos? ¿Nuevos tropiezos de nuestros hijos? ¿La soledad? La manera como actuamos minuto a minuto y hora tras hora influye en nuestra percepción de los minutos y las horas futuras.

Ningún momento está exento de cambios. Su interconexión diaria amplía nuestro mosaico. Somos artistas. Creamos nuestro presente con las influencias del pasado.

Hoy iré hacia adelante; me prepararé para la bondad; crearé momentos que incrementen la belleza de mi mosaico.

Sigue a tus sueños.../si tropiezas no desmayes/y no pier-
das de vista tu objetivo; continúa tu camino hacia la cima,
porque sólo desde ella es posible ver el panorama...

AMANDA BRADLEY

Hoy podemos, cada una de nosotras, voltear hacia
nuestra vida y tener una idea del porqué pasó algo y
cómo es que eso se ajustó al mosaico más grande de
nuestra vida. Y esto siempre será verdadero para nosotras. Nos hemos tropezado; nos seguiremos tropezan-
do; sólo así sabremos cómo somos, que es lo que nos
hace vacilar y cuáles son los métodos para levantarnos.

La vida es un proceso, un proceso de aprendizaje
que necesita de esos tropezones para aumentar nuestra
conciencia de los pasos que tenemos que dar para encontrar nuestro sueño en la cima. Ninguna de nosotras
pudo darse cuenta de cómo nuestros tropezones influ-
yeron en el pasado; pero ahora podemos verlo. Cuando
caemos, tenemos que confiar en que, como antes, nuestras caídas son "para arriba", no para abajo.

*Veré el panorama completo a su tiempo si descubro una parte
de él cada día. Estoy orgullosa de mi mosaico; sin embargo,
necesita de mis tropezones.*

> Lo que sufrimos, lo que tenemos que pasar, ...es creado por nosotras, como individuos independientes.
>
> LOUISE BOGAN

Podemos ponernos en los zapatos de alguien más. Podemos encontrar que otras personas hacen lo mismo con nosotras, y que eso nos reconforta; pero nuestro dolor, su profundidad, nunca lo podremos compartir en su totalidad, nunca será completamente comprendido, ni verdaderamente sentido por nadie más que por nosotras. Solas, cada una de nosotras se las arregla con su molestia, desesperación, culpabilidad.

El saber que no estamos solas en nuestro sufrimiento hace que se faciliten las dificultades que enfrenta cada una de nosotras. No estamos solas, de eso podemos estar seguras. Si recordamos que nuestros retos nos proporcionan las lecciones que necesitamos en la escuela de la vida, eso los hace más aceptables. A su tiempo, a medida que nuestra recuperación progrese, hasta buscaremos con ansiedad esos desafíos, como oportunidades verdaderamente emocionantes para lograr nuestro objetivo.

El sufrimiento provoca los cambios necesarios para lograr el crecimiento espiritual. Nos empuja, incluso, como ningún otro tipo de experiencia puede hacerlo, hacia Dios, para tener entendimiento, alivio, y una seguridad estable.

No es fácil mirar al sufrimiento como un regalo. Y no tenemos que entenderlo así totalmente; sin embargo, a

su debido tiempo su valor en nuestra vida lo hará
entendible.

———————————————

No me molestarán los desafíos de hoy. Celebraré su importante intervención en mi crecimiento.

Es sólo en el espacio que la belleza florece, pues sólo en el espacio están los acontecimientos, y los objetos, y la gente única y significativa, y, por lo tanto, hermosa.

ANNE MORROW LINDBERGH

Debemos concentrarnos atentamente en los temas que roban nuestra atención, pues en estos temas está la explicación a los misterios de la vida. Observar cualquier cosa de cerca significa que debemos ponerla junto a nuestros pensamientos y, tal vez, acariciarla. Debemos dejar que la riqueza del objeto, la persona, o el suceso, pase sobre nosotros, para entonces deleitarnos con su recuerdo.

Muchas de nosotras apenas ahora somos capaces de mirar alrededor, lentamente, con cuidado, y percatarnos de cada detalle y del color brillante de la vida. Cada día es una oportunidad para observar y absorber la belleza mientras ella florece.

Este día buscaré la belleza en mí misma, en una amiga y la encontraré.

Una necesita algo en qué creer, algo que le permita desear un corazón lleno de entusiasmo.

HANNAH SENESH

De la vida obtendremos poco si nos sentamos pasivamente en medio de la actividad. El involucramiento es un requisito que tenemos que llenar si queremos crecer. Para cumplir con los propósitos de nuestra vida, necesitamos del entusiasmo; y también lo necesitamos para recibir el día llenas de esperanza. Cuando nos preparamos para recibir cada día, nos abrimos a todas las posibilidades de acción.

Debemos responder a nuestras posibilidades si queremos madurar emocionalmente y recobrarnos en el plano espiritual. Observar ociosamente la vida no nos proporciona ningún desarrollo más allá del actual. Empezamos a cambiar una vez que hemos aceptado el compromiso del programa, sus posibilidades y nuestro propósito; es el cambio después de muchos días, el que nos ayuda a superar nuestra negativa, y pasiva forma de ser anterior.

El programa nos ha proporcionado algo en qué creer. Ya no somos la mujeres que éramos; nos hemos convertido en mucho más. El valor de cada día de recuperación nos acerca cada vez más a cumplir con nuestro propósito en la vida.

Creo en la recuperación, en la mía; cuando creo en el éxito, lo encuentro. Hay magia en el creer.

El corazón humano no se atreve a alejarse por mucho tiempo de aquello que más lo lastima. Hay un viaje de regreso a la angustia, que muy pocas de nosotras podemos permitirnos hacer.

LILLIAN SMITH

Así como un diente lastimado atrae a la lengua, de la misma manera los rechazos, afrentas y críticas dolorosas del pasado y del presente atraen a nuestra mente. Buscamos la autocompasión, la amamos y la odiamos. Pero podemos cambiar este patrón: primero debemos decidir si estamos "completamente dispuestas" a hacerlo como el programa nos lo indica; y después debemos pedir que se nos acaben nuestros defectos.

El deseo de vivir con las injusticias de nuestra vida se puede volver habitual. Consume nuestro tiempo, influye en nuestra percepción de otras experiencias. Debemos adquirir la voluntad de acabar con esa actividad para sustituirla por otra, buena y saludable.

Debemos estar preparadas para cambiar todo lo que sea necesario en la vida. Nuestra constante autocompasión ha atraído tanto a nuestra mente, que quizá nunca hemos sentido lo bueno que la vida nos ofrece cada día. ¡Cuántas veces hemos visto el vaso medio vacío, en lugar de verlo medio lleno!

Un nuevo juego de experiencias me espera. Lo puedo percibir sin que me afecten los recuerdos del doloroso pasado. La autocompasión no tiene por qué acorralarme hoy.

> La bondad y la inteligencia no siempre nos liberan de los
> pozos y de las trampas. No hay una forma de separar el
> peligro de las relaciones humanas.
>
> BARBARA GRIZZUTI HARRISON

Las relaciones con otras personas son necesarias para escapar de la soledad; sin embargo, no nos garantizan liberarnos del dolor. Nutrir una relación significativa con otro ser humano requiere de paciencia, aun cuando no la tengamos; tolerancia, aun cuando no contemos con ella; desinterés, en esos momentos en que nuestro ego esté clamando atención.

Aun así, necesitamos de las relaciones con otros; ellas nos inspiran. Aprendemos quiénes somos y quiénes podemos llegar a ser mediante esas relaciones; ellas precipitan el alcance de nuestros logros. Motivan nuestra creatividad y también nuestro desarrollo emocional y espiritual.

Podemos mirar atentamente alrededor de nosotras; sentirnos bendecidas, incluso en una situación negativa. Cada situación es capaz de inspirarnos para dar un paso hacia adelante. Cada situación está hecha para nuestro bien.

Hay riesgo en las relaciones humanas, y con frecuencia se acompaña de dolor. Pero por él tengo asegurado mi crecimiento, y encontraré la felicidad que busco. Hoy impresionaré a alguien.

¡Qué delicia es hacer un amigo de alguien que habías despreciado!

COLETTE

¿Qué significa decir que "despreciamos" a alguien? Generalmente significa que hemos invertido mucha energía en mantener sentimientos negativos; significa que tenemos que cuidarnos profundamente de alguien. Nunca diríamos que "despreciamos" a alguien cuya presencia no fue importante para nosotras. ¿Por qué hemos permitido que los sentimientos negativos ocupen tanto nuestros corazones?

Algunas veces, en el pasado, esa energía se volvió casi una obsesión que consumió nuestro tiempo y dañó nuestra estima. Pero en la recuperación viene un momento de cambio, como un relámpago: un momento en el que acabamos con nuestro apego a esa obsesión. La otra persona es, después de todo, sólo una persona, alguien que busca lo mismo que nosotras. Y ya que nos importó mucho desperdiciar nuestro tiempo y energía despreciando a esa persona, probablemente ella, al conocer nuestro cambio, nos recompensará.

La recuperación nos ha dado la oportunidad de cambiar muchos sentimientos negativos, y de descubrir que ser "amiga" y "enemiga" pueden ser los dos lados de una "misma moneda".

Hoy miraré hacia mi corazón y veré si tengo obsesiones contra otras personas. Resolveré olvidarlas.

> Durante el proceso de crecimiento hacia una madurez espiritual, todas pasamos por diferentes etapas de adolescencia.
>
> MIKI L. BOWEN

El progreso, no la perfección, es nuestra meta en este programa de recuperación. En varias ocasiones tal vez nos sentiremos acosadas por una sensación de retroceso, y en efecto, regresamos a nuestro antiguo comportamiento; quizás una vez más nos sentiremos incapaces de cambiar, de continuar, de avanzar. Sin embargo, estos periodos pasarán, y pronto el progreso será evidente otra vez.

Debemos tomar con cautela nuestra necesidad de perfección. Es esta necesidad la que hace que nuestro avance normal no parezca ser suficiente. Pero conocer nuestra capacidad es en realidad todo lo que necesitamos para conseguir el progreso. El programa, sus Pasos y las promesas que nos hace, nos proveen de los elementos que nos han faltado y que son indispensables para que nos aceptemos totalmente, con todo y nuestras imperfecciones.

La diaria atención a nuestra faceta espiritual promoverá la salud espiritual y emocional que tanto anhelamos. La oración y la meditación, combinadas con nuestros honestos inventarios, nos pueden mostrar el avance personal que necesitamos, y el avance personal logrado. Sin embargo, en ocasiones caeremos; rechazaremos el programa algunos días, pero nunca estará fuera de nuestro alcance. Después de todo cada día siempre nos ofrece un nuevo amanecer, un nuevo comienzo.

———————————————

El hoy está frente a mí; puedo avanzar. Empezaré con una oración silenciosa seguida de un momento de meditación.

LOS DOCE PASOS DE AA

1. Admitimos que éramos impotentes ante el alcohol, que nuestra vida se había vuelto ingobernable.
2. Llegamos al convencimiento de que un poder superior podría devolvernos el sano juicio.
3. Decidimos poner nuestras voluntades y nuestras vidas al cuidado de Dios, como nosotros lo concebimos.
4. Sin miedo hicimos un minucioso inventario moral de nosotros mismos.
5. Admitimos ante Dios, ante nosotros mismos, y ante otro ser humano, la naturaleza exacta de nuestros defectos.
6. Estuvimos enteramente dispuestos a dejar que Dios nos liberase de todos estos defectos de carácter.
7. Humildemente le pedimos que nos liberase de nuestros defectos.
8. Hicimos una lista de todas aquellas personas a quienes habíamos ofendido y estuvimos dispuestos a reparar el daño que les causamos.
9. Reparamos directamente a cuantos nos fue posible el daño causado, excepto cuando el hacerlo implicaba perjuicio para ellos o para otros.
10. Continuamos haciendo nuestro inventario personal y cuando nos equivocábamos lo admitíamos inmediatamente.
11. Buscamos a través de la oración y la meditación mejorar nuestro contacto consciente con Dios, co-

mo nosotros lo concebimos, pidiéndole solamente que nos dejase conocer su voluntad para con nosotros y nos diese la fortaleza para cumplirla.

12. Habiendo obtenido un despertar espiritual como resultado de estos pasos, tratamos de llevar este mensaje a los alcohólicos y de practicar estos principios en todos nuestros asuntos.

ÍNDICE

Esta obra se terminó de imprimir en octubre del 2001
en los talleres de Overprint, S. A. de C. V.
Agustín Yáñez 1253, Col. Sector Popular
C.P. 09060, México, D.F.